本书由国家社会科学基金项目"中国城乡一体化进程中农村公共品供给研究"（项目批准号：13XJY030）资助出版

中国农村公共品供给研究
基于城乡一体化视角

Study on the Supply of Rural Public Goods in China: Based on the Perspective of Urban-rural Integration

李伟 ◎ 著

中国社会科学出版社

图书在版编目（CIP）数据

中国农村公共品供给研究：基于城乡一体化视角/李伟著.—北京：中国社会科学出版社，2020.10
ISBN 978-7-5203-6578-9

Ⅰ.①中… Ⅱ.①李… Ⅲ.①农村—公共物品—供给制—研究—中国 Ⅳ.①F299.241

中国版本图书馆CIP数据核字（2020）第092825号

出 版 人	赵剑英
责任编辑	刘晓红
责任校对	周晓东
责任印制	戴　宽

出　　版	中国社会科学出版社
社　　址	北京鼓楼西大街甲158号
邮　　编	100720
网　　址	http://www.csspw.cn
发 行 部	010-84083685
门 市 部	010-84029450
经　　销	新华书店及其他书店

印刷装订	北京市十月印刷有限公司
版　　次	2020年10月第1版
印　　次	2020年10月第1次印刷

开　　本	710×1000　1/16
印　　张	13.75
字　　数	226千字
定　　价	78.00元

凡购买中国社会科学出版社图书，如有质量问题请与本社营销中心联系调换
电话：010-84083683
版权所有　侵权必究

摘 要

改革开放40多年来，中国经济取得了举世瞩目的成就，成为世界经济发展史上的奇迹。但是伴随着经济的快速增长，经济发展不平衡不充分问题日益显现，成为"新常态"下制约我国经济持续协调发展的主要障碍。而这其中，由"三农"问题引发的城乡发展不平衡、农村发展不充分问题，因涉及人群多、解决难度大、持续时间长，近年来一直是社会关注的热点、政治决策的重点和理论研究的难点。在此大背景下，为解决"三农"问题，缩小城乡收入差距，促进城乡一体化，党中央2004—2019年连续16个中央一号文件聚焦"三农"，彰显了中共中央破解根深蒂固、盘根错节的城乡二元结构的毅力和决心。党的十九大更是提出了乡村振兴战略，为破解城乡经济社会发展不平衡不充分明确了方略。

城乡一体化的根本，归根结底是城乡要素配置问题。政府作为公共品供给的责任主体，可通过科学合理地调整城乡公共品供给水平和供给结构来引导资本、劳动力等要素在城乡之间合理有序地流动，以优化资源配置。只是受长期非均衡发展战略的影响，城镇和农村公共品配置不均衡的矛盾凸显。但这并不意味着盲目扩大农村公共品供给规模就能有效扭转要素由农村向城镇单向流动的格局。因此，本书立足现有研究存在的不足，以农村公共品供给与城乡要素流动的作用关系为主线，秉承"提出问题—分析问题—解决问题"的总体思路，在目前城乡二元结构矛盾突出、城乡发展严重失衡的大背景下，论证了城乡一体化进程中农村公共品供给通过影响城乡要素流动继而作用于城乡一体化的影响效应，并在此基础上提出了合理配置城乡公共品，加快农村公共品供给侧结构性调整，实现农村公共品供给由重视"量"到重视"质"的转变，从而引领城乡要素自由流动、平等交换，最终实现城乡一体化的政策建议，以期为实现乡村振兴，全面建成小康社会，推进城乡一体化进程相关政策的实施提供精准、科学的决策支持。

本书共分四大部分，包含七个章节。第一部分即第一章，是本书的导论部分。第二部分包括第二章和第三章，是本书的理论基础部分。第二章在界定城乡一体化概念的基础上阐述了中国城乡一体化的内容体系，进而紧密关联城乡一体化的本质对农村公共品进行概念解析和类型划分，拓展了农村公共品的内涵与外延，为本书研究对象的确定以及相关概念的界定奠定理论基础。第三章以资本、劳动力为纽带，将城镇和农村纳入统一的研究范式，从理论上阐述公共品供给引导城乡要素流动进而作用于城乡一体化的影响机制，为本书实证模型的构建奠定理论基础。第三部分由第四章、第五章和第六章组成，是本书的论证部分，也是本书的核心部分。其中，第四章属于现状分析部分，论述了城乡一体化进程中农村公共品供给的历史变迁和供给现状，在梳理农村公共品供给历史脉络的基础上，对各类农村公共品的供给现状进行系统描述，为后文的实证分析提供可靠的现状支撑；第五章属于实证分析部分，本章节以城乡收入差距作为衡量城乡一体化水平的表征变量，以支农支出作为生产性公共品的表征变量，以农村教育支出和医疗卫生支出作为社会性公共品的表征变量，通过构建面板模型和动态 VAR 模型，从静态和动态两个视角系统测度农村公共品供给对城乡一体化的影响效应，以客观科学地评价农村公共品供给是否通过引导城乡要素流动对城乡一体化进程产生促进作用；第六章属于问题分析部分，主要依托于现状分析以及实证分析的结论，从农村生产性、生活性以及社会性公共品三个维度，深入分析城乡一体化进程中各类农村公共品供给所面临的诸多问题，为后文相关建议有的放矢地提出提供依据。第四部分即第七章，是本书的建议部分，主要依托于前文的研究结论，针对性地提出中国城乡一体化进程中优化农村公共品供给的具体路径。

笔者认为在城乡一体化进程中，农村生产要素流动的总趋向应表现为"劳动力流出、资本流入"，简单地说就是"钱进来，人出去"。但是，由于城乡二元结构和城乡二元体制的制约，城乡要素市场被扭曲，使城乡生产要素呈现由农村向城镇单边流动的趋势。因此，应在尊重市场机制对资源配置决定性作用的基础上，发挥财政的调节职能，对农村公共品进行供给侧结构性调整，优化公共品配置，引导城乡要素合理流动，振兴乡村，促进城乡一体化。主要研究结论和观点具体如下：①受城乡土地资本化收益"剪刀差"和农民工待遇"剪刀差"的叠加影响，导致资本由农村向城镇单向流动，而农业剩余劳动力面临市民化困境使转移受阻，不利于农业资本密度的提升，从而延缓了农业现代化进程。②改革城乡二元土地制度，完善土地要素市场，使农村土地和城镇土地具有相同的市场准入权和受益物权，形成农村土地价格市场调节机制。短期内，可在严格农村土地用途管控的情形下，分类实施，通过多种途径完善土地流转市场和收益分配机制，确保农民通过土地流转充分分享工业化、城镇化的成果，改变"土地财政"下农村资本向城镇单边流动的格局，为乡村振兴提供资金积累，提高农村内生发展的能力。③农村生产性公共品对缩小城乡收入具有持续的正向影响效应，增强农村生产性公共品供给，不但能够直接促进农民增收、减少城乡收入差距，推进城乡一体化进程，而且能够通过引导资本向农村、农业集聚扩大支农效果。因此，应持续加大财政对农业的支持力度，增强农村生产性公共品供给。农村生产性公共品供给的重点：一是加强农业基础设施等物质条件建设，引导农业部门资本集聚；二是优化财政支农支出结构，促进优质高效农业发展，引导传统农业向现代农业转型升级；三是发挥财政补贴杠杆作用，引导社会资本流入农业。④伴随着农业剩余劳动力大量流出，单纯强调提高农村社会性公共品供给规模，虽然在短期内能缩小城乡差距，但不具有持续效应，最终必然导致城乡公共品配置的低效率。当前，农村社会性公共品供给的主要矛盾已经由总量规模不足演化为劳动力转移条件下供给结构失衡和供给质量不高的问题。农村社会性公共品的供给重点应是满足农业转移人口市民化所要求的无差异享有就业地社会性公共品供给和农村留守人员日益提高的社会性公共品供给质量需求，在两种需求的共同作用下，最终将推动城乡社会性公共品均等化供给。⑤深化户籍制度改革，统筹考虑城镇综合承载能力，分类施策，全面放开放宽农业转移人口落户政策，促进农业剩余劳动力转移，完成农业转移人口的市民化，实现工业化、城镇化和农业现代化同步推进。完善农业转移人口落户配套政策，建立健全财政转移支付、城镇建设用地与吸纳农业转移人口挂钩的联动机制，鼓励各地吸纳农业转移人口到城镇落户，加快推进以人为核心的新型城镇化；完善以居住证为载体的常住人口管理制度，建立户籍管理与常住人口管理的无缝对接机制，逐步缩小户籍人口和常住人口城镇化率的差距，提高人口城镇化质量；完善财政分配制度，建立健全农业转移人口市民化成本分担机制，按常住人口规模配置公共资源，保障农业转移人口同等享有城镇基本公共服务。⑥加强农村基础设施建设，优化农村生活性公共品供给：一要发挥乡村振兴和新型城镇化双轮驱动的优势，统筹城乡空间利用格局，加强城乡规划的引导约束，将公共基础设施配置向内生于乡村的特色小城镇和中心村倾斜，突出内生于乡村的特色小城镇在城乡网格空间的重要节点作用，引导农民向特色小城镇和中心村集聚；二要分类供给生活性公共品，在切实保障农村普遍服务供给的同时，兼顾公平与效率；三要坚持绿色生态导向，实施农村人居环境综合整治，加快美丽乡村建设，为形成宜居宜业的美好生活空间奠定基础。

关键词：城乡一体化　农村公共品　要素流动

第一章 | 导论 / 1

　　第一节　研究背景与意义 / 1
　　第二节　文献综述 / 5
　　第三节　研究内容与主要观点 / 15
　　第四节　研究思路与研究方法 / 17
　　第五节　主要创新及不足 / 20

第二章 | 城乡一体化视角下农村公共品概念解析及类型划分 / 22

　　第一节　城乡一体化的定义及主要内容 / 22
　　第二节　城乡一体化视角下农村公共品的定义及分类 / 28

第三章 | 公共品供给对城乡一体化的影响机制分析 / 36

　　第一节　城乡要素禀赋及生产要素集聚的路径变迁 / 36
　　第二节　公共品供给影响要素流动作用于城乡一体化的传导机制 / 47

第四章 | 城乡一体化进程中农村公共品供给历史与现状分析 / 63

　　第一节　城乡一体化进程中农村公共品供给的历史分析 / 63
　　第二节　城乡一体化进程中农村公共品供给的现状分析 / 74

第五章 农村公共品供给影响城乡一体化进程的实证分析 / 117

第一节 公共品供给影响城乡一体化的静态效应分析 / 117

第二节 公共品供给影响城乡一体化的动态效应分析 / 125

第三节 实证分析的相关结论 / 134

第六章 城乡一体化进程中农村公共品供给存在的问题分析 / 136

第一节 城乡要素流转不畅制约农村公共品效应的发挥 / 136

第二节 农村生产性公共品供给存在的问题分析 / 143

第三节 农村生活性公共品供给存在的问题分析 / 153

第四节 农村社会性公共品供给存在的问题分析 / 163

第七章 中国城乡一体化进程中优化农村公共品供给的对策 / 186

第一节 改革农村土地管理制度，促进土地要素合理流转 / 187

第二节 增强生产性公共品供给，加快推进农业现代化 / 189

第三节 均衡社会性公共品供给，适应农村人口转移需要 / 192

第四节 优化生活性公共品供给，引导城乡要素合理流动 / 196

参考文献 / 199

第一章 导论

第一节 研究背景与意义

一 研究背景

改革开放后，随着城乡二元体制的松动和城乡市场的形成，城乡要素流动加快，农村经济社会有了一定程度的发展，农民生活水平普遍提高。然而，由于城乡二元结构和二元体制的惯性作用，城乡工农差距扩大，"三农"问题日益突出。2002年党的十六大提出"统筹城乡经济社会发展，建设现代农业，发展农村经济，增加农民收入，是全面建成小康社会的重大任务"。而减轻农民负担，化解"三农"问题成为实现全面建设小康社会目标的关键。基于此，2003年国务院发文部署全面推进农村税费改革试点，按下了党和国家对农村"多予、少取、放活"政策的启动键。之后，为统筹城乡发展，2004年、2005年、2006年连续三年的中央一号文件分别围绕农民增收、农业综合生产能力提升和新农村建设三个主题提出解决农民、农业、农村问题的具体对策。因此，党的十六大首次提出的统筹城乡发展理念，是党和国家根据城乡关系演变的客观规律，立足中国实际作出的科学判断，开启了中国城乡关系发展的历史性转变。

2007年党的十七大提出，"要加强农业基础地位，走中国特色农业现代化道路，建立以工促农、以城带乡长效机制，形成城乡经济社会发展一体化新格局"。2012年党的十八大进一步明确，"解决好农业农村农民问题是全党工作重中之重，城乡发展一体化是解决'三农'问题的根本途径"。实现城乡发展一体化，要求坚持走中国特色新型工业化、信息化、城镇化、农业现代化道路，促进工业化、信息化、城镇化、农业现代化同步发展，而农业现代化正是四化同步发展的短板。为补上短板，从2007—2017年连续十一年中央一号文件紧紧抓住农业现代化这个牛鼻子，全方位、多角度地做出促进农业现代化发展的政策布局，以统筹城乡发展，推动"三农"问题的解决。2017年党的十九大报告提出"实施乡村振兴战略，推动农业农村优先发展"。在党的十九大精神的指引下，2018年中央一号文件提出"按照产业兴旺、生态宜居、乡风文明、治理有效、生活富裕的总要求，建立健全城乡融合发展体制机制和政策体系，加快推进农业农村现代化"。

总体来看，党的十六大以来提出的城乡统筹发展、城乡一体化发展乃至乡村振兴战略是一脉相承的，其最终目的都是为了改变城乡二元结构，弥补农村农业发展的短板，促进城乡一体化。财政是国家治理的基础和重要支柱，是落实党和国家战略部署的政策落脚点。破解城乡二元结构的路径依赖，推进城乡一体化，需要财政发挥不可或缺的支持和引导作用。党的十六大以后，以农村税费改革为突破口，国家改变了传统上以乡村两级自筹资金为主、上级财政适当补助的农村公共品供给模式，将农村公共品供给纳入制度化轨道，由政府财政承担绝大部分农村公共品供给责任。农村公共品供给体制改革取得了显著成效，对推进城乡一体化，促进农村农业发展，改善农民生活发挥了重要作用。农村居民家庭人均纯收入由2000年的2253元持续上升到2013年的8896元，2014年按农村居民家庭人均可支配收入统计后，农民收入仍继续上涨，到2018年人均可支配收入达到14617元。但是，从城乡比较看，尽管城乡居民人均收入倍差在2007年农村税费改革完成后逐步进入下降通道，但是下降速度较慢，2014年后城乡居民人均收入倍差每年仅下降0.01。而且，城乡居民人均收入绝对差距持续扩大，由2000年的4027元上升到2018年的24634元（见表1-1）。财政作为收入再分配的重要手段，自农村税费改革后，向农村的投入不可谓不大，农村公共品供给水平也有了很大提升，但为何城乡居民收入差距仍然难以有效收窄呢？并且，农民收入增长的主要贡献来自工资性收入，经营性收入增长缓慢，导致农民收入构成呈现一种奇特的背离现象，从2013—2017年，农民工资性收入在农村居民家庭人均可支配收入中的比重由38.7%上升到40.9%，经营性收入的占比却由41.7%下降到37.4%[①]。而同期，财政农林水支出占财政总支出的比重稳定在9.50%左右，

---

① 国家统计局：《中国统计年鉴》，中国统计出版社2014—2018年版。

显示农林水财政支出对农民增收的促进作用减弱[①]。

表 1-1　　　　　　　城乡居民人均可支配收入情况　　　　　　单位：元

年份	农村居民家庭人均可支配收入*	城镇居民家庭人均可支配收入	城乡居民收入差距	城乡居民人均收入倍差
1999	2210	5854	3644	2.65
2000	2253	6280	4027	2.79
2001	2366	6860	4494	2.90
2002	2476	7703	5227	3.11
2003	2622	8472	5850	3.23
2004	2936	9422	6486	3.21
2005	3255	10493	7238	3.22
2006	3587	11759	8172	3.28
2007	4140	13786	9646	3.33
2008	4761	15781	11020	3.31
2009	5153	17175	12022	3.33
2010	5919	19109	13190	3.23
2011	6977	21810	14833	3.13
2012	7917	24565	16648	3.10
2013	8896	26955	18059	3.03
2014	10489	28844	18355	2.75
2015	11422	31195	19773	2.73
2016	12363	33616	21253	2.72
2017	13432	36396	22964	2.71
2018	14617	39251	24634	2.69

注：1999—2013年为农村居民家庭人均纯收入，2014年以后为农村居民家庭人均可支配收入。

资料来源：国家统计局：《中华人民共和国国民经济和社会发展统计公报（1999—2018）》，http://www.stats.gov.cn/。

宏观经济现象一定是全部微观行为的综合反映和结果，城乡居民收入差距难以有效收窄以及农民收入构成的背离现象必然有其深刻的微观基础。按照社会主义市场经济理论，市场机制对资源配置具有决定性作用，

[①] 财政农林水支出占财政总支出的比重根据《中国统计年鉴》（2014—2018）的公开数据测算。

财政对资源配置的影响必须在遵循市场规律的基础上发挥引导和杠杆作用，否则，只能事倍功半。城乡要素收益率的差异决定农村生产要素具有向城镇转移的内在动力。但是，在城乡二元结构向城乡一体化转型过程中，受城乡二元经济结构和城乡二元体制的惯性约束，城乡要素自由流动和平等交换受阻，市场机制配置资源的作用受到扭曲，必然要求通过政府调控加以引导和修正。因此，有必要审视中国城乡一体化进程中农村公共品影响城乡要素流动继而作用于城乡一体化的具体效应，考察财政主导下的农村公共品配置是否适应市场支配下的城乡要素流动趋势，并据此提出农村公共品供给的优化路径，促进城乡一体化。

二　研究意义

（一）理论意义

本书根据城乡一体化进程中要素流动给农村公共品供给带来的适应性需求变化，从地域和受益主体两个角度拓展农村公共品的外延、从动态性和阶段性特征出发丰富农村公共品的内涵，从而将对农村公共品的研究置于城乡一体化进程这一动态背景下，增强了研究的针对性和适用性。本书从要素收益率这一微观变量入手，分析公共品供给通过影响城乡要素流动进而作用于城乡一体化进程的理论机制，揭示中国城乡一体化进程中城乡公共品配置失衡的原因既有市场不完全造成的内在扭曲又有公共品配置制度不完善导致的外部扭曲，为从完善市场和财政制度两个维度寻求破解城乡公共品配置失衡的路径奠定微观理论基础，这种将宏观问题微观化所作出的系统分析无疑具有非常重要的理论意义。

（二）现实意义

在理论与实证分析的基础上，研究报告发现城乡公共品配置扭曲既有市场不完全的因素也有公共品配置制度本身不完善的因素。为推进城乡一体化，首先应加强制度性公共品供给，改革以城乡二元土地制度、二元户籍制度为主要内容的城乡二元体制，建立完善的城乡要素市场，为促进城乡要素自由流动和平等交换奠定制度基础。在当下城乡二元结构矛盾突出、城乡发展严重失衡的状态下，探讨如何优化城乡公共品配置，加快农村公共品供给侧结构性调整，实现农村公共品供给由重视"量"到重视"质"的转变，以引领城乡资源要素自由流动、平等交换，最终实现城乡一体化发展不仅是破解根深蒂固、盘根错节的城乡二元结构的根本途径，也是在党中央城乡一体化战略大背景下，释放农村经济增长潜力，实现乡村振兴与新型城镇化"双轮驱动"的必然选择。根据理论与实证分析结论，报告提出要改革二元土地制度，完善城乡要素市场机制，建立适应要素流动需要的农村公共品配置结构，促进农业剩余劳动力转移、提高农业资本密度、增强农村土地要素资本集聚能力，加快实现工农互促、城乡互补、全面融合、共同繁荣的城乡一体化关系。

第二节 文献综述

中华人民共和国成立之后，中国的城乡发展具有显著的二元结构特征，这是实施重工业优先的非均衡发展战略的必然结果（林毅夫等，1999；蔡昉、杨涛，2000；陆铭、陈钊，2004）。但随着改革开放的继续深入，"重城市轻农村""重工业轻农业""以城市为中心"的非均衡发展战略的弊端日益明显，城乡经济社会发展失衡加剧，城乡二元结构已经成为阻碍中国改革进一步深化的巨大障碍。党的十六大提出统筹城乡经济社会发展的理念，开启了中国城乡关系的历史性转变。但是，受城乡二元结构和二元体制的叠加影响，中国城乡一体化的推进并不顺畅。如何让市场的回归市场，政府的回归政府，发挥政府与市场的合力，共同促进城乡要素自由流动和平等交换，是推动中国城乡关系由二元结构向城乡一体化演进的不二选择。因此，需要深刻认识城乡关系演进的客观规律，再结合中国城乡二元结构的实际，寻求城乡二元结构路径依赖的破解之道。基于此，本书按照发现规律（马克思城乡融合理论）—分析规律（城乡要素流动是城乡关系演进的微观基础）—运用规律（政府通过公共品配置引导城乡要素流动）的逻辑主线进行文献梳理。

一 城乡关系发展的理论渊源与现实基础

关于城乡关系的理论研究基本上是随着工业化进程中城乡经济关系的

变迁而不断深入和发展的。对于城乡关系的论述，最早可以追溯到古典经济学的著述中。其中，亚当·斯密认为城乡各自分工的程度不同，交易效率有高低之分，资本等生产要素的趋利性使要素向城市聚集，城乡差距由此产生，这是经济发展的必然结果，并不以人的意志为转移。大卫·李嘉图认为，存在一个占统治地位的农业部门和非农业部门，农业部门受制于固定土地要素上的劳动报酬递减规律的作用，其发展会越来越受到限制；而非农部门由于固定资本的积累而不断增长，其地位越发的重要并由此引发了城乡的分离。马克思和恩格斯立足于历史唯物主义，批判吸收了以亚当·斯密为代表的古典经济学家关于城乡关系的观点，从生产力和生产关系矛盾运动的角度考察了整个人类社会城乡关系的发展脉络，揭示了城乡关系的实质与运动规律。他们认为，乡村和城市不是从来就有的，而是社会分工和"生产力有所发展但又发展不足"的产物；在城市没有独立的社会经济职能以前，城乡关系表现为浑然一体的城乡统一；城乡走向分离是生产力和生产关系矛盾运动的结果，这种分离会伴随生产力发展逐渐趋于消亡。因此缩小城乡差距，消除城乡的分离与对立，实现城乡融合，必须大力发展生产力、创造丰富的物质财富。Potter 等（2004）认为，城乡关系不断演化的动力来源于城镇与乡村之间的差异性和互补性。工业革命之前，受制于低下的生产力和有限的交通及通信能力，城乡关系主要表现为城镇人口用工业产品换取农产品。工业革命之后，生产力的发展打破了原有的城乡平衡，农村地区对城市的依赖不断增加，越发离不开城镇的市场、基础设施和公共服务。

国内学者在遵循马克思恩格斯城乡关系融合理论所揭示的乡村孕育城市—城乡分离—城乡对立—城乡融合—城乡一体化客观规律的基础上，结合我国具体国情，提出了对当代中国城乡融合发展有启发价值的学术思想。其中，吴业苗（2010）认为城乡一体化作为马克思主义城乡关系的"顶级阶段"，其要求在城乡协调发展的基础上通过新农村建设和农村城镇化弥合城乡差距，最终消除城乡二元结构。吕萍（2018）认为马克思提出的城乡融合的实现路径，一是推动生产力发展，通过大工业带动城市化和农业现代化，实现城乡融合；二是消灭资本主义制度，建立无产阶级专政的社会主义制度，进而把城市与农村、工业与农业、工人与农民结合起来，最大限度地实现生产力发展和城乡融合。盛辉（2018）通过对马克思主义城乡融合理论的研究，认为消灭资本主义私有制是实现城乡融合的前提，发展和协调生产力布局是实现城乡融合的基础，以城带乡是实现城乡融合的重要途径，工农产业融合是实现城乡融合的内在要求，科技进步是实现城乡融合的根本动力。张晖（2018）认为新时代推进城乡融合发展，需要乡村振兴和新型城镇化的协同驱动，全面提升城乡融合发展动能；建立健全城乡融合发展的体制机制，从根本上破解城乡二元结构的制度"瓶颈"，发展壮大农村集体经济，不断增强农村自我发展的内生动力。陈丹、张越（2019）在系统梳理了马克思主义城乡关系演变的基础上，认为城乡关系从分离走向融合并非一步到位，需要依托技术进步推动农业现代化，发展农村生产力，夯实现代农业发展的物质基础，不断优化城乡产业结构和生产力布局，推动工人和农民的互动融合，逐渐消灭城乡对立。宋迎昌（2019）认为城乡一体化的实现需要一个循序渐进的过程，初期要注重加速城镇化进程，扩大规模经济效应，推动城乡关系加速摆脱城乡二元结构的桎梏；中期要更加注重城乡关系的协调发展，推动城乡公共基础设施和社会公共服务的一体化，为城乡融合发展奠定基础；后期应积极推进城乡关系的全面一体化，真正实现城乡的同质化。

二 要素流动与城乡一体化

现代经济学主要从资源配置的角度研究城乡发展差距和发展路径。Lewis（1954）首先提出"城乡二元经济结构"理论，指出发展中国家以小农生产为主的传统经济部门和大工业为代表的现代经济部门并存，而工业部门劳动生产力、经济效益以及要素的收益率都高于传统的农业部门，在城镇较高要素收益率的吸引下，农业部门过剩的劳动力向城镇工业部门流动，引致了农业边际生产率的提高。与此同时，农业边际生产率的提高又吸引城镇的资本流向农村，倒逼农业向现代化迈进，直到城乡要素的边际报酬趋于均等，最终实现城乡一体化。刘易斯思想的一个政策含义是：只要放开劳动力的流动，将农业剩余劳动力向城市工业部门转移，城乡二元结构就会消除，经济也会得到发展。Kuznets（1955）继承了刘易斯的二元结构假设，提出描述经济增长与收入差距关系的库兹涅茨曲线（Kuznets Curve，亦称倒"U"形曲线），并用于分析城乡发展差异和经济增长率之间的关系，认为倒"U"形曲线出现的原因是城乡资源配置由相互分离趋向流通均衡。C. H. Fei 和 Rains（1961）对刘易斯的二元经济结构理论做出了补充和修正，他们认为要推动城乡二元经济向一元化转变，必须依靠农业生产率的提高来获取更多的农业剩余，以便为工业发展提供必要的物质支持。通过农业为工业提供物质支持的过程实现工业对农业发展的反哺作用，而不是单纯依靠工业的扩张来带动农业的发展。G. Myrdal（1957）的研究认为城乡原本是没有差别的，只是由于在市场经济条件下劳动力等生产要素可以自由流动，在一定的政策作用下，引起了城乡间经济发展、人均收入、利润率、工资水平等产生差距，进而产生"累积效应"，使发展快的地区发展更快，发展慢的地区发展更慢，逐步形成了城乡间的二元经济结构。当城镇发展到一定阶段，城镇生产、生活成本的上升会引致"扩散效应"，使要素的回报率下降，这时要素回流至落后的农村地区刺激了农村经济发展，最终实现城乡间经济差距缩小。新古典经济学同样认为假设市场中不存在要素流动障碍，要素从农业部门（边际劳动生产率接近于零）转移到工业部门能够降低两个部门之间要素生产率的差异，直到各地区要素的边际生产率相等，因而要素在不同地区之间自由流动是缩小城乡收入差距的重要机制（Echevarria，1997；Kongsamut et al.，2001；Foellmi Zweimuller，2008；Phana，Coxhead，2010）。但是，受公共政策、市场垄断、制度等多种因素的叠加影响，发展中国家要素市场发展滞后，农业与非农部门的生产要素无法实现充分流动（Temple，2005）。Lipton（1993）持有同样的观点，其认为正是发展中国家在工业化、城市化进程中实施城市偏向的财政、投资、价格、贸易等经济政策，错误地引导了要素的流向，致使城乡社会、经济发展极度不平衡，逐步拉大了城乡差距。Banerjee 和 Duflo（2005）研究发现，严重的要素配置错误在发展中国家非常普遍；Caselli（2005）、Jeong 和 Townsend（2007）、Restuccia 和 Rogerson（2008）、Bartelsman 等（2008）、Alfaro 等（2008）、Buera 等（2011）同样发现，发展中国家与发达国家全要素生产率水平的高低差异很大程度上是由于两者要素配置不一致导致的。

当视角转向国内，中国在农业与非农产业层面存在生产要素错配是城乡一体化发展进程中所面临的突出问题（郭树清，2012），具体体现为城乡资本要素错配（李锐、朱喜，2007；李庆海等，2012）、劳动要素错配（袁志刚、解栋栋，2011；柏培文，2012）等。而新古典经济学[①]和一些学者的研究都证实了资本、劳动力、科学技术等生产要素在城乡自由流动，是实现城乡要素优化组合，提高要素利用效率和农村经济发展水平，推进城乡一体化的重要途径（王颂吉、白永秀，2013；姚枝仲、周素芳，2003；万晓萌，2016；刘明辉、卢飞，2019）。魏后凯（2016）的研究则进一步明确经济进入新常态后，我国城乡一体化发展面临着农村生产要素匮乏、农民市民化的诸多体制机制限制以及农民收入持续增加遇到"瓶颈"制约等诸多问题，因而破除制约城乡要素自由流动和平等交换的体制壁垒，是实现城乡一体化发展的首要前提。但是，生产要素作为对市场敏锐的"探测器"，其流动的强度取决于城乡流动能够为要素带来的收益水平，而这种潜在收益的高低则是城乡的自然资源禀赋、公共基础设施、技术积累水平、经济发展程度以及制度等多种因素综合作用的结果（李燕凌、刘远飞，2013）。然而，在长期的城乡非均衡发展战略影响下形成的以城市和农村地理界线相互隔离、"各自为政"的城乡二元发展模式以及一些制度性约束使要素并不能在城乡间实现双向自由流动。张国献（2012）的研究发现农业具有弱质性，经营风险大，比较收益差，资本报酬率低，在利益机制的驱动下，资本自发向城市集聚，形成资本要素由农村向城市的单向流动。这种单向流动具体表现为农村土地不可逆转的流失、人力资本含量高的高素质农业劳动力普遍脱离农业农村和农业资本的高度稀缺。

此外，学者从不同视角就城乡要素流动不充分的原因进行了深层次的解读。从劳动力流动的视角来看，改革开放40余年来，我国农村劳动力向城市的迁移从未停止，并通过低效率部门向高效率部门的流动与要素边际生产率的改善有效地刺激了工业与服务业发展，但与成熟市场国家农村劳动力迁移中的"产业工人化"与"市民化"同步完成的主流趋势不同，长期以来我国的农业剩余劳动力向城市与工业部门的迁移却具有显著的"离乡不离土"特征（蔡昉、王美艳，2007）。一方面表现为"土地城镇化"快于"人口城镇化"（Liang and Tokunaga，2010；高春香，2015），即农民的市民化改造滞后，这种滞后使农业劳动力因为失地脱离农业生产后，却难以实现持续的非农就业，只好通过低层次的临时就业在城市进行暂行性

---

① 新古典经济学派认为，劳动力向城市的流动或资本向农村流动皆可以立即产生生产率效应。

迁徙，从而降低了福利水平，甚至出现"逆城镇化"意愿（吴要武、陈梦玫，2018）。另一方面则表现为户籍制度约束下的固化和非正常流动，即户籍制度的约束导致进城务工的农民并不能从根本上摆脱原有的农民身份（廖显浪，2012），这在农民工薪资水平、社会保障以及子女所享受的义务教育等方面表现得尤为突出（李实，2003；Whalley，2004；蔡昉，2005）。

从资本的视角来看，在新古典资本流动模型中，通常假设资本较为匮乏的农村资本边际生产率高于资本较为丰富的城镇。然而，农村地区往往由于制度环境差、公共基础设施落后、市场孕育水平低、劳动者综合素质不高等诸多原因，加之存在严重的信息不对称问题，致使农村地区投资风险远高于城镇。故而投资者更愿意选择到条件较好的地区投资，致使资本更多流入城镇（Temple，2006）。周月书、王悦雯（2015）的研究同样认为农村社会经济发展严重滞后于城市，资本要素难以得到最优配置，农村资本大量流向城市，资本要素稀缺进一步制约了农村经济发展，导致"农村资本外流—城乡差距扩大—农村资本外流"的恶性循环。

从土地流转的视角来看，农村土地产权不清晰，无法形成有效的土地要素市场，制约了市场机制发挥对土地资源的配置功能。在不尊重市场机制的情况下，财政投入不但无法弥补农村要素市场的缺陷，反而进一步扭曲市场机制，产生对社会资本的挤出效应。刘晓宇、张林秀（2008）认为，传统农业家庭的分散经营模式，增加了社会资本与农业的对接成本，制约了传统农业向现代农业的转型升级。谢冬水、周灵灵（2016）认为在我国农村中，土地是农民的重要资产，如果增加土地的流动性，使之成为可转移的资本带给农民高额的财产性收入，则有利于提高农业剩余劳动力向城市转移的能力，逐步弥合城乡居民收入差距。龙启蒙、傅鸿源、廖艳（2016）基于马克思主义资本三循环理论的研究发现农村资本困境是制约城乡一体化发展的的主要难点，在目前家庭联产承包责任制下，农民只有土地的使用权，没有所有权，土地的规模报酬效应无法实现，制约着资本从城市向农村扩散。

三 公共品供给对城乡一体化的影响研究

城乡一体化的核心，归根结底是城乡要素配置问题，然而面对现阶段传统城乡二元制度的障碍尚未完全消除，新制度供给还不充足的背景，完全依靠市场机制来实现生产要素城乡间的双向流动是不可行的（蔡秀玲、陈贵珍，2018）。从城乡一体化发展的动力机制角度讲，财政是公共品供给的主要渠道，政府通过科学合理地调整城乡公共品供应水平和结构来引导资本、劳动力等要素在城乡之间合理有序地流动，正是解决资源配置问题的主要手段之一。解垩（2007）研究发现，增加农村公共品供给能显著地缩小城乡收入差距。张传勇（2011）研究发现，提高农村劳动生产率、增加农村劳动力流动性、加大财政支农力度等都能在很大程度上促进城乡一体化，而增加农业劳动力投入、加重农村税负、农村存贷差增大对推进城乡一体化具有弱抑制作用。王烜、张扬（2019）基于2007—2015年全国31个省份的面板数据研究发现，财政支农支出和社会保障支出的增加均能显著地缩小城乡收入差距。

但众多专家学者基于不同视角的实证分析都认为目前政府的公共品供给效率还处于一个较低的水平，这在农村公共品配置方面体现得尤为显著（杨骞、张义凤，2015；乐为、钟意，2014；王谦、李超，2016；陈聪、庄晋财、尹金承，2018；温涛、董文杰、何茜，2018）。究其原因，从公共品供给角度来分析，公共品的配置权由政府垄断，政府通过行政手段、指令性计划方式直接分配公共品，决定了资本、劳动力等要素的流向、流量。在优先发展重工业和城市偏向的非均衡发展战略下，政府对城乡之间的公共品配置存在典型的城镇偏好，导致了农村公共品供给的严重短缺（陈斌开、林毅夫，2010；李宾、马九杰，2013；吴根平，2014）。同时城市阶层在政治上具有较大影响力，农民在社会政策决策中的利益表达机制薄弱，也是公共资源偏向城市的主要原因（崔传义，2010）。Sumon等（2004）更深层次的研究发现，即使发展中国家的城乡居民享有同等权利，但因为存在信息获取渠道的差异，公共资源配置也更有利于城市居民。此外，农村公共品的供给质量低下也是制约政府公共品支出效率的关键所在。徐志文、王礼力、谢方（2015）通过DEA模型的实证研究同样发现，农村公共品作为一种稀缺社会资源投入，之所以没能得到城乡经济一体化这种社会产出的高效响应，原因并不是投入规模不足，而是耗散严重、管理效能低下。赵宇、姜海臣（2007）的研究同样认为农村公共品供给质量差已经取代供给数量不足成为农村公共品供给的首要问题。

从公共品的需求角度来分析，农民对公共品的需求应取决于各地资源状况以及农民自身所从事的生产经营活动，但是，政府在政策制定过程中并没有充分考虑农村公共服务需求的特殊性，而是在政治利益、个人利益、"政绩"等因素的影响下采取"自上而下"的供给决策机制，使本来就有限的农村公共品无法得以合理有效的配置（李晶，2009），从而导致农村公共品的供给根本无法满足农村发展和农民生产、生活的需求，进而导致农村公共品绝对供给不足和相对供给过剩并存的矛盾，即农民急需的公共品供给严重不足，农民较少需求的公共品供给又过剩（熊巍，2002），使农村公共资源配置低效，农村公共品供给与需求偏离（罗宏斌、佘定华，2006）。

除供需关系对公共品供给效率影响之外，李燕凌、刘远风（2013）则从公共品资本化的角度对公共品供给所导致的城乡差距扩大效应进行了更深层的解读。其认为，就公共服务城乡差距而言，供需关系所导致的农村公共品供给效率可以通过扭转偏向城市的公共服务供给政策和改变公共品供给决策模式以适应农村公共服务需求来加以完善。但是，由于农业剩余劳动力向城市的持续转移以及农村居民自然分布较为分散，使公共品资本化在城乡之间产生特定分配效应。即尽管具有等量的财政投入，但因为城乡市场发展的广度和深度不一致，也会导致城乡居民享有的公共品数量和质量产生显著差异。正是由于城乡居民在公共品供需及受益上的差异特征，导致城乡居民面对同等的公共品供给水平但给付的资产价格完全不同，并且，这一公共品资本化的分配效应很难经由城市反哺农村得以化解。

四 文献评述

综上所述，城乡关系的演进是一定社会经济条件下城镇和乡村之间相互作用、相互影响、相互制约的综合结果。实现城乡一体化需要在遵循城乡关系演进规律的基础上，由政府通过公共品配置发挥引导和支持作用，从而发挥政府与市场的合力。国内外学者基于不同的视角对城乡关系的演进规律、城乡一体化在实现过程中所面临的要素流动制约以及公共品配置中存在的问题进行了全方位、多维度的解读及探索，在为本书提供理论借鉴和逻辑起点的同时，也对我国"十三五"城乡一体化战略的推进有着至关重要的参考价值。本书在充分肯定和借鉴国内外学者已有研究所取得巨大成就的同时，也清楚地认识到，当前，受中国城乡关系演进中所面临的复杂主客观条件的影响和制约，已有研究与探索还有进一步完善的空间，具体表现为：

从城乡关系的视角看，现有研究中片面割裂城镇与乡村的关系，但就乡村论乡村或者将城镇化视为农村发展的对立面显然都是有失偏颇的。城乡关系由分离走向融合，最终实现城乡一体化是社会生产力发展的必然结果，也必须在城乡共同发展中实现。要促进城乡一体化，必须坚持城镇化、工业化、信息化和农业现代化同步推进，任何牺牲城镇利益实现农村发展，抑或忽视农村利益只重视城镇化水平的提高，都是违背经济学基本规律的，也是不可持续的。因此，在由城乡二元结构向城乡一体化转型过程中，补上农村农业发展的短板，需要外部资源的推动，但更重要的是必须激活农村农业发展的内生动力，增强农村农业对生产要素的集聚能力。唯有如此，才能真正形成工农互促、城乡互补、全面融合、共同繁荣的一体化关系。

从要素流动的视角看，大多数研究都认为中国推进城乡一体化的关键是促进要素自由流动和平等交换，但对于制约要素流动的机制缺乏深入系统的分析，更是鲜有文献对城乡一体化进程中生产要素集聚的路径变迁进行系统分析，更遑论要素集聚路径的变迁对城乡公共品配置的反作用。公共品供给能够提高城乡要素收益率，而忽视要素流动对公共品配置的影响，必然导致其结论更多地指向影响要素流动的外生变量，而对于要素收益率这一核心变量的内在决定机制关注不够，从而大大降低了对实际问题的解决能力。事实上，中国在城乡经济发展的不同阶段，分别采用了工农产品价格"剪刀差"、农民工待遇"剪刀差"和城乡土地收益"剪刀差"三种形式为工业化提供资本原始积累，而三种"剪刀差"的形式演变也反映了中国城乡经济市场化的路径变迁：即从产品价格"剪刀差"到要素价格"剪刀差"，反映了中国商品市场的市场化程度不断加深，而平等交换的城乡要素市场尚未形成的客观现实。而且，这三种"剪刀差"都将通过影响要素收益率，进一步影响农村要素集聚能力，并最终反作用于农村公共品配置。一些研究还认为城乡二元结构是因为经济过度集中在城镇地区所导致的，城市通过"虹吸效应"挤占了农村生产要素，减缓了农村地区的发展。事实上，全球的劳动力、资本和技术都在集聚，城镇化率提高了，农业剩余劳动力顺利转移了，农业的规模报酬效应才得以发挥，资本和技术才有流向农村和农业的空间，从而推动现代农业发展，提高农民的收入，因此，只要是市场经济条件下基于要素收益率形成的要素集聚，都应是符合市场规律的（陆铭，2019）。

　　从公共品供给的视角来看，大多数研究仍没有摆脱城市偏向的思维桎梏，认为公共品的供给具有明显的城市偏向性，简单地认定农村公共品供给不足，并由此得出实现城乡一体化必须要加大农村公共品供给规模。不可否认的是，在长期非均衡发展战略的影响下，城镇和农村确实在公共品供给方面不均等。但这并不意味着盲目扩大农村公共品供给规模就能扭转要素由农村向城镇单向流动的态势，而必须从城乡要素的流动规律和趋向优化农村公共品配置水平和配置结构。而优化农村公共品配置，势必要求对农村公共品按照城乡一体化进程中要素流动特点进行类型划分，深入分析其内在的作用机制，从而将农村公共品这一"黑箱"打开，使研究更有针对性。事实上，农业剩余劳动力转移意味着依附于人身的农村社会性公共品应主要在劳动力流入地配置，相应地减少流出地的社会性公共品配置。当然，伴随着人口流动和农民生活水平的提高，农村社会性公共品因应需求主体变化进行供给侧改革，提高供给质量也具有必然性。从农村生产性公共品供给的角度看，农业剩余劳动力的转移，必然要求更高的农业资本密度，但由于农业资本集聚能力不足，则需要加大农村生产性公共品供给，尤其是加大代表现代农业发展方向的生产性公共品供给，以更快更好地提高农业资本收益率。从农村生活性公共品供给的角度看，农业剩余劳动力的转移和农民美好生活的需要，则意味着生活性公共品供给数量上要加强规划引导，重视提高供给质量和供给效率。特别地，要摒弃将城乡公共品供给截然分开的线性思维，在城乡一体化进程中，内生于乡村的小城镇天然具有为农村集中提供公共服务的规模优势，也应作为公共品配置的重点。

　　根据已有文献分析，可以发现，中国城乡一体化进程中农村公共品供给的研究还有尚待完善的空间，从而也为本书的进一步探索提供了方向和契机。因此，本书的重点是从城乡一体进程中城乡要素流动的适应性需求出发，立足城乡一体化的内容体系，从功能视角对农村公共品进行类型划分，探求各类农村公共品通过影响城乡要素流动继而作用于城乡一体化的影响机制；进而采用规范分析与实证分析相结合的办法，论证农村公共品供给对中国城乡一体化的影响效应；最后根据理论分析与实证分析的结论，提出优化农村公共品供给的对策，以破解城乡二元结构的路径依赖，引导要素在城乡之间自由流动与平等交换，推进城乡一体化进程。

第三节 | 研究内容与主要观点

一 研究内容

本书共分四大部分，包含七个章节。具体内容如下：

第一部分即第一章，是本书的导论部分。主要阐述了本书的研究背景与研究意义、文献综述、研究内容与主要观点、研究思路与研究方法、主要创新及存在的不足。

第二部分包括第二章和第三章，是本书的理论基础部分。第二章在界定城乡一体化概念的基础上阐述了中国城乡一体化的内容体系，进而紧密关联城乡一体化的本质和内容体系对农村公共品进行概念解析和类型划分，为本书研究对象的确定以及相关概念的界定奠定坚实的理论基础。第三章以资本、劳动力为纽带，将城镇和农村纳入统一的研究范式，从理论上说明公共品供给引导城乡要素流动进而作用于城乡一体化的影响机制，为本书实证模型的构建奠定理论基础。

第三部分由第四章、第五章和第六章组成，是本书的论证部分，也是本书的核心部分。其中，第四章属于现状分析部分，论述了城乡一体化进程中农村公共品供给的历史变迁和供给现状，在梳理农村公共品供给历史脉络的基础上，对各类农村公共品的供给现状进行了系统描述，为后文的实证分析提供可靠的现状支撑；第五章属于实证分析部分，本章节以城乡收入差距作为衡量城乡一体化水平的表征变量，以支农支出作为生产性公共品的表征变量，以农村教育支出和医疗卫生支出作为社会性公共物品的表征变量，通过构建面板模型和动态 VAR 模型，从静态和动态两个视角系统测度农村公共品供给对城乡一体化的影响效应，以客观科学地评价农村公共品供给对城乡一体化的影响效应；第六章属于问题分析部分，主要依托于现状分析以及实证分析的结论，深入分析城乡一体化进程中各类农村公共品供给所面临的诸多问题，为后文相关建议有的放矢地提出提供依据。

第四部分即第七章，是本书的建议部分，主要依托于前文的研究结论，有针对性地提出中国城乡一体化进程中优化农村公共品供给的具体路径。

二 主要结论与研究观点

在理论与实证分析的基础上,笔者认为在城乡一体化进程中,农村生产要素流动的总趋向应表现为"劳动力流出、资本流入",通俗地说,就是"钱进来,人出去",即农业剩余劳动力向城镇转移、农业资本密度提升要求资本流入农村、城镇吸纳人口进行空间扩张要求土地要素流入城镇。但是,由于城乡二元结构和城乡二元体制的制约,城乡市场机制被扭曲,使城乡生产要素呈现由农村向城镇单边流动的趋势。因此,应在尊重市场机制对资源配置决定性作用的基础上,发挥财政的调节职能,对农村公共品进行供给侧结构性调整,优化农村公共品配置,引导城乡要素合理流动,振兴乡村,促进城乡一体化。其主要研究结论和观点具体如下:

(1)受城乡土地资本化收益"剪刀差"和农民工待遇"剪刀差"的叠加影响,导致资本由农村向城镇单向流动,而农业剩余劳动力面临市民化困境使转移受阻,不利于农业资本密度的提升,从而延缓了农业现代化进程。

(2)改革城乡二元土地制度,完善土地要素市场,使农村土地和城镇土地具有相同的市场准入权和受益物权,形成农村土地价格市场调节机制。短期内,可在严格农村土地用途管控的情形下,分类实施,通过多种途径完善土地流转市场和收益分配机制,确保农民通过土地流转充分分享工业化、城镇化的成果,改变"土地财政"下农村资本向城镇单边流动的格局,为乡村振兴提供资金积累,提高农村内生发展的能力。

(3)农村生产性公共品对缩小城乡收入差距具有持续的正向影响效应,增强农村生产性公共品供给,不但能够直接促进农民增收、减少城乡收入差距,推进城乡一体化进程,而且能够通过引导资本向农村、农业集聚扩大财政支农效果。因此,应持续加大财政对农业的支持力度,增强农村生产性公共品供给。农村生产性公共品供给的重点:一是加强农业基础设施等物质条件建设,引导农业部门资本集聚;二是优化财政支农支出结构,促进优质高效农业发展,引导传统农业向现代农业转型升级;三是发挥财政补贴杠杆作用,引导社会资本流入农业。

(4)伴随着农业剩余劳动力大量流出,单纯强调提高农村社会性公共品供给规模,虽然在短期内能缩小城乡差距,但不具有持续效应,最终必然导致城乡公共品配置的低效率。当前,农村社会性公共品供给的主要矛盾已经由总量规模不足演化为劳动力转移条件下供给结构失衡和供给质量不高的问题。农村社会性公共品的供给重点应是满足农业转移人口市民化所要求的无差异享有就业地社会性公共品供给和农村留守人员日益提高的社会性公共品供给质量需求，在两种需求的共同作用下，最终将推动城乡社会性公共品均等化供给。

（5）深化户籍制度改革，统筹考虑城镇综合承载能力，分类施策，全面放开放宽农业转移人口落户政策，促进农业剩余劳动力转移，完成农业转移人口的市民化，实现工业化、城镇化和农业现代化同步推进。完善农业转移人口落户配套政策，建立健全财政转移支付、城镇建设用地与吸纳农业转移人口挂钩的联动机制，鼓励各地吸纳农业转移人口到城镇落户，加快推进以人为核心的新型城镇化；完善以居住证为载体的常住人口管理制度，建立户籍管理与常住人口管理的无缝对接机制，逐步缩小户籍人口和常住人口城镇化率的差距，提高人口城镇化质量；完善财政分配制度，建立健全农业转移人口市民化成本分担机制，按常住人口规模配置公共资源，保障农业转移人口同等享有城镇基本公共服务。

（6）加强农村基础设施建设，优化农村生活性公共品供给。一是发挥乡村振兴和新型城镇化双轮驱动的优势，统筹城乡空间利用格局，加强城乡规划的引导约束，将公共基础设施配置向内生于乡村的特色小城镇和中心村倾斜，突出内生于乡村的特色小城镇在城乡网格空间的重要节点作用，引导农民向特色小城镇和中心村集聚。二是分类供给生活性公共品，在切实保障农村普遍服务供给的同时，兼顾公平与效率。三是坚持绿色生态导向，实施农村人居环境综合整治，加快美丽乡村建设，为形成宜居宜业的美好生活空间奠定基础。

第四节 研究思路与研究方法

一 研究思路

在系统梳理文献的基础上，秉承"提出问题—分析问题—解决问题"的逻辑思路，首先，基于城乡一体化视角对农村公共品的概念进行科学界定，明确了本书的研究对象。其次，系统地梳理了城乡一体化进程中农村公共品通过影响城乡要素流动进而作用于城乡一体化进程的理论机制，在此基础上，通过构建实证模型来科学客观评价农村公共品供给对城乡一体化进程的影响效应，而后结合实证分析结论，从不同维度分析了目前农村公共品供给所存在的问题。最后，根据理论与实证分析结论，提出优化农村公共品供给、促进城乡一体化的具体路径。本书研究的整体逻辑思路如图1-1所示。

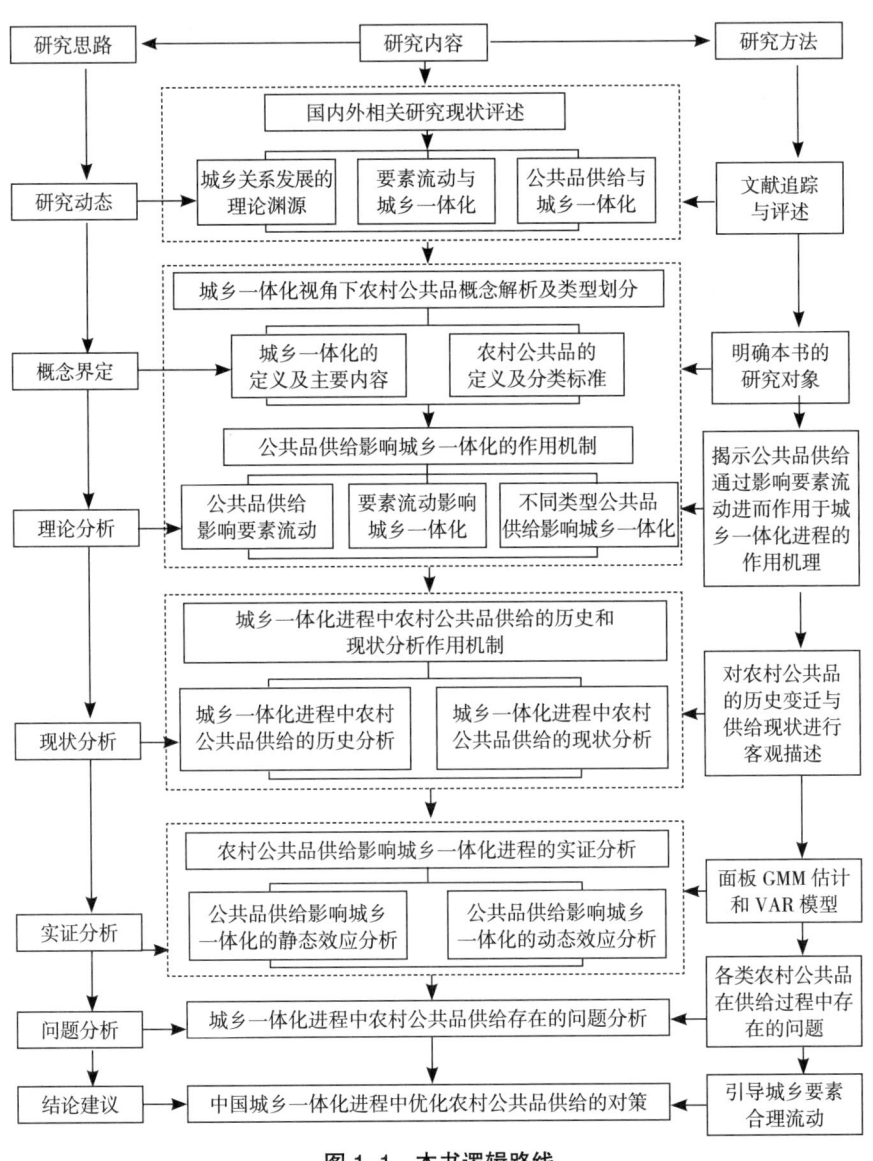

图1-1 本书逻辑路线

二 研究方法

（一）规范分析与实证分析相结合的方法

运用规范分析方法论证了公共品供给通过影响要素流动进而作用于城乡一体化进程的作用机理；然后立足城乡一体化进程中农村公共品供给现状，建立多元回归模型和 VAR 模型分别利用基于省际的面板数据和基于全国的时间序列数据实证分析农村公共品供给对城乡一体化的影响效应，从而为最终的对策分析奠定了坚实的理论与实证基础。

（二）归纳分析与演绎分析相结合的方法

运用归纳分析与演绎分析相结合的方法论证公共品供给通过影响城乡要素流动作用于城乡一体化进程的作用机制。建立空间经济分析模型，运用数学演绎推理的方法论证了公共品供给对要素收益率的影响机制，揭示了城乡要素的流动规律；运用归纳分析方法论证生产要素集聚的路径变迁，阐明了生产要素集聚路径的变化影响城乡一体化进程的作用机制。在农村公共品供给历史与现状的分析方面，也大量运用归纳分析方法，客观地描述了农村公共品供给的供给水平和供给结构。

（三）定性分析与定量分析相结合的方法

运用定性分析方法对城乡一体化视角下农村公共品的概念进行界定，进一步明确了全书的研究对象；根据理论分析模型定量分析结果，得出公共品供给通过改变要素收益率影响城乡要素流动的定性结论；运用大量数据定量描述了各类农村公共品供给的现状；利用省际的面板数据和全国层面的时间序列数据分别建立多元面板回归模型和 VAR 模型测度城乡公共品供给结构对城乡一体化的影响效应。

（四）历史分析与比较分析相结合的方法

运用历史分析方法系统梳理了城乡一体化进程中农村公共品供给的历史脉络；运用比较分析方法对城乡公共品供给的现状进行比较，揭示城乡公共品供给差异；运用纵向比较的方法分析相关农村公共品供给状况，揭示农村公共品供给的历史变化。

第五节 | 主要创新及不足

一 主要创新

本书主要进行了如下创新探索：

（1）本书不同于以往立足于宏观研究、注重农村公共品供给顶层设计的研究成果，而是将宏观问题微观化，以要素流动为纽带，通过系统分析公共品供给通过影响城乡要素流动进而作用于城乡一体化进程的影响机制，在理论上阐明公共品配置推进城乡一体化进程的出发点、落脚点。为从完善市场和财政制度两个维度寻求破解城乡公共品配置失衡的路径奠定微观理论基础。

（2）本书将经济效率方程引入到农民收入增长模型，基于生产性和社会性公共品分类构建公共品配置影响城乡一体化发展的理论模型，并依托理论模型建立多元回归模型和 VAR 模型分别利用基于省际的面板数据和基于全国的时间序列数据实证分析农村公共品供给对城乡一体化的影响效应，为全书的研究奠定坚实的实证基础。在实证分析中，以财政支农支出占财政总支出的比例作为农村生产性公共品供给结构的表征指标，以城乡人均义务教育支出比例和城乡人均公共医疗床位数供给比例作为社会性公共品供给结构的表征指标，以城乡收入差距作为城乡一体化的表征指标，运用我国 1998—2016 年 30 个省份（西藏由于数据缺失没有纳入研究样本中）的面板数据，在有效消除模型内生性以及充分保证估计结果稳健性的前提下，系统客观地评价了不同类型公共品城乡配置对城乡一体化发展的影响效应。与此同时，为了进一步捕捉不同类型公共品城乡配置影响城乡一体化发展进程的动态效应，本书又基于全国层面的时间序列数据构建了 VAR 模型，运用协整方程、误差修正模型、脉冲响应函数以及方差分解等计量方法刻画了不同类型公共品城乡配置在不同时期对城乡一体化发展的动态影响，充分保证了研究结果的可靠性。

（3）本书紧密关联城乡一体化的本质对农村公共品进行概念界定，从地域和受益主体两个角度拓展农村公共品的外延、从动态性和阶段性特征出发丰富农村公共品的内涵；进而立足城乡一体化的内容体系和公共品的功能视角将农村公共品划分为农村生产性公共品、农村生活性公共品和农村社会性公共品，从而打开农村公共品这一"黑箱"并将研究置于城乡一体化进程这一动态背景下，为确定本书研究对象和分析框架奠定坚实的理论基础。

二 存在的不足之处

本书基于全国整体视角对城乡一体化进程中农村公共品供给问题展开研究，取得了预期研究成果。但不可否认的是，本书还存在一些不足需要在今后的研究中加以完善。如能根据城乡一体化的不同程度选择若干典型区域，如城乡一体化先发区域的苏州模式、成都模式，接受大都市辐射较强的城市郊区西安市高陵区，农业剩余劳动力转移规模较大的安徽省阜阳市，城乡一体化滞后的甘肃省庆阳市等，针对农村公共品需求对象展开田野调查并结合公共品供给实际进行案例分析，揭示城乡一体化程度不同的各个区域农村公共品供需状况及其配置特点，并提出相应的对策，则会使本书论证更加充分，研究的有效性和应用价值也会相应提高。这既是本书存在的不足，也是笔者下一步要努力的方向。

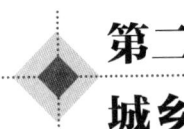

第二章
城乡一体化视角下农村公共品概念解析及类型划分

本章节的主要任务是确定本书的研究对象,因此界定农村公共品的概念以及指出哪些产品和服务属于农村公共品的范畴无疑就是非常重要的。首先,本章节在对城乡一体化进行定义的基础上,系统梳理市场经济条件下中国城乡关系的演进以及"中国城乡一体化"的内容体系。其次,根据公共品的定义以及农村、农民、农业的特殊需求,基于城乡一体化视角对农村公共品的概念进行重新界定和解析。最后,立足城乡一体化的内容体系,从功能视角将农村公共品划分为农村生产性公共品、农村生活性公共品和农村社会性公共品,为本书研究框架的确立奠定了坚实的理论基础。

第一节 | 城乡一体化的定义及主要内容

一 城乡一体化的定义

(一)城乡一体化概念的提出与观点演变

马克思主义城乡关系理论为城乡一体化概念的提出提供了丰富的理论内核。按照马克思主义的观点,乡村和城市不是从来就有的,而是社会分工和"生产力有所发展但又发展不足"的产物[①]。伴随着社会生产力水平的

---

① 柏培文:《中国劳动要素配置扭曲程度的测量》,《中国工业经济》2012年第10期。

提高，城乡由对立逐渐走向融合，大力发展生产力、创造丰富的物质财富是城乡融合的物质条件，而消灭剥削制度，建立社会主义公有制则是城乡融合的社会条件[①]。城乡一体化则是探讨中国城乡关系发展时提出的一个特定概念。城乡一体化概念在国内最早于1983年由苏南地区来自实务部门的工作人员在改革实践中提出，随后在实践中进一步扩散到其他较发达的一些地区使用[②]。由实务部门提出并使用的城乡一体化概念，在国内产生广泛影响，引起了理论界的关注。从此，我国学者基于城乡二元结构日益固化和城乡对立严重的现实，对城乡一体化概念进行了深入探讨，形成大量的文献。

杨荣南（1997），周加来（2001），余斌、罗静（2005），党国英、吴文媛（2016）等认为城乡一体化是城镇化的高级阶段，城乡一体化的实现要以城镇化为引领。吴业苗（2010）认为城乡一体化是马克思主义城乡发展关系的"顶级阶段"，是城乡融合发展的最终结果。居福田（1990），武兆瑞（1994），赵立新、关善勇（2006），吴丰华、白永秀（2013）等基于城乡关系演化的视角，认为城乡一体化是城镇和乡村多角度融合发展的动态过程。应雄（2002），顾益康、邵峰（2003），袁莉、李明生（2010）等从城乡关系融合发展最终目标的视角界定城乡一体化，认为城乡一体化是消除城乡对立，促进城乡平等和资源配置优化，使城乡共享现代文明的融合发展态势。

从城乡一体化的概念看，学术界对如何定义城乡一体化并没有形成统一认识，而是基于各种视角各有侧重，其中不乏阶段论、过程论和目标论，莫衷一是。就阶段论来说，城乡一体化应是城乡关系的高端阶段，城乡一体化的实现必然伴随着城镇化、工业化和农业现代化的同步实现，而不应仅仅狭隘地理解为城市化抑或城镇化的高端阶段，城乡一体化内生于城镇化，而又超越城镇化。从目标论来看，城乡一体化作为城乡关系的高端阶段，其最终的发展结果应是城乡二元结构消除，城乡要素自由流动和平等交换，形成城乡关系互补、城乡居民共享发展成果的城乡融合发展状态，这种状态既是社会生产力发展的必然结果，也是无形的市场机制与有

---

① 蔡昉、杨涛：《城乡收入差距的政治经济学》，《中国社会科学》2000年第4期。
② 陈钊：《城市化、城市倾向的经济政策与城乡收入差距》，《经济研究》2004年第6期。

形的政府调控机制共同作用的结果。从城乡关系的最终发展目标定义城乡一体化，就是为了明确发展方向，对标现实的城乡关系所表现的二元结构状态，为寻求合理的政策措施和制度安排破解城乡二元结构的路径依赖提供依据。从过程论来看，中国城乡二元结构对城乡一体化产生了严重的抑制作用，尤其在城镇化、工业化加速阶段，二元经济结构下基于市场机制形成的抑制作用显著增强。同时，固化中国城乡二元结构的城乡二元体制仍未消除，加剧了城乡关系失调，需要借助政府这只有形的手通过积极的干预措施改变城乡关系演变对二元结构的路径依赖。

（二）城乡一体化概念的界定

消除城乡二元结构，实现城乡一体化是市场机制和政府调控机制发挥耦合效应的动态演化过程。因此，将城乡一体化看作城乡关系演变的动态过程，既反映了中国城乡关系转型的客观需要，又体现了城乡一体化进程的长期性、复杂性和动态性。有人就基于改变城乡关系演变对二元结构的路径依赖需要政府干预这一客观要求，将城乡一体化定义为改变城乡关系的手段。如张强（2013）、刘瑞强（2018）等从调整城乡关系的手段角度界定城乡一体化，认为城乡一体化是化解"三农"问题，促进乡村振兴，实现城乡融合发展的措施和手段。这当然有其合理的一面，但用一个阶段性的措施和手段去定义一个长期动态的过程和所要追求的目标，显然又有失偏颇。

事实上，为改变城乡二元结构，中国自2002年党的十六大就提出了统筹城乡发展的方略，2003年又将其置于"五个统筹"之首。统筹城乡发展，就是要将城镇和乡村放在平等的地位，改变过去的城市偏向发展战略。2017年又提出乡村振兴战略，将农村农业放在优先发展的地位，这是中央基于中国城乡二元结构严重制约城乡关系转型的客观现状主动作出的战略转变。不管是城乡统筹战略还是乡村振兴战略，其目的都是为了促进城乡一体化。而落实这些战略，又需要国家根据城乡二元结构和社会生产力发展的现状，选择促进城乡融合发展的体制机制和政策体系。因此，从这个意义上说，城乡一体化是目的而不是手段，统筹城乡发展和乡村振兴战略都是内在于城乡一体化过程、推动城乡一体化目标实现的方略选择。

综合以上分析，本书认为，城乡一体化既是一种工农互促、城乡互补、融合发展、成果共享的新型工农城乡关系，又是消除城乡二元结构，促进城乡要素自由流动和平等交换，推动新型工业化、信息化、城镇化、农业现代化同步发展，从而实现这种新型工农城乡关系的动态演化过程。

二 中国城乡一体化的内容体系

党的十八大指出，要加快完善城乡发展一体化体制机制，着力在城乡规划、基础设施、公共服务等方面推进一体化。《中共中央国务院关于实施乡村振兴战略的意见》指出，要坚持农村农业优先发展，"按照产业兴旺、生态宜居、乡风文明、治理有效、生活富裕的总要求，建立健全城乡融合发展体制机制和政策体系，统筹推进农村经济建设、政治建设、文化建设、社会建设、生态文明建设和党的建设"。根据前文分析，城乡统筹和乡村振兴都是内在于城乡一体化过程、推动中国城乡一体化目标实现的战略选择，因此，可以根据城乡统筹和乡村振兴战略的目标要求构建城乡一体化建设的内容体系。基于本书的研究重点和城乡一体化研究的现实需求和紧迫性，在本书中不单独将政治建设、党的建设、文化建设列入城乡一体化建设的内容体系加以研究，同时，把文化建设的相关内容吸收合并到社会建设之中。当然，由于长期受城乡二元结构的影响，城乡空间分割也成为制约城乡一体化的重要因素，应把城乡空间一体化内置于城乡一体化内容体系。因此，综合党的十八大、党的十九大精神和已有分析，本书拟从城乡空间一体化、城乡经济一体化、城乡社会一体化和城乡生态环境一体化四个维度构建中国城乡一体化的内容体系。

（一）城乡空间一体化

城乡空间是城镇、乡村构成的点线结合的空间组合，既是城乡居民赖以生存发展的场所，也是承载城乡要素、信息和商品等流通的物质载体。随着城乡一体化的推进，生产要素在城乡之间重新配置，使城镇和乡村的边界、规模、布局和功能定位等不断发生变化。实现城乡空间一体化，就是要将城乡之间点对点的线状组合转变为大中小城市、小城镇与乡村点线面结合的网格结构，使城镇和乡村两大区域在保持各自鲜明特色的前提下，为人口分布及要素、信息和商品等的自由便捷流动和平等交换提供有效支撑。

城乡空间一体化是实现城乡一体化的基础条件。但中国由于长期受城乡二元结构影响，生产要素主要向大中城市集中，小城镇发展滞后，乡村陷入凋敝，广大进城务工、创业的农民又没有完成市民化身份转换，成为徘徊于城乡之间的候鸟，难以形成大中小城市、小城镇与乡村相互支持、协同发展的格局。因此，中国要推进城乡一体化，就要对大中小城市、城镇和乡村布局进行合理规划，形成点线面结合的城乡网格结构，为各网点要素流动提供通畅便捷的通道，不仅有利于城镇的持续繁荣，也是化解"三农"问题的根本之道，既能保持城乡各自特色又便于优势互补，实现城乡互通有无、融合发展。

（二）城乡经济一体化

城乡经济一体化是指通过建立城乡融合发展的体制机制和政策体系，促进生产要素自由流动和平等交换，形成工农互促、城乡互补、全面融合、共同繁荣的发展格局，实现城乡经济持续协调和共同发展。城乡经济一体化是城乡一体化的核心内容，为城乡一体化提供物质基础。如果说城乡空间一体化为生产要素在城乡之间的便捷流动和平等交换提供了载体，城乡经济一体化则直接反映了生产要素在城乡之间的流向和流量。对照西方发达经济体城乡关系演变历程，在城镇化中期以后，城镇对乡村的辐射带动作用增强，涓滴效应日益明显，城乡生产要素开始双向流动；在城镇化逐步上升到70%时，城乡差距显著减少，城乡一体化基本实现，涓滴效应逐步占据主导地位，生产要素流动的逆城镇化现象越发明显；当城镇化达到75%以上时，城乡一体化实现，生产要素在城乡之间自由流动、平等交换。

但是，反观中国，由于长期受城乡二元体制的影响，在城镇化中期阶段以后，大家期盼的涓滴效应并不明显，城市尤其是大中城市对资源的集聚效应反而呈加速趋势，内生于乡村的小城镇在城市对资源要素的集聚效应和农村加速凋敝的夹击下也没有壮大起来，城乡差距进一步扩大。在市场经济条件下，市场机制对城乡资源配置发挥决定性作用，政府的调控机制发挥重要的引导作用。受中国特殊国情影响，单纯依靠市场力量实现城乡融合发展显然是不现实的，于是要求增加政府调控作用、改变城市偏向发展战略的呼声见涨，统筹城乡发展战略、乡村振兴战略相继提出。因此，中国要推进城乡经济一体化，不仅要彻底废除城市偏向和工业优先的体制机制，建立城乡统一的市场经济体制，而且还要建立保证农村农业优先发展的公共品配置体制机制，促进农业剩余劳动力顺利转移，鼓励适应农村农业发展需要的生产要素回流，加快农业现代化和农村第一、第二、第三产业融合发展，在城乡产业之间形成优势互补、良性互动的发展态势。

（三）城乡社会一体化

社会事业是指国家为了社会公益目的，由国家机关或其他组织举办的从事教育、科技、文化、卫生等活动的社会服务。根据我国各级政府发布的相关文件，社会事业包括教育事业、医疗卫生、社会保障、科技事业、人口与计划生育等10个方面。城乡社会一体化就是要求协调各项城乡社会事业的发展，最大限度地减少城乡差距，让城乡居民具有平等享受教育、医疗卫生、社会保障等社会性公共品的权利。社会事业不直接创造经济效益，但其可以为社会服务的接受者带来社会效益，或者通过降低要素成本的形式提高要素收益率，从而对要素的城乡流动产生影响。城乡社会事业协调发展不但是社会公平正义的要求，也可以通过改变城乡要素流动促进物质文明建设。因此，城乡社会一体化是城乡一体化建设的价值取向和成果体现。

户籍制度是城乡二元体制的重要内容，也是加剧城乡分割，固化城乡二元社会结构的关键原因。要推进城乡社会一体化，关键在于改变城乡二元体制，取消城乡二元分割的户籍制度以及附着于其上的公共品供给制度，为推进城乡社会一体化奠定制度基础。当然，社会事业不产生直接的经济效益，而发展社会事业又要投入大量的公共资源，因此，推进城乡社会一体化建设，不但要破除城乡二元体制，更重要的在于加快社会领域的制度创新，通过制度的刚性确保政府像抓经济建设那样发展社会事业，着力加快乡村社会事业发展，促进城乡基本公共服务均等化。

（四）城乡生态环境一体化

生态，即一切生物生存状态的简称，是指生物之间以及生物与周围环境之间的相互联系、相互作用。生态环境，即由生态关系组成的环境，是指与人类密切相关，影响人类生产、生活的各种自然力量或作用的总和。我国长期粗放的经济增长方式，使生态环境受到严重创伤，成为制约经济持续增长的关键因素。受城乡二元结构影响，农村地区生态环境投入严重不足，使农村环境面临点源与面源污染共存，生活污染、工业污染和农业污染叠加，各种新旧污染相互交织的严峻形势，城乡生态环境二元特征凸显，制约了城乡经济的可持续发展。良好的生态环境是满足城乡居民日益增长的美好生活需要的坚实保障，城乡一体化作为城乡关系融合发展的高端阶段，必然要求城乡生态环境一体化。城乡生态环境一体化就是要将城镇与乡村的生态环境纳入统一的治理系统，实现城乡生态环境协同治理，促进城乡生态环境高度融合、相互支持，让城镇与乡村、城乡居民与自然生态和谐共生。

城乡生态环境一体化是城乡一体化的重要保障，是实现中国城乡经济社会可持续发展的基本条件。在生态环境一体化建设过程中，要注重发挥乡村在生态修复与环境治理上的独特优势，充分利用乡村生态环境治理对整个城乡生态系统的外溢效应，形成城乡生态环境高度融合、相互支持的格局。要破除经济发展与生态环境对立、城镇与乡村对立的旧观念，摒弃先污染、后治理，以牺牲生态环境为代价的经济增长方式，倡导绿色经济，培植绿色产业；绝不能以牺牲农村生态环境为代价作为换取城镇工业发展和环境改善的条件，加快建立城乡统一的生态环境治理系统，发挥综合治理优势，为城乡一体化的实现提供生态环境保障。

第二节 城乡一体化视角下农村公共品的定义及分类

一 城乡一体化视角下农村公共品的概念界定

国外学者单纯地从农村角度研究公共品问题的较少，但其对一般意义上的公共品研究较为广泛，国内关于农村公共品概念的界定就是在借鉴国外公共品概念的基础上提出的。公共品（public goods）的概念最早是由林达尔提出的。而定义最早是由萨缪尔森（1954）在《公共支出纯理论》中提出，即"每个人对这种产品的消费都不会导致其他人对该产品消费的减少"。而后马斯格雷夫（1959）在此基础上提出公共品的非排他性标准"任何人无论是否付费，都可以等同地消费，必须将联合消费和排他性原则的不适用性结合起来"，同时用式（2-1）来表示公共品具有消费的非竞争性和受益的非排他性两大特征。最终与萨缪尔森的非竞争性标准结合形成了判定公共品的非竞争性和非排他性二元标准。

$$X_{n+j}=X_{n+g}^{i} \qquad (2-1)$$

按照公共品的二元标准，将物品划分为公共品和私人物品，但现实中更丰富的准公共品没有包括在其中，从而引起众多西方学者持久而深刻的讨论，比较有代表性的有：奥斯特罗姆夫妇（2000）等认为非排他性和共用性是划分公共品和私人用品的关键标准，具有非排他性，但具有竞争性的共用品也属于公共品，如公共资源；阿特金森和斯蒂格利茨（1992）也对公共品和私人物品的二分法提出了质疑，认为"某个人消费的增加并不会使他人的消费以等量减少"，具有这种性质的商品是公共品；布坎南（1965）则认为，具有非竞争性但在一定条件下可排他的俱乐部产品属于公共品，在出现拥挤效应之前，俱乐部每增加一个成员的边际成本为零，出现拥挤效应后，拥挤成本等于边际成本时俱乐部达到最佳规模。针对从物品消费的自然属性界定公共品与公共品供给的现状相去甚远，学者开始从物品的社会属性认知公共品。布坎南（1967）认为公共品是集体选择的结果，公共品就是基于任何理由，通过集体组织提供的物品和劳务。卡尔（2003）、恩德勒（2002）等认为不能仅从物品的自然属性界定公共品，而应从社会角度（如法律、伦理、文化、习惯、社会偏好等）判定排他性和竞争性是否可行或被允许。

国内众多学者张军、何寒熙（1996），陶勇（2001），林万龙（2002），熊巍（2002），王国华、李克强（2003），陈俊红、吴敬学、周连第（2006）等借鉴国外公共品的概念界定，对农村公共品进行了定义，但没有取得一个共识。综观国内学者关于农村公共品概念的讨论，主要涵盖了以下几方面的观点：①农村公共品是针对农村这一特定区域的公共品。②农村公共品是相对于农民自己消费的私人产品而言的共用品。③农村公共品是具有一定非排他性、非竞争性的共用品，包括纯公共品和准公共品。④农村公共品的受益范围不仅仅限于农村，具有效益外溢性。⑤农村公共品包括具有物质形态的公共产品和非物质形态的公共服务。⑥农村公共品是相对于城市公共品而言的，由于农村农业的特殊性，要求农村公共品也具有特殊性。

综上所述，根据国外公共品的概念界定，在吸收国内关于农村公共品定义有益经验的基础上，结合城乡一体化的本质要求，本书认为，相对于城镇公共品而言，农村公共品是与"三农"即农村、农业、农民相关联，为满足农村发展、农业生产和农民生活共同需要，具有非竞争性和非排他性的物质形态公共产品和非物质形态公共服务的总称。根据本书的定义，正确理解城乡一体化视角下农村公共品这一概念，要注意以下几点：

一是从地域上拓展了农村公共品的外延。毫无疑问，从内涵上看，农村公共品供给的地域限于农村地区。但是，在城乡一体化进程中，生产要素在城乡之间流动，而劳动要素的流动必然带来城乡人口迁徙。由于中国户籍制度以及与户籍相关联的公共品供给制度存在城乡二元分割，阻滞了农业剩余劳动力的市民化。因此，要解决"三农"问题，具有农村户籍但已经脱离或基本脱离农业生产的农业剩余劳动力所应享有的公共品由谁供给、如何供给、如何衔接等都应该有制度保障。否则，就不可能实现城乡要素的自由流动，也就不可能实现城乡一体化。这也就意味着，研究城乡一体化进程中的农村公共品供给问题，必须要把适应农业剩余劳动力转移的公共品供给纳入研究范畴，从而拓展了农村公共品的外延。据此，本书也涵盖了农民工市民化过程中涉及的一切公共品供给及其相关的制度安排。当然，在城乡一体化状态下，若农业剩余劳动力转移和城镇向农村逆向流入的劳动要素都已经实现了城乡公共品均等化供给，"三农"问题也已经消除，农村、农业、农民融合为相互关联的有机整体，则就没有必要在概念中把农村、农业、农民所涉及的公共品都特意强调了。

二是从受益主体上拓展了农村公共品的外延。随着城乡一体化的深化，城乡劳动要素双向自由流动，农民应成为一种职业而不是一种社会身份的象征，乡村这个空间区域承载的应是居民而非仅仅"农民"，故概念中的"农民"作为"农村居民"的简称似更合适，或者直接用农村居民替换。但是，在当前语境下，农民毫无疑问应该也必须包括没有实现市民化但又长期在城镇从事务工、经商、创业等活动并具有农业户籍的人。这里所指实现市民化是指农民进城务工、经商或创业，在城市有固定居所，能够与城市居民无差异地享受当地的公共品。因此，概念中的"农民"，包括具有农业户口或者不具有农业户口但在农村区域生活的常住居民，进而从受益主体上拓展了农村公共品的外延。

三是强调农村公共品供给的动态性和阶段性。在城乡一体化进程中，随着城乡要素流动，大量农业剩余劳动力转移到城镇，从而使与人口转移相关的过渡性公共品供给具有很强的动态性和阶段性。这种过渡性公共品应包括与人身依附度高、易于随人口转移而异地供给的公共品和与地域依附度高、人口转移后仍附着于土地之上的基础设施类公共品。在农业剩余劳动力向城镇转移过程中，若农村区域过度供给与地域依附度高的基础设施类公共品，当人口流出后，会造成所提供公共品的浪费，比如"空心村""空心校"的大量出现；相反，在农业剩余劳动力向城镇转移过程中，若与人身依附度高的过渡性公共品不能随劳动力转移及时供给，会阻碍要素流动，不利于城乡一体化的推进，比如受户籍制约，进城务工、经商或创业的农民不能享受均等化的社会保障、医疗卫生和义务教育等。因此，在城乡一体化进程中，要根据农村公共品人身依附和地域依附强弱的特点，特别重视公共品供给的规划性，防止农村公共品供给的过犹不及。

二 城乡一体化视角下农村公共品的类型划分

（一）已有文献中农村公共品的分类标准及类型划分

农村公共品是一种内涵和外延都非常丰富的概念，这也就决定了其分类标准的多样性。梳理已有文献，可以发现，研究者从不同的研究目的出发，主要基于农村公共品性质、受益范围、表现形式、筹资来源、功能以及需求层次确定了不同的分类标准。现归纳如下：

1. 按农村公共品性质划分

按农村公共品非排他性和非竞争性的性质划分，农村公共品包括农村纯公共品和农村准公共品。其中，具有完全非排他性和非竞争性的农村公共品即农村纯公共品，这类公共品较少，比如农村公共安全、农村行政管理、农村社会治安、农业基础科研、农村环境保护等；不同时具有非排他性和非竞争性的农村公共品即农村准公共品，这类公共品涵盖的范围较广，可以继续细分为与农村纯公共品较为接近的公共品、一般的农村准公共品及与农村私人物品较为接近的公共品，不再赘述。

2. 按农村公共品的受益范围划分

按农村公共品的受益范围，农村公共品可以划分为跨区域农村公共品和区域性农村公共品。跨区域农村公共品是指在受益范围上跨省级行政区域的农村公共品，比如跨区域的江河治理工程、大型防护林工程、国家粮食安全工程等。区域性农村公共品是指受益范围在省级以下行政区域内部或村（社区）内部的农村公共品，诸如省级、市级、县级、乡（镇）级农村公共品和村级农村公共品。

3. 按农村公共品的表现形式划分

按农村公共品的表现形式，农村公共品可以划分为有形农村公共品和无形农村公共品。有形农村公共品就是那些通过视觉等感官能直接感知的公共品，又被称为农村"硬"公共品，如乡村道路、农田水利工程、供水供电等农村农业公共基础设施。无形农村公共品是指通过视觉等感官不能直接感知的农村公共品，又被称为农村"软"公共品，如乡村治理、行政服务、电信服务、涉农补贴政策等。当然，也存在介于"软""硬"公共品之间，以相应的基础设施为支持而最终提供的又是无形服务的农村公共品，如农村义务教育、农村文化服务、农村医疗卫生等，对于这种农村公共品，更多情况下按最终提供的无形服务被归于农村"软"公共品。

4. 按农村公共品的供给资金来源划分

按农村公共品的供给资金来源，可将农村公共品划分为制度内与制度外农村公共品。制度内农村公共品是指各级政府利用财政资金供给的农村公共品。制度外农村公共品是指乡镇及行政村（在传统体制下称人民公社、农业生产合作社）利用各种形式的自筹资金供给的农村公共品或者企业、非营利组织及个人捐资自愿供给的农村公共品。

5. 按农村公共品的功能划分

按农村公共品的功能划分，农村公共品包括农村生产性公共品、农村生活性公共品和农村社会性公共品。农村生产性公共品是指农业生产发展需要的公共品，如农田水利建设、农业科技推广、农业良种补贴等。农村生活性公共品是指与农民生活密切相关的公共品，如农村电力、乡村道路、生态环境、邮电通信等。农村社会性公共品是指农民作为公民的社会权利所规定的、以农村公共事业为依托的公共品，如农村义务教育、医疗卫生、社会保障等。

6. 按农村公共品的需求层次划分

按照农村居民的需求层次，将农村公共品划分为生存类、发展类和高端类农村公共品。生存类农村公共品是指满足农村居民基本生存需要的公共品，如农村生态环境、社会治安、食品安全、住房保障等。发展类农村公共品是指满足农村经济发展、农民素质提高和农民发展的公共品，如农业生产补贴、农村义务教育、农业技能培训等。高端类农村公共品是指在满足农民基本生产发展需要的基础上，为实现农民美好生活需要在文化、体育、民主决策等方面提供的公共品。

（二）基于城乡一体化内容体系和功能视角的农村公共品类型划分

转换城乡二元财政体制，均衡配置城乡公共品是融合城乡关系，推进城乡一体化的基础支撑和关键条件。从城乡一体化的内容体系看，城乡一体化包括城乡空间、城乡经济、城乡社会和城乡生态环境四个维度的一体化。从物质形态上说，城乡生态环境一体化内在于城乡空间一体化，意在为城乡居民提供人与人、人与自然和谐共生的生活空间。不失一般性，可将城乡空间一体化、城乡经济一体化、城乡社会一体化和城乡生态环境一体化四个维度对应于生产、生活和社会三个维度。而从农村公共品促进城乡一体化发展的功能视角看，也恰好涵盖生产、生活和社会三个维度。因此，在研究城乡公共品配置影响城乡要素自由流动和平等交换、促进城乡一体化的过程中，如果能沿着生产、生活和社会三个维度划分农村公共品，具有内在的逻辑自洽性，有助于清晰地呈现农村公共品供给促进城乡一体化的作用机制。因此，本书将立足城乡一体化的内容体系和农村公共品的功能视角将农村公共品划分为农村生产性公共品、农村生活性公共品和农村社会性公共品，具体情况如表2-1所示。

表2-1　　　　城乡一体化视角下农村公共品功能分类标准

城乡一体化内容体系	农村公共品类型	功能分类	包含内容
城乡经济一体化	农村生产性公共品	农业生产和农村经济发展需要的公共品	农田水利建设、农业生产资料、农业科技、现代农业社会化服务、农业支持与保护补贴等
城乡空间一体化	农村生活性公共品	与农民生活密切相关、满足农村居民生活需要的公共品	乡村规划、乡村道路交通、农村电力、农村邮电通信、农村人畜饮水设施、农村生态环境等
城乡生态环境一体化			
城乡社会一体化	农村社会性公共品	农民作为公民的社会权利所规定的、以农村公共事业为依托的公共品	农村义务教育、农村医疗卫生、农村社会保障、乡村文化等

1. 农村生产性公共品

农村生产性公共品是指农业生产和农村经济发展需要的公共品，如农田水利建设、农业生产资料、农业科技、现代农业社会化服务、农业支持与保护补贴等。农村生产性公共品既包括附着于土地之上的农业基础设施等"硬"公共品，也包括为农业生产、经营提供无形服务的"软"公共品。前者如防洪排涝设施、水利设施、田间道路、农产品交易市场等；后者如农业气象服务、农产品信息服务、农业技术推广、农业技能培训等。农村生产性公共品虽然也包括附着于土地之上的农业基础设施，但农业用地性质不会随着农业剩余劳动力转移而发生改变，因此，不存在人口转移带来的闲置之虞。而且，随着农业剩余劳动力转移，能够提高土地资源集聚和农业适度规模经营水平，使目前由于农户分散经营在财政支农中存在的末端脱敏现象大大好转，更有利于发挥财政支农资金在农村生产性公共品供应中的四两拨千斤作用。

2. 农村生活性公共品

农村生活性公共品是指与农民生活密切相关、满足农村居民生活需要的公共品，包括乡村规划、乡村道路交通、农村电力、农村邮电通信、农村人畜饮水设施、农村生态环境等。农村生活性公共品主要以附着于土地之上的基础设施等"硬"公共品的形式存在，从属性上看，具有地域依附度高、不能随人口向域外转移的特点。但是在城乡一体化进程中，又伴随着大量农业剩余劳动力向城镇转移，因此，这类公共品的供给一定要特别重视城乡空间规划，在合理规划的基础上配置相应的公共品，防止农村人口外迁导致所配置公共品的大量闲置。目前，随着农业剩余劳动力转移，农村出现了大量"空心村"。虽然这些"空心村"是人口迁移的自然结果，但如果城乡规划中不加以重视，预判农村人口转移的规律，则今后规划内的新农村乃至小城镇出现空心化也未可知。若这种情况真的发生，则根据规划配置以基础设施为主的农村生活性公共品会出现大量的闲置造成极大的浪费。当然，农村生活性公共品所涵盖的生态环境型公共品由于具有很强的外部经济效应，而且长期存在供给短缺的情况，不必担心供给过度的问题。

3. 农村社会性公共品

农村社会性公共品是指农民作为公民的社会权利所规定的、以农村公共事业为依托的公共品，如农村义务教育、农村医疗卫生、农村社会保障、乡村文化等。从属性上看，社会性公共品具有人身依附度高、能够随人口转移而异地供给的特点。因此，在城乡一体化进程中，伴随着农业剩余劳动力向城镇转移，社会性公共品的供给重点在于随劳动力转移做好转移人口的公共品异地供给，并通过制度保障剩余劳动力转移过程中公共品供给的承转衔接。农村社会性公共品中也存在介于"软""硬"公共品之间，以相应的基础设施为支持而最终提供的又是无形服务的农村公共品，如农村义务教育、农村医疗卫生、农村文化服务等。对于这些农村公共品，一般按最终提供的无形服务被归于农村"软"公共品，但这并不意味着可以忽视这些社会性基础设施因农村人口迁徙而产生的闲置问题。比如，当前随着农业剩余劳动力转移带动农村人口大规模向城镇迁徙，农村出现了大量"空心校"。这些"空心校"的出现，既是人口迁徙的自然结果，也与农村中小学校前期布局不科学具有一定联系。因此，应按照城乡空间一体化的要求，科学预测农村人口及义务教育适龄人口的迁移情况，做好社会性基础设施建设的布局选点，防止农村社会性公共品供给的过犹不及。

第三章
公共品供给对城乡一体化的影响机制分析

本章节的主要内容是从理论上阐明公共品供给是通过怎样的机制影响城乡一体化的。在城乡一体化进程中，城镇具有资本过剩、劳动力短缺的要素禀赋特征，农村具有劳动力过剩、资本短缺、土地资源丰富的禀赋特征。由于要素具有向收益率高的区域流动的内在动力，存在过剩资本向农村流动、过剩劳动力向城镇流动的趋向。但从中国生产要素集聚的路径变迁来看，长期的二元财政经济体制阻碍了城乡要素的自由流动和平等交换，城乡资本、劳动力等要素呈现由农村向城镇单向流动的态势。城乡要素按照各自的禀赋特点在城乡之间自由流动是缩小城乡收入差距，实现城乡一体化的重要机制。政府财政是公共品最主要的供给渠道。政府通过优化公共品配置来引导资本、劳动力等要素在城乡之间合理有序地流动，正是解决资源配置问题的主要手段之一。因此，本章节以资本、劳动力为纽带，将城镇和农村纳入统一的研究范式中去，从理论上说明农村公共品供给引导城乡要素流动进而作用于城乡一体化的影响机制。

第一节 城乡要素禀赋及生产要素集聚的路径变迁

在城乡二元经济结构和城乡二元体制并存的情况下，要素作为连接城镇和农村的纽带，如何建立引导、协调、适应城乡要素流动特点的农村公共品供给制度，实现城乡要素的自由流动和平等交换，促进城乡资源的合理配置是实现城乡一体化的重要路径。因此，本书在探讨公共品供给是如何通过影响城乡要素流动进而作用于城乡一体化进程的理论机制之前，首先对城乡一体化进程中城乡要素禀赋特点及其流动规律进行系统阐述，从而为下文理论分析的必要性奠定现实基础。

一 城乡一体化进程中的生产要素禀赋分析

萨伊将劳动、资本、土地视作不可或缺的生产要素。马歇尔把萨伊的生产三要素扩充为劳动、资本、土地和企业家才能四要素。内生增长理论将技术进步内生化,把技术进步视作经济增长的根本动力。不管三要素还是四要素,都包括劳动、资本、土地三个要素,鉴于技术进步对经济增长的重要作用,本书认为城乡生产要素至少应包括劳动、资本、土地和技术四种要素。根据西方经济学的资源稀缺假设,一切生产要素都具有稀缺性。但在城乡二元结构向城乡一体化演进过程中,城镇与农村在不同发展阶段又存在生产要素禀赋差异。

(一)城乡劳动要素的禀赋分析

根据刘易斯的二元经济理论,在城乡二元经济阶段,农村拥有大量的剩余劳动力,具有无限的劳动力供给能力,可以在一个维持生存需要的最低工资水平向城镇转移劳动力。在这一阶段,工业部门依靠农业部门廉价劳动力获取大量的"人口红利",有利于增加工业部门的资本积累。刘易斯第一拐点之后,农村过剩的劳动力被城镇吸收完毕,出现劳动力短缺现象。但城镇收入水平仍高于农村,促使农村劳动力持续流出,从而推升农业劳动生产率,扩大农业剩余,迫使工业部门提高工资,"人口红利"逐步消失。在传统农业部门与现代工业部门边际产品相等时,就会出现刘易斯第二拐点。在刘易斯第二拐点之后,城乡一体化的劳动力市场形成,城乡劳动要素实现均衡配置。综观之,可以发现,城乡一体化进程是一个渐进的过程,这一过程必然伴随着农业剩余劳动力由农村向城镇的转移过程,直至城乡一体化的实现。当然,在城乡劳动力转移的过程中,农村劳动力并非单纯的数量转移,而是通过"干中学",增加人力资本积累,逐步提高劳动力质量,以更好地适应工业化、城镇化对高素质劳动力的需求,使城乡劳动力在数量和质量统一的条件下实现市场均衡。需要特别强调的是,在分析城乡劳动力转移的时候,没有特意区分农业部门劳动力和农村劳动力。主要原因就是在之前城镇化过程中,农村区域商品化程度低,非农产业发展滞后,吸纳劳动力的能力较差,脱离农业生产的农村劳动力主要向城镇集中，尤其是大城市和中心城市，因此将农业部门劳动力和农村劳动力等同看待了。但在城乡一体化进程中，随着乡村振兴战略的实施，将吸引生产要素向内生于农村的特色小城镇集聚，通过新型城镇化促进农村区域农业产业链上下游延伸的涉农产业发展，从而增强农村区域的要素集聚能力。届时，将实现农业部门劳动力的就地转移，对解决当前农业剩余劳动力向大城市快速集聚形成的拥挤效应乃至"大城市病"具有很强的现实意义。因此，在城乡一体化推进过程中，农村区域并非单纯地将农业部门劳动力转移出去，随着农村涉农产业的发展，还能实现农业人口的就地转移和适度集聚，甚至吸引城镇人口向农村逆向流动，在农村区域形成若干与大城市、中小城市相互支持、相互依存的特色小城镇和社会主义新农村。也正基于此，在后文分析中，为显示农村区域涉农产业发展对农业部门转移劳动力的就地吸纳能力，会结合上下文语境对农业部门劳动力和农村劳动力加以区分，在一般情况下如无特殊说明则按照语言习惯对农业部门劳动力和农村劳动力不加区分。

（二）城乡资本要素的禀赋分析

在城乡二元经济条件下，实施重工业优先发展的非均衡发展战略，主要依靠农业剩余为工业发展提供资本的原始积累，最终导致农业资源枯竭和农村经济的凋敝，反过来影响工业化的推进。工业化进程缓慢，无法发挥产业发展对生产要素的集聚效应，也阻碍了城镇化的发展。中国改革开放前的实践也证明了这一点，到改革开放开始时，中国城镇化水平仅为17.9%，而中国南宋时期城镇化水平的峰值就曾达到22%。资本积累是推动工业化和城镇化发展的前置条件，中国工业化、城镇化进程缓慢主要是由于资本的约束。改革开放后，对内放开搞活，对外开放，"招商引资"成为地方政府执政的主旋律，这也反映了地方政府对资本的渴求。按照资本逐利的本性，在城镇化扩张阶段，由于城镇具有更高的劳动生产率和资本收益率，决定了城乡资本要素会向城镇集聚。城镇旺盛的资本需求促进了金融市场发展，而农村地区却存在严重的金融抑制现象。城乡一体化是超越城镇化的城乡关系高度融合发展阶段，城乡二元经济转型是伴随着城镇化的高速发展实现的。在城镇化过程中，资本不足是城镇扩张阶段面临的主要约束，而在扩张阶段结束后，城镇进入内涵发展阶段，面临的主要约束转换为化解扩张阶段形成的投资（产能）过剩以及伴随着投资扩张形成的资产虚拟化问题。也就是说，城镇进入内涵发展阶段后，面临的资本约束就会消除，转而需要引导资本"脱虚入实"，将过剩的资本引向资本严重匮乏的农村区域。

（三）城乡土地要素的禀赋分析

土地是农村区域拥有的核心生产要素。从用途看，农村土地包括农用地、农村集体建设用地和未利用土地。从所承载的功能看，农村土地不仅具有生产功能，还具有保障功能和财产功能。其中生产功能是最基本的功能，土地作为生产要素投入农业生产活动，获得农业经营收入。保障功能则是衍生出来的功能，从国家层面看，农村土地尤其是基本农田是保障国家粮食安全的基石，这是维持全国人民生存需要最基本的公共品；从个人层面看，由于政府在农村公共品供给上的不足，农村土地衍生出保障就业、基本生活保障及养老保障的功能。财产功能是指法律赋予农民农村土地承包权拥有了土地产权权益，并能通过土地经营权转让、抵押、出租等获取收入。

虽然农村土地承载着多重功能，但在从城乡二元经济向城乡一体化演进的不同阶段，所发挥的作用又各有侧重。在城乡二元经济条件下，农民主要固守在土地上进行农业生产经营活动获取收入和生活来源，土地的生产功能和保障功能发挥主要作用。在城乡二元结构转型过程中，随着农业剩余劳动力转移，绝大部分农民通过非农就业获取收入和生活来源，但农民又不愿放弃土地，主要原因在于：一是担心在城镇失业，保留土地可以在失业情况下靠农业经营获得基本生活保障，不至于因失业陷入绝境；二是担心年龄大了到城镇无法就业，也没有可靠的养老保障，可以依靠农业经营取得生活来源；三是完全依靠非农就业获取的收入无法承担整个家庭的支出，不能实现家庭整体转移到城镇，家里的老人、孩子仍需要依靠土地获取农业经营收益维持生活。当然，随着农村土地确权，法律赋予了农村土地财产属性，依靠土地能够取得财产性收入，农民选择拥有土地既是法律赋予农民的权利，也是农民的理性选择。因此，在城乡二元结构转型过程中，对大部分农民来说，更看重的是土地的保障功能，而生产功能退居其次。随着城乡一体化的推进，农民依法拥有了土地的财产权利，农村土地财产功能的地位逐步上升。

在城乡二元结构下，农民受严格的户籍制度制约，局限在农村，并通过工农产品"剪刀差"为工业提供积累，城乡要素流动停滞，城镇化缓慢，城乡之间泾渭分明，农村土地转换为城市用地既没动力也没有必要。在城乡二元结构转型过程中，随着产业集聚动能增加，吸引劳动力和资本不断向城镇流动，迫切需要在空间领域上拓展城镇边界。而由于城镇具有在交易、人口和产业方面的集聚优势，城镇相对于农村具有区位级差地租，农村土地转换为城镇土地能获得更多的地租收益，农村土地也具有转换为城市土地的内在动力。因此，城乡二元结构转型带动城镇地域空间的快速扩张和城镇化水平的提高，使大量农村土地转换为城镇建设用地，从1981—2016年，中国城镇建成区面积就由0.74万平方千米扩大到5.43万平方千米（不含矿区），增长了6.3倍。

（四）城乡技术要素的禀赋分析

不管是内生增长理论，还是新古典增长理论，它们都将技术进步视作经济增长的决定性要素。新古典增长理论认为技术进步是决定经济增长的外部因素，技术进步引起人均资本增加，即资本深化，从而推动经济实现持续增长。内生增长理论则认为，经济增长由经济体系内生的技术进步决定。只是由于技术进步的具体表现形式和实现机制不同，如产品创新、质量升级、专业化分工、干中学、知识积累、人力资本提高等，技术进步对经济增长的影响路径也不尽相同。西方关于技术进步决定经济增长的理论对分析中国城乡技术要素具有重要的参考意义。推进新型工业化、信息化、城镇化和农业现代化"四化同步"是实现中国城乡一体化的内在要求，而农业现代化是"四化同步"的短板[1]。科技进步是农业发展的第一动力源，是实现农业现代化的根本动力。应充分发挥农业技术进步对农村经济增长的决定性作用，通过技术要素流动促进城乡一体化发展。在城乡关系演变的不同时期，农业技术进步贡献率表现出较大的差异性。

在城乡二元结构条件下，受高度计划经济体制影响，形成了以政府为主体，以行政命令为主要方式，以大型水利工程建设、制种技术和农机产

---

[1] 《中共中央国务院关于落实发展新理念加快农业现代化实现全面小康目标的若干意见》，2015年。

品推广为核心的农业科技驱动体系，积极推动农业机械化。但是，在重工业优先发展战略指引下，通过汲取农业剩余为工业化积累资本，农业自身资本化水平长期低位徘徊，农业生产仍主要依靠人力劳动投入，农业科技贡献率提升缓慢，从中华人民共和国成立初期的20%历经三十年才达到27%。改革开放后，在"科学技术是第一生产力"思想的指引下，政府积极推动科技创新成果转化促进现代农业发展。农民在家庭联产承包责任制的鼓舞下，生产热情高涨，农业自身资本积累增加，促进了农业科技成果转化，农业科技贡献率在1981—1985年，迅速提高到30%—40%，形成了科技兴农的一个小高潮[1]。

随着社会主义市场经济体制的确立和城乡二元结构的转型，大量的农业剩余劳动力向城镇转移，农业人均资本水平提高，加深了农业资本深化。农业资本—劳动比率的提高，带动了农业技术创新载体的培育、成长，生物技术、信息技术在农业中应用范围扩大，促进了农业科技贡献率的提升。2008年年底，农业科技贡献率达到50%[2]；十年后的2017年年底，农业科技贡献率更达到57.5%[3]。农业科技进步有力地推动农业产业化、信息化水平，将更多的农村劳动力从土地上解放出来，是实现工业化、城镇化、信息化和农业现代化"四化同步"的关键。但是，受城乡二元结构影响，农民市民化进程受阻使农村土地承载了更多功能，不利于农村土地要素的适度集聚和农业产业化水平的提高；职业农民培育进展缓慢，不利于提高农业的人力资本水平；农村的金融抑制现象阻碍资本要素向农业集聚，不利于农业龙头公司、家庭农场等新型农业经营主体的成长。这些因素的叠加，难以激发农村农业科技创新的内生动力，影响农业科技进步和科技成果转化的速度，减弱了城镇对农村、工业对农业的涓滴效应，不利于工业化、城镇化、信息化和农业现代化"四化同步"和城乡一体化的实现。

---

[1] 《农业部公布科技对农业的贡献率已达50%》，《农村实用技术》2009年第11期。
[2] 张超、付毅飞：《新中国60年科技对农业贡献率达50%》，http://www.chinanews.com/cj/cj-cyzh/news/2009/09-27/1888931.shtml。
[3] 郭静原：《我国农业科技进步贡献率已达57.5%》，http://www.ce.cn/xwzx/gnsz/gdxw/201803/29/t20180329_28661386.shtml。

二 城乡一体化进程中生产要素集聚的路径变迁

（一）资本积累：启动城乡经济增长的先决条件和核心要素

经济增长是近现代经济学关注的焦点。经济增长的源泉是什么？尽管经济学家从各自观察的角度提出了各种假说，但综合主流经济学观点，经济增长的源泉有两个：一种观点认为资本积累是经济增长的源泉，另一种观点认为科技进步是经济增长的源泉。而且，从古典经济学到新古典经济增长理论，再到内生增长理论，各种经济增长理论都非常强调资本积累的作用，甚至认为资本积累对于经济增长具有决定性作用。虽然内生经济增长理论将关注的焦点瞄准技术进步、创新、人力资本等方面，但并没有否认资本积累的核心作用，只是从另一个角度强调科技进步和创新也是经济增长的核心，以修正资本积累作为经济增长单一源泉的唯资本论。根据麦迪逊（Maddison,1970）、纳迪里（Nadiri,1971）的实证分析结论，资本积累是经济增长的主要源泉，且相对于发达国家，在发展中国家资本积累对经济增长具有更高的贡献度。坎贝罗莱和杰菲（Caballero and Jaffé,1993）则从两要素融合的角度分析了资本积累和技术进步对经济增长的促进作用。吕冰洋（2007）在理论与实证分析的基础上认为，对中国这样处于工业化进程中的国家，资本积累与技术进步具有对立统一性，技术进步进程和资本积累进程动态地融合在一起，资本积累是技术推动下的资本积累，技术进步内生于资本积累过程之中，资本积累和技术进步是同一经济增长过程的两个方面。由于技术进步融入物质资本和人力资本积累过程之中，并通过物质资本积累和人力资本的形式体现出来，要实现技术创新和技术进步，必须进行资本积累。城乡一体化是城乡关系发展的高端阶段，是城乡社会生产力高度发展的必然结果，健康持续的经济增长是城乡一体化的内在要求。资本积累是推动城乡经济增长和城乡关系演变的先决条件和核心因素。而资本积累受工业化和城镇化两大引擎驱动，促进城乡二元结构向城乡一体化转型，以实现工农互促、城乡互补、融合发展、成果共享的新型工农城乡关系。

（二）资本原始积累的路径变迁：从产品价格"剪刀差"到要素价格"剪刀差"

由于中国脱胎于半封建半殖民地社会，农业在国民经济中占据绝对主体地位，工业基础差、商品经济极不发达，启动工业化发展的资本要素严重匮乏。为推进社会主义现代化建设，在社会经济发展的不同阶段，分别采用了工农产品价格"剪刀差"、农民工待遇"剪刀差"和城乡土地收益"剪刀差"三种形式，为工业化提供原始资本积累。从实质上看，三种"剪刀差"的形式演变也反映了中国城乡经济市场化的路径变迁：即从产品价格"剪刀差"到要素价格"剪刀差"，反映了中国商品市场的市场化程度不断加深，而平等交换的城乡要素市场尚未形成的客观现实。

改革开放前，中国采取重工业优先发展战略，通过工农产品价格"剪刀差"汲取农业剩余为工业发展提供原始资本积累，资本由农村向城镇转移。工农产品价格"剪刀差"是以计划色彩浓厚的统购统销制度为载体强制实现的，违背了商品等价交换原则。与统购统销制度相适应，国家采取了一系列配套措施。在生产环节，农民生产什么、生产多少都由国家指令性计划确定。同时，为降低农业劳动力的机会成本，获取更多的廉价农业劳动力，增加农业剩余，政府实施了严格的户籍制度，阻断了人口城乡流动，将农村劳动力束缚在农业领域。在农产品加工和流通环节，形成了国家高度集中的垄断经营，阻断了农业产业链的自然延伸，严重束缚了农村涉农产业的成长发展。因此，工农产品价格"剪刀差"虽然实现了资本由农村向城镇的转移，为工业增加了资本积累，但客观上要求大量廉价的农业劳动力投入，不利于农业劳动生产率的提升，使劳动力要素的城乡转移和农业科技进步都受到抑制。

改革开放以后，随着商品经济的发展和家庭联产承包责任制的实施，农产品统购统销制度与人民公社制度逐步瓦解，以工农产品价格"剪刀差"汲取农业剩余遇到的阻力增大，城乡社会矛盾以及"三农"问题日益尖锐。尤其是随着社会主义市场经济体制的确立，要求建立公平竞争的城乡商品市场，工农产品价格"剪刀差"失去了制度土壤，逐步退出了历史舞台。但是，农业支持工业、农村补贴城镇的格局并没有改观，只是随着农业剩余劳动力向工业和城镇转移，转而通过更加隐蔽的农民工待遇"剪刀差"促进工业资本积累。农民工待遇水平被压得很低，降低了城镇生产经营部门的劳动力投入成本，有利于提高企业利润水平和资本积累能力。但是，由于农民工工资水平低且享受不到城镇职工享有的社会保障等公共福利待遇，一方面使农民工加大投入提升自身素质的能力和动机均存在不足，难以适应工业化、信息化对高素质劳动力的需求，加大了农民工就业难度；另一方面也对农村劳动力以家庭为单位向城镇转移的动机和能力形成制约，不利于劳动力再生产。这就使农业转移人口在城镇的生存和就业潜伏着不稳定因素。而面对不确定性，农民工"难以"割舍对农村土地的依赖，过着徘徊于城乡之间的"候鸟式"生活，无法真正完成"市民化"进程。因此，农民工待遇"剪刀差"的存在，既不利于农民工素质的提高和劳动力的再生产，也不利于农业转移人口有序退出农村土地，实现土地要素的集约经营。

20世纪90年代中后期，在工业化、城镇化的推动下，城镇建设用地需求快速增长，迫切要求城镇空间扩张。在城乡二元土地制度下，农村土地实行村民集体所有制，城市土地实行国有制，农村土地须由地方政府依法征收才能转换为城市建设用地。在城乡土地流转过程中，地方政府征收农村的土地按土地的原用途给予补偿，但在国有土地出让环节，土地出让价格实质是土地未来收益的贴现，即资本化的土地价格。则在国有土地出让环节的土地价格和征地环节的土地补偿成本之间就形成了城乡土地资本化收益"剪刀差"，为推动工业化、城镇化带来了启动资本。在城乡二元土地制度下，地方政府能够占有城乡土地资本化收益"剪刀差"，使其有足够的积极性实施城镇的空间扩张，将农村土地转换为城市建设用地。但由于农村土地承载着多重功能，加之政府与农民之间围绕土地资本化收益展开的激励博弈，使城乡土地面临复杂的要素流动环境。对地方政府来说，增加城镇建设用地，既能获得土地出让金充实财政收入，又能通过城镇规模扩张集聚资本、劳动力等生产要素，提高经济增长效益。对农民来说，城镇空间扩张意味着农业生产的核心要素土地大量流失，但城镇的产业集聚为农业剩余劳动力转移提供了更多的就业渠道。总体来看，若随着农村土地转换为城镇建设用地，能顺利实现资本、劳动力等生产要素的集聚，提高要素生产率，促进工业化、城镇化和农业现代化的同步实现，这无疑是一种有效的资源配置。但问题在于，如果城镇空间规模扩张的同时并没有切实实现农业转移人口的"市民化"，则一方面导致城镇的产业集聚状态的不稳定，使工业化、城镇化"失真"，另一方面阻滞农业剩余劳动力转移，不利于提高农业生产效率，延缓农业现代化进程。

（三）土地财政：资本原始积累的转换器和扩张器

1988 年《中华人民共和国宪法修正案》规定，"土地的使用权可以依照法律的规定转让"。1990 年，国务院出台《城镇国有土地使用权出让和转让暂行条例》规定，"国家按照所有权和使用权分离的原则，实行城镇国有土地使用权出让、转让制度"。从而确立了国有土地转让的制度基础。1994 年分税制改革，明确规定国有土地使用权出让收入归地方政府所有。1998 年住房制度改革开启了城镇住房需求的闸门。2003 年土地招拍挂制度确立了国有土地一级市场由地方政府垄断供给。这一系列的制度搭建了地方政府"土地财政"的主体框架，从此，地方政府依靠国有土地出让获取了源源不断的财政收入，为城镇公共品供给尤其是基础设施建设获取了稳定的资金来源。

"土地财政"在为地方政府获取融资渠道的同时，也为企业和居民融资创造了条件。随着房地产价格的升高，以房价为代表的整个社会资产价格不断膨胀，为企业和居民带来了巨大的资本收益。企业除了可以通过地方政府提供的公共品降低生产成本，还可以通过获得地方政府低价甚至零价格出让的生产经营用地减少投入。更重要的是，房地产价格的攀升，为全社会从企业到居民利用房地产融资提供了价值不断攀升的抵押物，使整个社会能够通过资本化的资产增值收益获取启动资本。根据国家信息中心提供的数据，中国银行业以房地产为抵押物的贷款呈增长趋势，贷款规模已由 2008 年的 5.28 万亿元增加至 2015 年的 21 万亿元，增长了近 4 倍，年均增速高达 22%，房地产贷款占银行业各项贷款余额的比重已由 2008 年的 17.4% 上升至 2015 年的 22.4%[①]。李迅雷（2016）研究发现，随着经济"脱实向虚"，2011 年中国"商品时代"已经终结，开始步入"资本时代"。从引进外资、贸易顺差、土地资本化三种中国货币创造的模式看，引进外资、贸易顺差形成的外汇占款余额对 M2 的贡献逐步下降，导致中国 M2 增加的主要因素是信贷创造，而信贷增长的主渠道又是房地产抵押贷款。因此，"土地财政"开启了信用创造和信用扩张的闸门，使中国实现由依赖利润（剩余）进行资本积累转向依赖预期收益（土地资本化收益）进行

---

① 国家信息中心经济预测部：《经济风险向金融风险传导路径浅析》，《中国宏观经济信息》2017 年第 14 期。

资本积累的根本转变，为中国工业化、城镇化在极短的时间内完成了巨额的资本原始积累，促成中国由农业国向制造业大国的根本转变。但是，我们应该看到，"土地财政"虽然加速了资本、劳动力等生产要素向城镇的集聚，带来了城镇空间扩张和工业化水平的提高，但是也加剧了农村地区生产要素的逃逸，使农村地区因"失血"过快而萧条。而背后深刻的原因正是由于中国二元土地制度使农村土地资本化缺少制度支持，导致农村最丰富、最重要的生产要素——土地，缺少涵养、吸引、集聚资本的能力。这既不利于农业现代化的实现，也不利于涉农特色产业和内生于农村的特色小镇发展壮大。农村和城市成了非此即彼的直线结构，不能充分发挥特色小镇的作用，形成富有弹性的网格化城乡结构。

（四）城乡一体化的新动能：从要素驱动到创新驱动

城乡一体化是城镇化的高端阶段。从工农产品"剪刀差"到农民工待遇"剪刀差"、城乡土地资本化收益"剪刀差"，为工业化、城镇化积累了启动资本，促进了中国城镇化的高速发展，为推进城乡一体化奠定了坚实基础。但是，随着城镇化水平的提高，城乡劳动力、土地等要素禀赋结构悄然发生了变化，过度依赖廉价"人口红利"和廉价"土地红利"的"要素驱动"城镇化发展模式已经无法持续，迫切要求由廉价土地、劳动力激发的"要素驱动"和"土地财政"激发的"投资驱动"向"创新驱动"转变。诚然，科技创新是以前期工业化、城镇化阶段的资本积累和知识积累为基础实现的，现阶段强调科技创新的主导地位绝不是抹杀资本积累和知识积累的必要性。因此，创新驱动是以科技创新为引领，科技要素与资本要素高度耦合状态下形成的促进新型城镇化发展的新动能，推动城镇化由重规模的空间外延式扩张向重质量的内涵式发展转向，逐步弥合工农、城乡之间的差异，最终实现工业化、城镇化、信息化和农业现代化"四化"同步推进。

从实现路径上看，第一，依托重大技术突破促进高新技术产业发展，发挥高新技术产业对社会经济发展的引领作用。围绕科技龙头企业，建设科技园区，吸引创新型企业向园区集中，形成战略性新兴产业集群，发挥科技园区的辐射和带动作用，使科技创新成为引领城镇化、工业化、信息化和农业现代化建设的制高点。第二，利用先进技术改造传统制造业，促进城镇产业升级和结构调整，推动智能制造，夯实以制造业为支柱的实体经济基础，防止"产业空心化"，将产业打造成为集聚劳动力、资本等生产要素的载体，承接农业剩余劳动力的转移。第三，大城市尤其是特大城市要发挥科技要素的集聚优势，打造"智都"，承担起科技创新和知识生产的任务，形成大城市、中等城市、小城市、小城镇、农村之间的网格结构，发挥城镇对农村地区的梯度辐射作用，利用工业化、信息化的技术改造传统农业，发展现代农业，促进农业现代化。第四，需要特别强调的是，在中国城镇化发展的现阶段，"大城市"病的端倪已经显现，生产要素过快流向城镇导致了农村凋敝，农村"空心化"问题凸显。因此，农村的发展也需要资本积累和要素集聚，如何利用农村的禀赋优势，吸引生产要素向农村集聚成为关键。那么，农村最大的禀赋优势是什么？无疑，是土地。如何利用土地撬动资本向农村集聚，提高农业资本积累水平，发展涉农产业，成为解决这一关键问题的钥匙。当然，在城乡关系发展的新阶段，要求在城镇化、工业化、信息化和农业现代化同步实现的条件下推进城乡一体化。因此，在盘活农村土地资源吸引产业资本向农业集聚的同时，要充分利用城镇化、工业化、信息化形成的技术优势带动现代农业发展，形成技术和资本双轮驱动的现代农业发展模式。

第二节 公共品供给影响要素流动作用于城乡一体化的传导机制

历史地看，中华人民共和国成立初期"农业补贴工业"和"工农产品剪刀差"等重工业优先发展的赶超型战略在引领我国经济实现跨越式发展的同时，也不可避免地导致了城镇和农村的要素禀赋差异，大量资本集聚于城镇，而农村劳动力过剩。与此同时，在现阶段以二元财政制度、二元土地制度、二元户籍制度为核心的传统城乡二元体制产生的障碍尚未完全消除，在新制度供给还不充足的大背景下，完全依靠市场机制来实现城乡要素的有效配置是不可行的。因此，财政作为公共品供给的主要渠道，政府通过科学合理地调整城乡公共品供应水平和结构来引导城镇过剩的资本流向农村，农村过剩的劳动力流向城镇，正是解决城乡要素流动"市场失灵"的主要手段之一。围绕这一逻辑，本节主要从理论上阐述公共品供给是如何通过影响要素流动而作用于城乡一体化的进程中去的。基于此，本节首先基于城乡消费者和生产者行为分析，揭示了公共品供给通过影响要素收益率来引导城乡生产要素流动的客观机制。然后，以城乡收入差距作为城乡一体化的表征变量，探讨资本、劳动力等要素流动是如何作用于城乡一体化进程的。最后，基于不同类型公共品的不同功能，进一步深入探讨不同类型公共品是通过怎样的传导路径而作用于城乡一体化的。

一 公共品供给对城乡要素流动的影响机制分析

空间经济分析是研究跨区域要素流动的主要研究方法，其目标是探索区域经济非均衡发展的原因及其未来发展方向。将空间因素引入公共品供给问题，最早始于蒂布特等对财政分权问题的研究。蒂布特（1956）的"用脚投票"理论回答了人口跨区域流动的原因问题；麦奎尔（1972）的"类聚分隔与最优辖区规模"理论认为，人口跨区域流动的均衡条件是新增人口带来的边际拥挤成本等于其分担的公共品。要素集聚的原因包括规模经济、劳动力共享市场、知识与技术的外溢性等，公共品的供给也是产生要素集聚的重要原因。Goldstein G.S. 和 T.J.Gronberg（1984）就认为交通基础设施等公共品对要素集聚产生了关键作用。刘寒波（2007）也认为，政府的公共品供给对经济聚集具有重要影响，甚至发挥着关键性作用。本部分就参考刘寒波（2007）的建模思路采用空间分析方法刻画城镇和农村两个区域在公共品的影响下生产要素的流动机制。

假设存在两个区域：代表城镇的 T 区域和代表农村的 R 区域（以下简称 T 区域、R 区域），每个区域都包括公共部门与私人部门，公共部门使用具有不变规模收益的固定要素供给公共品，所供给公共品具有同质性，只能在本区域内部使用；私人部门使用流动要素。为简化分析，我们首先假设 T、R 两个区域在技术、偏好、开放度及初始要素禀赋方面具有对称性。

（一）城乡消费者行为分析

在微观经济分析中，效用函数和生产函数具有极大的相似性，常数替代弹性 CES 生产函数的一般形式为：

$$Y = A(\delta_1 K^{-\sigma} + \delta_2 L^{-\sigma})^{-\frac{1}{\sigma}}$$

其中，A 为规模参数，代表技术状况，$A > 0$；δ_1、δ_2 分别为劳动、资本的密集参数，代表利用该生产要素在所生产的产量中的贡献份额；σ 为替代参数，$\sigma > -1$。当 $\sigma \rightarrow 0$ 时，CES 生产函数的极限为 $Y = AK^{\delta_1} L^{\delta_2}$，即柯布—道格拉斯生产函数。因此，我们采用以下方程作为城乡代表性消费者的效用函数：

$$U = C_p^u C_G^{1-u}, \quad C_p = \left(\sum_{i=1}^{N} e_i^\rho\right)^{\frac{1}{\rho}} = \left(\sum_{i=1}^{N} e_i^{\frac{\varepsilon-1}{\varepsilon}}\right)^{\frac{\varepsilon}{\varepsilon-1}} \quad (3-1)$$

其中，城乡消费者总收入为 Y，设城乡消费者没有储蓄。C_p 代表私人产品集合的消费量，N 代表 T 与 R 两个区域私人产品种类，e_i 表示对第 i 种私人产品的消费量，第 i 种私人产品的单价为 p_i，C_G 代表公共品的消费量，设公共品价格为 p_G。$u\,(u>0)$ 代表私人产品消费在总支出中的份额，$\rho\,(0<\rho<1)$ 表示城乡消费者的偏好系数，偏好系数越靠近 0 则表示偏好程度越高，反之亦然。ε 代表任两种私人产品之间大的替代弹性，$\rho = (\varepsilon-1)/\varepsilon$。则有：

$$Y = P_G C_G + \sum_{i=1}^{N} p_i e_i$$

则城乡消费者私人消费支出最小化问题为：

$$\begin{cases} \min \sum_{i=1}^{N} p_i e_i \\ s.t.\, C_P = \left(\sum_{i=1}^{N} e_i^\rho\right)^{\frac{1}{\rho}} \end{cases} \quad (3-2)$$

利用拉格朗日乘数法求解，城乡消费者对第 i 种和第 j 种私人产品的消费决策分别为：

$$p_i = \lambda C_P^{1-\rho} C_i^{\rho-1}, \quad p_j = \lambda C_P^{1-\rho} e_j^{\rho-1}$$

两式左右两边同时相除，则有：

$$\frac{p_i}{p_j} = \frac{e_i^{\rho-1}}{e_j^{\rho-1}} \circ$$

用 e_j 表示 e_i 代入式（3-2）的约束条件方程，得：

$$e_j = \frac{p_j^{\frac{1}{\rho-1}}}{\left(\sum_{i=1}^{N} p_i^{\frac{\rho}{\rho-1}}\right)^{\frac{1}{\rho}}} \tag{3-3}$$

式（3-3）即为消费者对私人产品的需求函数。其中，在 $p_i(i=1,2,\cdots,N)$ 既定的情况下，对任一种私人产品，消费者的需求价格弹性皆为 $1/\rho-1=-\varepsilon$。据此，可求得消费者对私人产品的总支出：

$$\sum_{i=1}^{N} p_i e_i = C_p \left(\sum_{i=1}^{N} p_i^{\frac{\rho}{\rho-1}}\right)^{-\frac{1}{\rho}} \sum_{i=1}^{N} p_i p_i^{\frac{1}{\rho-1}}$$

$$= C_p \left(\sum_{i=1}^{N} p_i^{\frac{\rho}{\rho-1}}\right)^{-\frac{1}{\rho}} \sum_{i=1}^{N} p_i^{\frac{1}{\rho-1}}$$

$$= C_p \left(\sum_{i=1}^{N} p_i^{\frac{\rho}{\rho-1}}\right)^{\frac{\rho-1}{\rho}} \tag{3-4}$$

在式（3-4）中，$M = \left(\sum_{i=1}^{N} p_i^{\frac{\rho}{\rho-1}}\right)^{\frac{\rho-1}{\rho}}$ 表示私人产品组合的价格，则有：

$$e_i = \left(\frac{p_i}{M}\right)^{\frac{1}{\rho-1}} C_p = \left(\frac{p_i}{M}\right)^{\frac{1}{\rho-1}} C_p。$$

另外，考虑公共品和私人产品组合之间的最优选择，则有：

$$\begin{cases} \max U = C_p^u C_G^{1-u} \\ s.t. M \times C_p + p_G \cdot C_G = Y \end{cases} \tag{3-5}$$

利用拉格朗日乘数法求解可得：

$$\begin{cases} C_p = \dfrac{uY}{M} \\ C_G = (1-u)\dfrac{Y}{p_G} \end{cases} \tag{3-6}$$

将式（3-6）中第一个方程代入 $e_i = \left(\dfrac{p_i}{M}\right)^{-\varepsilon} C_p$ 中可得：

$$\begin{cases} e_i = uY\left(\dfrac{p_i^{-\varepsilon}}{M^{1-\varepsilon}}\right) \\ C_G = (1-u)\dfrac{Y}{p_G} \end{cases} \quad (3-7)$$

则城乡消费者的最大效用为：

$$U_{\max} = u^u (1-u)^{1-u} M^{-u} p_G^{-(1-u)} Y_\circ \quad (3-8)$$

（二）城乡生产者行为分析

假定城乡所有生产者都是处于完全竞争市场的垄断生产者，则生产者的最优定价策略为成本加成定价法，即按照不变的边际成本加上一定比例的利润作为产品的价格。在市场均衡时，各个生产者的利润为零。假设公共部门供给公共品所需要的固定要素投入量为 S。

假定生产者生产私人产品需要流动要素和固定要素，故产品的成本可以表示为 $v(S+b_p y_i)$，其中，v 为生产要素的价格，b_p 为单位私人产品所需的流动要素投入量，y_i 为第 i 种私人产品的产量。因此，该企业的利润函数为 $\pi_i = p_i y_i - v(S+b_p y_i)$。假定消费者的收支相等，即 $Y=E$，E 为支出，根据消费者的需求函数 $e_i = uY\left(\dfrac{p_i^{-\varepsilon}}{M^{1-\varepsilon}}\right)$，我们可以得到经济系统对该企业产品的总需求为：

$$y_i = e_i = uY\left(\dfrac{p_i^{-\varepsilon}}{M^{1-\varepsilon}}\right) = uE\left(\dfrac{p_i^{-\varepsilon}}{M^{1-\varepsilon}}\right) \quad (3-9)$$

由于式（3-9）中 $uE/M^{1-\varepsilon}$ 为常数，令其为 k，则对该企业产品的总需求可以写成 $y_i = kp_i^{-\varepsilon}$。企业为了追逐利润最大化，则有：

$$\begin{cases} \max \pi_i = p_i y_i - v(S+b_p y_i) \\ s.t.\, y_i = kp_i^{-\varepsilon} \end{cases} \quad (3-10)$$

通过拉格朗日乘数法求解可得 $p_i = vb_p / 1 - \dfrac{1}{\varepsilon}$，即私人产品的价格与产量无关，与产品的种类数无关，每个企业具有相同的产品价格。通过假定可知，每个企业在市场达到均衡时的利润为零，即：

$$\pi_i = p_i y_i - v(S+b_p y_i) = vb_p y_i \dfrac{\varepsilon}{\varepsilon-1} - v(S+b_p y_i) = 0 \quad (3-11)$$

由式（3-11）计算，可得：

$$y_i = S(\varepsilon - 1)/b_p \quad (3-12)$$

根据式（3-12）可知，每个生产者都投入等量的生产要素，生产等量的产品。用 n_T、n_R 分别表示 T 区域、R 区域所拥有的生产者数量，h_T、h_R 分别表示 T 区域、R 区域所聚集的生产要素数量，则可以推出：

$$\frac{n_T}{n_R} = \frac{h_T}{h_R} \quad (3-13)$$

（三）城乡公共品供给水平与要素收益率变动的关系分析

城乡两区域的私人部门生产的产品在区域间是可以进行交换的，假设本地产品在本地交易时无交通成本等交易成本，而运到外地交易时有成本，用 $c(c<1)$ 表示产品域外交易时的所有成本，若产品在本地交易的市场售价为 p，则在域外交易的市场售价可以设为 $p^* = \frac{p}{1-c}$。

城镇的消费者对本区域生产的私人产品和农村生产的私人产品都有需求，分别为：

$$C_T^T = uY\frac{P_T^{-\varepsilon}}{M^{1-\varepsilon}}, \quad C_T^R = uY\frac{P_R^{-\varepsilon}}{M^{1-\varepsilon}} \quad (3-14)$$

其中，C_T^T 和 C_T^R 分别表示一个城镇的代表性消费者对城镇或农村中一种私人产品的消费量。P_T、P_R 分别表示城镇和农村一种私人产品的价格，且 $p_i = vb_p/1 - \frac{1}{\varepsilon}$，则城镇的消费者对城乡两区域私人产品的相对需求为：

$$\frac{C_T^T}{C_T^R} = \left(\frac{P_T(1-c)}{P_R}\right)^{-\varepsilon} = \left[\frac{v_T(1-c)}{v_R}\right]^{-\varepsilon} \quad (3-15)$$

同理，农村的消费者对城乡两区域的私人产品的相对需求为：

$$\frac{C_R^T}{C_R^R} = \left(\frac{P_T}{P_R(1-c)}\right)^{-\varepsilon} = \left[\frac{v_T}{v_R(1-c)}\right]^{-\varepsilon} \quad (3-16)$$

其中，C_R^T 表示农村的一个代表性消费者对城镇一种私人产品的消费量，C_R^R 表示农村的一个代表性消费者对农村一种私人产品的消费量。

我们用 E_T、E_R 分别表示城镇和农村中的代表性消费者对本地与异地生产的私人产品消费支出的比值。则有：

$$\begin{cases} E_T = \dfrac{n_T p_T C_T^T}{n_R [p_R/(1-c)] C_T^R} = \dfrac{h_T}{h_R} \left[\dfrac{P_T(1-c)}{P_R} \right]^{1-\varepsilon} = \dfrac{h_T}{h_R} \left[\dfrac{v_T(1-c)}{v_R} \right]^{1-\varepsilon} \\ E_R = \dfrac{n_T [p_T/(1-c)] C_R^T}{n_R p_R C_R^R} = \dfrac{h_T}{h_R} \left[\dfrac{P_T}{P_R(1-c)} \right]^{1-\varepsilon} = \dfrac{h_T}{h_R} \left[\dfrac{v_T}{v_R(1-c)} \right]^{1-\varepsilon} \end{cases}$$ （3-17）

由式（3-17），推理可知，$E_T/(1+E_T)$ 表示城镇的一个消费者对城镇产品的支出在其总支出中所占的比重，同理，$E_R/(1+E_R)$ 表示农村的一个消费者对城镇产品的支出在其总支出中所占的比重。

用 Y_T、Y_R 分别表示城镇和农村的总收入，其中包括劳动力的收入和资本的收益，则 $Y_T = v_T h_T$，$Y_R = v_R h_R$。在均衡时，每个区域的总收入与总支出相等，且每个区域总支出包括私人产品支出和公共品支出之和，即：

$$Y_T = v_T h_T = \frac{E_T}{1+E_T} Y_T + \frac{E_R}{1+E_R} Y_R + G_T$$

$$Y_R = v_R h_R = \frac{1}{1+E_T} Y_T + \frac{1}{1+E_R} Y_R + G_R$$ （3-18）

对式（3-18）变形可得：

$$\frac{G_T}{Y_T} = 1 - \frac{E_T}{1+E_T} - \frac{E_R}{1+E_R} \frac{V_R h_R}{V_T h_T}$$

$$\frac{G_R}{Y_R} = 1 - \frac{1}{1+E_T} \frac{V_T h_T}{V_R h_R} - \frac{1}{1+E_R}$$ （3-19）

对式（3-19）求关于 v_T 的微分，可得：

$$d\left(\frac{G_T}{Y_T}\right) = \left[\frac{1}{(1+E_T)^2} \frac{\partial R_T}{\partial v_T} - \frac{1}{(1+E_R)^2} \frac{\partial E_R}{\partial v_T} \frac{v_R h_R}{v_T h_T} + \frac{E_R}{1+E_R} \frac{v_R h_R}{v_T^2 h_T} \right]$$ （3-20）

在均衡状态下，$h_T = h_R = h$，$v_T = v_R = v$，则 $E_T = (1-c)^{1-\varepsilon}$，$E_R = (1-c)^{\varepsilon-1}$，且有：

$$\frac{\partial E_T}{\partial v_T} = (1-\varepsilon) \frac{(1-c)^{1-\varepsilon}}{v}, \quad \frac{\partial E_R}{\partial v_T} = (1-\varepsilon) \frac{(1-c)^{\varepsilon-1}}{v}$$ （3-21）

将式（3-21）代入式（3-20）可得：

$$d\left(\frac{G_T}{Y_T}\right)=\frac{(\varepsilon-1)(1-c)^{1-\varepsilon}+E_T^2(\varepsilon-1)(1-c)^{\varepsilon-1}+1+E_T}{(1+E_T)^2\times v}dv_T$$

$$=\frac{1+(2\varepsilon-1)(1-c)^{1-\varepsilon}}{[1+(1-c)^{1-\varepsilon}]^2 v}dv_T \quad (3-22)$$

由于 $\varepsilon > 1$，$c < 1$，所以，

$$\frac{1+(2\varepsilon-1)(1-c)^{1-\varepsilon}}{[1+(1-c)^{1-\varepsilon}]^2}>0$$

即城镇的公共品支出比重与其要素收益率同方向变化。因此，提高城镇的公共品供给水平，可以增加城镇的要素收益率，使城镇要素收益率大于农村，导致生产要素向城镇流动。

同理，对式（3-19）求关于 v_R 的微分可得：

$$d\left(\frac{G_R}{Y_R}\right)=\left[\frac{1}{(1+E_T)^2}\frac{\partial E_T}{\partial v_R}\frac{v_T h_T}{v_R h_R}+\frac{1}{(1+E_R)^2}\frac{\partial E_R}{\partial v_R}+\frac{1}{1+E_T}\frac{v_T h_T}{v_R^2 h_R}\right]dv_T \quad (3-23)$$

在均衡状态下，$h_T=h_R=h$，$v_T=v_R=v$，则 $E_T=(1-c)^{1-\varepsilon}$，$E_R=(1-c)^{\varepsilon-1}$，且有：

$$\frac{\partial E_T}{\partial v_R}=(\varepsilon-1)\frac{(1-c)^{1-\varepsilon}}{v},\quad \frac{\partial E_R}{\partial v_R}=(\varepsilon-1)\frac{(1-c)^{\varepsilon-1}}{v} \quad (3-24)$$

代入式（3-23）可得：

$$d\left(\frac{G_R}{Y_R}\right)=\frac{(\varepsilon-1)(1-c)^{1-\varepsilon}+E_T^2(\varepsilon-1)(1-c)^{\varepsilon-1}+1+E_T}{(1+E_T)^2\times v}dv_R=\frac{1+(2\varepsilon-1)(1-c)^{1-\varepsilon}}{[1+(1-c)^{1-\varepsilon}]^2 v}dv_R \quad (3-25)$$

比较式（3-22）和式（3-25），两式中的变化率相同。理论上说明在两区域同质的前提下，农村与城镇公共品支出比重变化带来的要素收益率变化具有相同的速度。这一结论也说明，在其他条件相同的情况下，提高一个区域的公共品供给水平，会吸引要素向该区域集聚；反之，公共品供给水平较低的区域面临要素流出压力。

二 城乡要素流动对城乡一体化的作用机制分析

在前文梳理公共品供给是如何影响要素流动的基础上，本小节则进一步探讨了要素流动在理论上是如何影响城乡一体化的。根据 G.Myrdal（1957）的理论，城镇和农村并存的二元结构产生的原因在于二者经济发展的差异性，主要表现为地区间人均收入和工资水平差距的存在。因此，本书以城乡收入差距作为城乡一体化的表征变量，来探讨资本、劳动力等要素流动是如何引起城镇和农村的收入变动进而作用于城乡一体化进程的。为此，假定城镇和农村区域均拥有可自由流动的资本和劳动力两种流动要素，城乡两个区域的收入均采用柯布—道格拉斯型生产函数，其他假定不变。则有：

$$Y_T = A_T K_T^\alpha L_T^\beta G_T \quad (3-26)$$

$$Y_R = A_R K_R^\alpha L_R^\beta G_R \quad (3-27)$$

其中，Y_T、Y_R 分别表示城乡两个区域的总产出，A_T、A_R 分别表示城乡两个区域的生产技术水平，K_T、A_R 分别表示城乡两个区域的资本投入量，L_T、A_R 分别表示城乡两个区域的劳动力投入量，G_T、G_R 分别表示城乡两个区域的公共品供给量，$\alpha > 0$，$\beta > 0$，$\alpha + \beta > 1$。

假设城乡两个区域均存在交易成本，用 θ_T、θ_R 分别表示城乡两个区域的单位产品交易成本。则代表性投资者在城镇和农村的有效生产函数分别是：

$$Y_T = (1-\theta_T) A_T K_T^\alpha K_T^\beta G_T = A_T K_T^\alpha K_T^\beta G_T - \theta_T A_T K_T^\alpha K_T^\beta G_T \quad (3-28)$$

$$Y_R = (1-\theta_R) A_R K_R^\alpha K_R^\beta G_R = A_R K_R^\alpha K_R^\beta G_R - \theta_R A_R K_R^\alpha K_R^\beta G_R \quad (3-29)$$

设城乡两个区域资本收益率分别为 r_T、r_R，劳动力工资分别为 w_T、w_R。则城乡投资者对应的投资成本函数分别为：

$$C_T = C_{PT} + C_{DT}$$
$$= w_T L_T + r_T K_T + \theta_T A_T K_T^\alpha K_T^\beta G_T \quad (3-30)$$

$$C_R = C_{PR} + C_{DR}$$
$$= w_R L_R + r_R K_R + \theta_R A_R K_R^\alpha K_R^\beta G_R \quad (3-31)$$

其中，C_T、C_{PT}、C_{DT} 分别表示城镇投资者面临的投资成本、生产成本和交易成本，C_R、C_{PR}、C_{DR}分别表示农村投资者面临的投资成本、生产成本和交易成本。

由式（3-26）、式（3-30），构成成本最优化模型：

$$\begin{cases} \min C_T = w_T L_T + r_T K_T + \theta_T A_T K_T^\alpha K_T^\beta G_T \\ s.t. \quad Y_T = A_T K_T^\alpha K_T^\beta G_T \end{cases} \quad (3-32)$$

利用拉格朗日乘数法求解式（3-32），可得：

$$\begin{cases} \dfrac{\partial C_T}{\partial L_T} = w_T + (\theta_T - \lambda)\beta A_T K_T^\alpha K_T^{\beta-1} = 0 \\ \dfrac{\partial C_T}{\partial K_T} = r_T + (\theta_T - \lambda)\alpha A_T K_T^{\alpha-1} G_T L_T^\beta = 0 \\ Y_T = K_T^\alpha L_T^\beta G_T \end{cases} \quad (3-33)$$

整理式（3-33），即得：

$$\begin{cases} K_T = \left(\dfrac{Y_T}{A_T G_T}\right)^{\frac{1}{\alpha+\beta}} \left(\dfrac{\alpha w_T}{\beta r_T}\right)^{\frac{\beta}{\alpha+\beta}} \\ L_T = \left(\dfrac{Y_T}{A_T G_T}\right)^{\frac{1}{\alpha+\beta}} \left(\dfrac{\beta r_T}{\alpha w_T}\right)^{\frac{\alpha}{\alpha+\beta}} \end{cases} \quad (3-34)$$

将式（3-34）代入式（3-30）可得城镇区域的投资成本函数：

$$C_T = \left(\dfrac{Y_T}{A_T G_T}\right)^{\frac{1}{\alpha+\beta}} \left[\left(\dfrac{\beta}{\alpha}\right)^{\frac{\alpha}{\alpha+\beta}} + \left(\dfrac{\alpha}{\beta}\right)^{\frac{\beta}{\alpha+\beta}}\right] r_T^{\frac{\alpha}{\alpha+\beta}} w_T^{\frac{\beta}{\alpha+\beta}} + \theta_T Y_T \quad (3-35)$$

同理，可得农村区域的投资成本函数：

$$C_R = \left(\dfrac{Y_R}{A_R G_R}\right)^{\frac{1}{\alpha+\beta}} \left[\left(\dfrac{\beta}{\alpha}\right)^{\frac{\alpha}{\alpha+\beta}} + \left(\dfrac{\alpha}{\beta}\right)^{\frac{\beta}{\alpha+\beta}}\right] r_R^{\frac{\alpha}{\alpha+\beta}} w_R^{\frac{\beta}{\alpha+\beta}} + \theta_R Y_R \quad (3-36)$$

由成本函数式（3-35）可知，边际成本MC与公共品供给量G呈反向变动关系。假定其他条件不变，提高公共品供给数量可以降低边际成本，提高要素生产率。

代表性投资者在城镇区域的投资决策由利润最大化决定，即，

$$\max \pi = A_T K_T^\alpha K_T^\beta G_T - (w_T L_T + r_T K_T + \theta_T A_T K_T^\alpha K_T^\beta G_T) \quad (3-37)$$

由式（3-37）一阶条件得：

$$\begin{cases} w_T = (1-\theta_T)\beta A_T K_T^\alpha K_T^{\beta-1} G_T \\ \dfrac{\partial \pi}{\partial K_T} = (1-\theta_T)\alpha A_T K_T^{\alpha-1} L_T^\beta G_T - r_T = \alpha A_T K_T^{\alpha-1} L_T^\beta G_T - MC_T \end{cases} \quad (3\text{-}38)$$

其中，$\dfrac{\partial \pi}{\partial K_T}$ 是边际投资利润，MC_T 是边际投资成本，$MC_T = \dfrac{\partial C_{DT}}{\partial K_T} + r_T$，$\dfrac{\partial C_{DT}}{\partial K_T}$ 是边际交易成本，r_T 是资本收益率。

同理，代表性投资者在农村区域投资决策的一阶条件为：

$$\begin{cases} w_R = (1-\theta_R)\beta A_R K_R^\alpha K_R^{\beta-1} G_R \\ \dfrac{\partial \pi}{\partial K_R} = (1-\theta_R)\alpha A_R K_R^{\alpha-1} L_R^\beta G_R - r_R = \alpha A_R K_R^{\alpha-1} L_R^\beta G_R - MC_R \end{cases} \quad (3\text{-}39)$$

其中，$\dfrac{\partial \pi}{\partial K_R}$ 是边际投资利润；MC_R 是边际投资成本，$MC_R = \dfrac{\partial C_{DR}}{\partial K_R} = r_R$；$\dfrac{\partial C_{DR}}{\partial K_R}$ 是边际交易成本；r_R 是资本收益率。

在不考虑要素流动成本的情况下，城乡要素总是向要素收益率高的区域流动，即劳动力要素向工资高的区域流动，而资本向资本收益率高的区域流动。假设资本在城乡之间流动无成本，劳动要素在城乡之间流动的成本为 C_L。现由于农村突然增加公共品供给，使边际投资成本下降，边际投资利润上升，从而引发资本由城镇向农村流动，而劳动力流动的变化则由 C_L 确定。由式（3-38）、式（3-39），可得资本和劳动力在城乡流动的均衡模型分别为：

$$(1-\theta_T)\beta A_T K_T^\alpha L_T^{\beta-1} G_T = (1-\theta_R)\beta A_R K_R^\alpha L_R^{\beta-1} G_R - C_L \quad (3\text{-}40)$$

$$\alpha A_T K_T^{\alpha-1} L_T^\beta G_T - MC_T = \alpha A_R K_R^{\alpha-1} L_R^\beta G_R - MC_R \quad (3\text{-}41)$$

由于城乡之间劳动力流动成本为 C_L，会抑制农村区域的劳动力向城镇转移。只有当城镇的人均资本存量增加到 $w_t \geq w_R + C_L$ 时，劳动力才会由农村向城镇流动。而这又与增加农村公共品供给，引导资本由城镇向农村流动的出发点相悖。即城乡劳动力转移成本过大，要求增加城镇的人均资本存量以抵消过大的劳动力转移成本，而增加城镇人均资本存量意味着城镇资本集聚程度更高，阻碍资本由过剩的城镇区域向农村流动。显然，这与城乡二元结构向城乡一体化过程中"城镇过剩资本向农村流动、农业剩余劳动力向城镇转移"的要素流动规律相矛盾，不利于提高要素流动效率，促进城乡一体化。

根据式（3-40）、式（3-41），可得城镇和农村两个区域的人均有效产量分别为：

$$\frac{Y_T}{L_T} = (1-\theta_T) A_T K_T^\alpha L_T^{\beta-1} G_T \quad (3-42)$$

$$\frac{Y_R}{L_R} = (1-\theta_R) A_R K_R^\alpha L_R^{\beta-1} G_R \quad (3-43)$$

由式（3-40）、式（3-41）、式（3-42）和式（3-43），可得：

$$\frac{Y_T}{L_T} - \frac{Y_R}{L_R} = \frac{C_L}{\beta} \quad (3-44)$$

由式（3-44）可以看出，农村劳动力向城镇流动的成本与城乡之间的经济差距正相关。需要特别强调的是，如果城乡劳动力流动成本 C_L 很大，以致城镇资本集聚增加的人均资本存量小于 C_L，从而阻碍农村劳动力向城镇的转移。不失一般性，在城乡二元体制下，由于受城乡二元公共品供给制度影响，农业剩余劳动力向城镇转移的过程中，难以享受相应的公共品或享受公共品支付成本过高，就会使劳动力流动成本 C_L 增大，从而阻碍农业剩余劳动力向城镇转移。

根据上述结论，我们可以得出：在城乡同质的假设前提下，公共品的供给通过降低区域间要素流动成本、提高要素收益率进而引导要素在城乡间流动，然而在城乡不同质的现实情况下，传统农业的低效率和农村配套基础设施的落后无疑加大了资本流向农村的成本，使资本的投入收益率得不到有效保障。同时，在土地流转制度、户籍制度以及城市相对短缺的社会公共服务的制约下，大大地增加了农业剩余劳动力向城市转移的机会成本，进城务工农民的劳动收益率同样无法得到有效保障，进而加剧了城乡要素之间的流动障碍。结合前文中国城乡一体化进程中城乡要素集聚路径的历史变迁可以知道，如果沿着城乡经济和二元体制形成的路径依赖供给公共品，就会使城乡要素流动陷入资本和劳动力向城镇单向集聚的发展悖论，深化城乡二元结构。要破解这一悖论，就需要政府财政的介入，基于城乡要素各自的禀赋优势，按照农村"劳动力流出、资本流入"、城镇"劳动力流入、资本流出"的要素流动总趋向，通过优化公共品配置降低劳动力流动成本 C_L，促进城乡资本和劳动力要素流动相向而行，从而补齐农村农业发展短板，推动城乡一体化进程。当然，按照农村公共品的分类，不同类型的公共品具有不同的特征，也对城乡要素流动的促进作用迥异。因此，需要进一步分析各类公共品影响城乡要素流动进而作用于城乡一体化的影响机制，从而为优化农村公共品供给，促进城乡一体化提供理论依据。

三 不同类型公共品影响城乡一体化的机制分析

前文就公共品供给如何影响城乡要素流动以及城乡要素流动如何作用于城乡一体化的机制进行深入分析，但对于不同类型公共品如何通过影响要素流动对城乡一体化产生影响，尚需进一步探讨。根据农村公共品的分类，农村社会性公共品具有较高的人身依附性，主要通过提高劳动的收益率来影响农民收入；农村生产性和生活性公共品则具有地域依附性高的特点，具有很强的资本属性，主要通过降低投资成本、提高资本的收益率来影响农民收入。因此，为简化分析，本书在下文构建公共品供给影响城乡一体化的理论模型时，将生产性公共品和生活性公共品统一归类为生产性公共品。继续沿用 G.Myrdal（1957）的理论，由城乡收入差距表征城乡一体化水平，据此可构建公共品供给影响城乡一体化的理论模型，以准确反映不同类型公共品通过提高要素收益对城乡一体化的影响机制。首先基于传统生产函数，建立数理模型。用 Y 代表产出，K、T 分别代表资本和劳动要素，参照 Odedokun（1996）等做法，我们将经济效率模型引入研究方程，将农村生产总产出函数设定为：

$$Y(t) = A(t) F[K(t), L(t)] \quad (3-45)$$

对式（3-45）求导可得：

$$\frac{dY(t)}{dt} = \frac{dA(t)}{dt} F[K(t), L(t)] + A(t) \frac{\partial F}{\partial K} \times \frac{dK(t)}{dt} + A(t) \frac{\partial F}{\partial L} \times \frac{dL(t)}{dt} \quad (3-46)$$

同时，我们令农民收入中资本和劳动所占的份额分别为：

$$\theta = \frac{\partial Y(t)}{\partial K(t)} \times \frac{K(t)}{Y(t)} \text{——农民收入中资本所占的份额}$$

$$1-\theta = \frac{\partial Y(t)}{\partial L(t)} \times \frac{K(t)}{L(t)} \text{——农民收入中劳动所占的份额} \quad (3-47)$$

对式（3-47）两边同时除以 $Y(t)$，经过整理可得：

$$\frac{dY(t)}{dt}/Y(t) = \frac{dA(t)}{dt}/A(t) + \theta \frac{dK(t)}{dt}/K(t) + (1-\theta) \times \frac{dL(t)}{dt}/L(t) \quad (3-48)$$

令 $\Delta Y(t) = dY(t)/dt$，$\Delta K(t) = dK(t)/dt$，$\Delta L(t) = dL(t)/d(t)$，$\Delta A(t) = dA(t)/dt$，对式（3-48）整理可得：

$$\Delta Y(t)/Y(t) = \theta \Delta K(t)/K(t) + (1-\theta) \Delta L(t)/L(t) + \Delta A(t)/A(t) \quad (3-49)$$

进一步简化式（3-49），则每个农民平均产量的增长率为：

$$\Delta Y(t)/Y(t) = \theta \Delta K(t)/K(t) + (1-\theta) \Delta L(t)/L(t) \quad (3-50)$$

假设不存在技术进步，即索洛余量 $\Delta A(t)/A(t) = 0$，农村的经济增长取决于资本和劳动力的增加，式（3-50）可表示为：

$$E(\Delta Y/Y) = E(\Delta Y/\Delta K) + E(\Delta Y/\Delta L)$$

其中，ΔY 表示农村经济的产出水平增量，Y 表示农村的经济总产出，ΔK 表示资本的产出增量，E 表示资本和劳动力的利用效率，本书分别用增加的产出/资本比率（$\Delta Y/\Delta K$）和产出/劳动力比率（$\Delta Y/\Delta L$）替代。

由于当期资本要素的形成由前一期的资本存量和本期投入资金的转化效率决定，同时鉴于中国农村资金的主要来源包括财政政策通过提供生产性公共品吸引的资金和其他方式产生的资金投入（温涛、董文杰，2017），则农村资本可变为：

$$K_t = (1-\delta)K_{t-1} + E(FS_t, X_t)I_t \quad (3-51)$$

其中，K_t 表示农村当期资本；K_{t-1} 表示前一期的农村资本；δ 代表资本的折旧率；FS_t 表示财政政策通过提供生产性公共品引导投入的资本量效率的提高；X_t 表示通过其他方式（诸如转移支付、税收政策、专项支持等）引导投入的资本量的效率的提高。

同理，农村的劳动力产出可以表示为：

$$L_t = L_{t-1} + \Delta L_t E(FE_t, Z_t) \qquad (3-52)$$

其中，FE_t 表示财政政策通过提供社会性公共品所引致的劳动力效率的提高；Z_t 表示通过其他方式引导的劳动力效率的提高。

将式（3-51）、式（3-52）代入式（3-49）中，可得农村经济增长变化的方程为：

$$\Delta Y_t / Y_{t-1} = [-\delta + \frac{1}{K_{t-1}} E(FS_t, X_t) I_t]\theta + (1-\theta)E(FE_t, Z_t) \qquad (3-53)$$

E 的一阶段泰勒展开式为：

$$E(FS_t, X_t) \approx E(0,0,0) + E'_{FS_t}(0,0,0) FS_t + E'_{X_t}(0,0,0) X_t \qquad (3-54)$$

$$E(FE_t, X_t) \approx E(0,0,0) + E'_{FE_t}(0,0,0) FS_t + E'_{Z_t}(0,0,0) Z_t$$

联立方程式（3-53）和式（3-54）可得：

$$\Delta Y_t / Y_{t-1} = \{-\delta + \frac{1}{K_{t-1}} [E(0,0,0) + E'_{FS_t}(0,0,0) FS_t + E'_{X_t}(0,0,0) X_t] I_t\}\theta + $$
$$(1-\theta)[E(0,0,0) + E'_{FE_t}(0,0,0) FE_t + E'_{Z_t}(0,0,0) Z_t] \qquad (3-55)$$

根据上述理论推导，公共品供给主要通过降低要素流动成本、提高要素收益率来引导要素在城乡之间流动，最终通过提高要素资源配置效率来实现城乡优势互补，达到缩小城乡收入差距，促进城乡一体化的目的。从农村公共品供给的视角来看，如图 3-1 所示，用于农村医疗卫生、义务教育等具有较高人身依附性的社会性公共品供给的财政支出通过提升农村劳动收益率促进农民增收；农村基础设施建设、农业综合开发支出等生产性公共品支出则通过降低投资成本、提高农村资本回报率来引导资本流向农村农业，最终达到促进农民增收，缩小城乡收入差距，促进城乡一体化的目的。

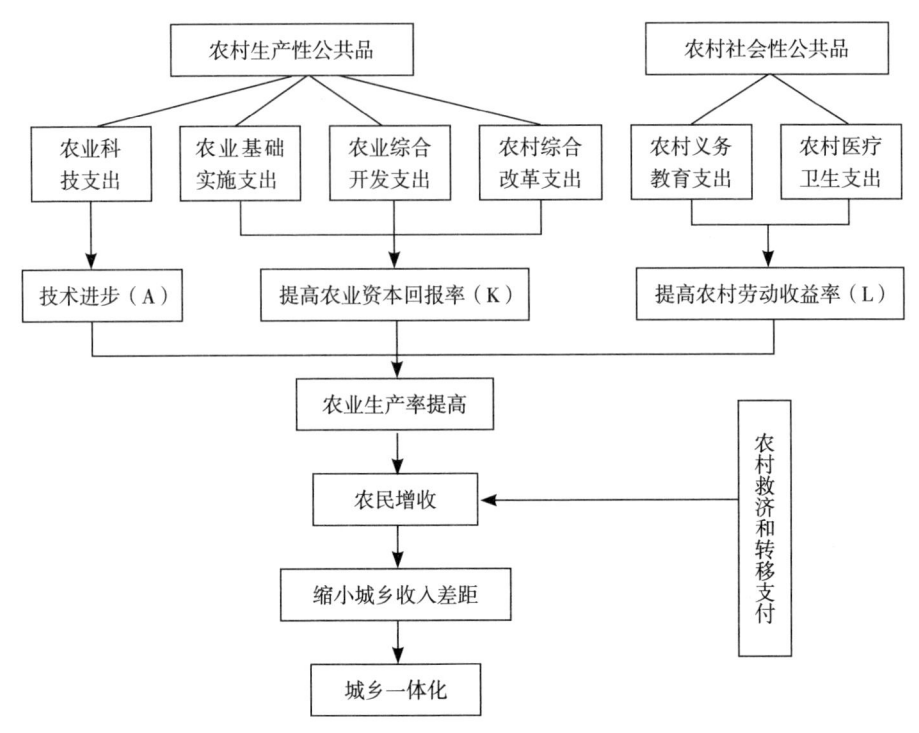

图 3-1　农村公共品影响城乡一体化的分析框架

第四章
城乡一体化进程中农村公共品供给历史与现状分析

在前文理论分析的基础上，本章节主要阐述城乡一体化进程中农村公共品供给的历史变迁和供给现状。首先对中华人民共和国成立以来农村公共品供给历史脉络进行梳理，然后客观描述了各类农村公共品的供给现状，以期为后文的实证分析提供可靠的数据支撑和现实参考。

◆ 第一节 | 城乡一体化进程中农村公共品供给的历史分析

一 改革开放前人民公社时期的农村公共品供给

中华人民共和国成立后，在当时特定的历史背景和国际政治经济环境约束下，为充分发挥后发优势，实现赶超目标，由农业大国向工业强国迈进，实施了农业支持工业、农村支援城市的非均衡发展战略。在重工业优先的非均衡发展战略主导下，政府主要利用工农产品价格"剪刀差"和农业税收最大限度地汲取农业剩余，为工业化提供资本积累，以克服工业化初期资本积累不足的矛盾。据测算，1950—1978 年，全国工农产品价格"剪刀差"的规模达到 5100 亿元，农业税收 978 亿元，而同期财政支农支出仅为 1577 亿元，政府从农业汲取的净剩余达 4500 亿元用于支援非农部门。为适应重工业优先发展的战略需要，增强国家对社会经济的控制和计划能力，在经历了中华人民共和国成立初期短暂过渡后，中国农村推行了单一的公有制和人民公社制度。在城镇，中国于 1956 年完成对资本主义工商业经济的社会主义改造，将有限的工商业剩余最大限度地集中在政府手里，通过行政手段投资于工业尤其是重工业领域；在农村，于1958年实行人民公社制度，由人民公社统领下的农业合作社实现对土地要素、生产资料和劳动要素的集中控制。与人民公社时期高度集中的计划经济体制相适应，农村公共品实行单一政府供给[①]。供给特征主要表现为：

（一）农村集体经济组织是农村公共品的单一供给主体

在经历了农村合作化和人民公社化运动后，中国农村实行"三级所有，队为基础"的人民公社体制。作为"政社合一"的农村集体经济组织，人民公社及其下属的大队、生产队由于对农村生产要素实现了完全控制，除公路、大型水利设施等跨区域农村公共品由上级政府供给外，人民公社及其下属的大队、生产队承担了几乎全部农村公共品的供给责任，成为农村公共品的单一供给主体。人民公社体制下，基于对生产要素的集中控制和计划管理，以人民公社为统领的农村集体经济组织具有高度的资源动员能力和公共品供给优势，能够较好地举办农村公共事业。

（二）制度外筹资是农村公共品的主要筹资方式

在人民公社体制下，农村公共品供给的筹资渠道包括财政渠道和制度外筹资两种方式。由于当时农村经济欠发达，人民公社通过税收手段筹集的财政收入非常有限，对公社一级的公共品供给支出尚且不能满足，更不必说公社以下社队的公共品供给。因此，为满足社队范围内农田水利、中小学教育、卫生事业、文化体育、抚恤及社会救济等公共需求，还要通过税收以外的方式从社队生产集体筹集资金，用于支付农村公共品供给成本，农村公共品供给的这种筹资方式被称为制度外筹资。在人民公社体制下，农村公共品供给的制度外筹资方式通过"工分制"分配制度得以实现，即一方面以公积金和公益金的形式分摊制度外公共品的物质成本，另一方面以工分的形式分摊制度外公共品的人力成本。在工分制下，由于工分总量缺少上限约束，筹劳成本总可以通过稀释工分报酬无限放大，使劳动对资本的替代达到无以复加的地步，从而导致农村公共品供给成本的间接性

[①] 人民公社体制下，人民公社是"政社合一的基层组织"，是我国社会主义政权在农村的基层单位。单一政府供给实质是指由包括人民公社及其下属的大队、生产队的农村集体经济组织供给。

和隐蔽性。制度外筹资是农村公共品的主要筹资方式，在农村公共品供给中发挥着极其重要的作用。以 1978 年为例，据估算，在未包括以工分形式分摊的农村公共品筹劳成本情况下，当年全国人民公社以社队提留筹集的制度外收入合计达 103 亿元，而当年公社财政收入合计仅为 113.4 亿元，显示了农村集体组织的制度外筹资在农村公共品供给中具有重要地位，发挥着主渠道作用。

（三）农村公共品供给形成自上而下的命令式决策机制

人民公社实行"政社合一"体制，各级农村集体组织几乎控制了全部生产要素和经济资源，从而使农村公共品供给具有高度计划性，决策程序采用自上而下的命令方式，缺乏民主渠道。纵使《农村人民公社工作条例修正草案》赋予社员代表大会决策权，但在高度政治化的环境下，农村公共品供给决策主要受自上而下的政治和意识形态主导，农民作为"国家的主人"将其所拥有的政治经济权利让渡给了中央政府，并由中央政府层层授权委托给地方政府，从而使各级政府基于自身的政治、经济理性自上而下地行使农村公共品供给的决策权。农民作为集体经济组织的一员，面临权利失能，对农村公共品供给既无需求冲动也无决策权利，只能被动接受包括社队在内的各级政权组织的决策安排。

（四）农村公共品在供给范围和供给水平上过犹不及现象突出

在人民公社单一公有制条件下，农民基本上失去了对生产要素的自主支配权，社队等农村集体经济组织利用其对生产要素和经济资源的完全控制权，进行资源整合，在农村合作医疗、基础教育、农田水利等方面实现了广泛供给，取得了当时社会经济发展水平下农村公共品的有效供给，迅速提高了农民的医疗卫生、文化教育水平，改善了农业生产条件。但是，与农村集体经济组织共同组织生产活动相适应，一些个体劳动条件下本应由单个农户供给的私人产品也纳入了公共品供给范围，从而出现了农村公共品供给范围的过度扩张，农民"无偿"享有农村公共品的绝对平均主义现象突出。而且，社队除了承担本区域受益范围内的小型农田水利等公共品供给外，还需要承担民兵训练、基础教育等本应由上级政府承担的公共品供给责任，无疑加重了集体经济组织及其下属农民的供给负担。当然，在人民公社单一公有制和严格户籍管制制度下，生产要素局限于集体经济组织内部，由集体经济组织供给全部农村公共品又有了形式上的正当性，有利于最大限度地汲取农业剩余支援工业和城镇建设，符合重工业优先的城市偏向发展战略。但是，在农村经济发展水平较为落后的情况下，本就不多的农业剩余被转移到工业领域，必然导致农业积累的不足，使农村公共品供给水平和供给质量总体偏低，城乡公共品供给差异的鸿沟由此形成。

二 改革开放至农村税费改革前的农村公共品供给

1978年，中央作出将工作重心转移到经济建设上来的伟大决策，要求提高经济效率，让一部分人先富起来。随即以家庭联产承包责任制为主要内容肇始于农村的市场化改革率先吹响了改革开放的号角，延续20多年的人民公社体制逐步解体，代之以"乡政村治"的乡村治理模式。改革开放初始，农村商品经济得以恢复，农民收入增长迅速，农业自身积累增加，城乡差距缩小。"农村面貌焕然一新，百分之九十的人生活改善了。"农村改革改变了人民公社时期农村公共品供给制度赖以存在的制度土壤，诱发了农村公共品供给的制度创新。但是，从1984年起，改革迅速转入城市领域，而农村改革基本停滞。随着城市经济的发展，城乡收入差距加大，困扰农村发展的工农产品"剪刀差"依然存在，甚至更加严重，农村支援城市的城乡非均衡发展战略进一步强化。发轫于1994年的分税制改革重在提高财政收入在GDP中的比重和中央财政收入在财政收入中的比重，在自上而下的行政压力型体制作用下，乡镇财政乃至县级财政陷入困境，只能继续沿用"三提五统"等制度外筹资方式供给农村公共品，导致农民负担持续增加。"乡政村治"治理模式下农村公共品诱致性制度变迁并没有发生根本性变化，人民公社时期的农村公共品供给体制得以继承和延续。

（一）供给主体日益多元化但农民"自给自足"的实质仍未改变

改革开放后，我国实行中央、省、市、县和乡镇五级政府体制。各级政府通过公共品供给实现农村资源配置，取代人民公社体制下农村集体经济组织单一主体的供给模式。但是，由于1994年的分税制改革不完善，各级政府财权与事权不对称，中央政府把公共品供给责任向地方政府转移，最终在压力型行政体制作用下，农村公共品供给责任主要由县乡政府承担，导致县乡政府事权严重超过财权，阻碍了农村公共品供给制度的诱致性变迁。政府在农村公共品供给能力上的不足，要求脱胎于人民公社体制下大队、生产队的行政村填补农村公共品供给的这一空缺。于是行政村作为村民自治组织虽然不是一级政权，但也承担了本应由政府承担的农村公共品供给责任。加之随着改革开放和市场经济的发展，企业、个人等社会主体掌握的经济资源日益扩大，也取得了资源配置能力，具有参与农村公共品供给的意愿和能力，从而成为农村公共品的自愿供给主体。农村公共品供给主体随之日益多元化。但是，由于二元财政体制的存在，中央财政支农支出本就不足，省、市级政府财政又层层截留，导致县乡财政困难，农村公共品仍主要通过"自给自足"实现供给，在形式上由乡镇政府和村民组织负责供给，而农民实质上承担着农村公共品供给责任，导致农民负担日益沉重。

（二）制度外供给为主的农村公共品供给的筹资机制得以延续

改革开放后，国家逐步建立从乡镇到中央的五级财政预算管理体制，政府财政成为农村公共品供给的多元化主体之一。国家财政用于农业部门的总支出由1978年的150.66亿元上升到2003年的1754.5亿元，增幅达到1603.5亿元，增长10.62倍，年均增长10%。与之相对应，国家财政总支出由1978年的1122.09亿元上升到2003年的24649.95亿元，增幅达到23527.86亿元，增长了20.97倍，年均增长13.7%[①]。显然，财政支出用于农业部门的增速慢于财政支出自身的增速，反映了二元财政体制仍然存在，农村支援城市的城乡非均衡发展战略进一步强化。为弥补上级政府财政支农投入的不足，满足农村公共品供给需要，在压力型体制的作用下，乡镇政府转而依靠乡镇企业上缴利润和管理费、乡镇统筹资金、各种集资、捐款和罚款等制度外渠道筹集财政资金，使人民公社体制下农村公共品供给的制度外筹资方式得以延续。据测算，乡镇制度外收入高达本级政府收入的70%左右，农民成了费用的承担者，给农民带来沉重负担，制约了农民增收，使城乡居民收入差距持续扩大，城乡二元结构进一步加深。

---

① 数据根据《中国统计年鉴》（1978—2004）整理测算。

(三) 自上而下的农村公共品供给决策机制没有根本改观

人民公社解体后,"乡政村治"治理模式得以确立。在家庭联产承包责任制的推动下,乡镇政府和农村集体组织对农村生产要素和经济资源的直接控制减弱,家庭农户的支配能力上升。经济基础决定上层建筑。在以农户为代表的农村生产经营主体获得生产要素和经济资源主要控制权的情况下,农民本应有机会把自身对公共品的需求偏好表述出来,但这种自下而上的农村公共品需求表述机制并没有建立起来,人民公社时期自上而下的农村公共品供给决策机制没有得到根本改观。原因在于:由于全体村民大会组织管理成本高,陷入停滞,而村民代表大会受利益驱动往往流于形式,村民自治权事实上向村"两委"转移。但村"两委"又承担着落实乡镇党委政府工作任务的职责,成为国家基层政权的延伸。村党支部领导下的村委会事实上成为乡镇政府的准派出机构,很难根据村民需要独立于乡镇政府作出决策。此时,乡镇基层政府由于其拥有信息优势,就成为反映村民公共品需求的当然代表。由于农民利益集团缺乏有效的需求表述渠道,不能对政府决策者形成需求压力,在财政预算约束下,基层政府官员作为"经济人"基于自身利益最大化的需要,有足够的动力选择能够为其带来仕途升迁或支配权的项目。罔顾村民利益,层出不穷的"形象工程"正是这一现象的最好注解。因此,在自上而下压力型体制的作用下,农村公共品供给决策机制没有根本改观,农民对公共品的需求偏好难以体现在供给决策之中。

(四) 农村公共品呈现供需失衡和城乡供给差距扩大现象

随着农村家庭联产承包责任制的实施,家庭农户取得经营主体地位,独立占有生产要素和经济资源,并据此拥有农业经营自主权和农业剩余索取权。在市场化条件下,由于农民自身特征和收入水平等方面的差异,导致农民对人民公社体制下公共品的同质化需求产生分化,呈现多样化趋势。但是,由于存在自上而下的农村公共品供给决策机制,农民对农村公共品需求难以有效表达出来,致使出现供需脱节和失衡问题。同时,伴随着改革开放的深入和市场化水平的提高,人民公社体制下城乡割裂的格局被打破,城乡要素流动增多,但中国二元财政体制持续存在,扩大了城乡公共品供给差距。根据陈宗胜（2008）的研究结论，中华人民共和国成立以来，中国二元财政对比度始终小于1，中华人民共和国成立初期甚至不足0.1，虽然到1978年提高到0.4，但之后又持续下降，直到1984年后才又重拾升势，但到2002年以后，才稳定在0.5以上，显示出当时中国政府对农业农村一直采取歧视性的二元财政支出政策。正是由于城乡二元财政体制的长期存在，政府财政对农村农业的投入持续小于对城镇的投入，导致城乡公共品供给差距随着改革开放的深入和经济发展水平的提高不缩反增，尤其表现在城乡医疗卫生、义务教育和社会保障等基本公共服务方面，从而使城乡二元结构进一步强化，制约了城乡要素流动。

三 农村税费改革后的农村公共品供给

为改变城乡二元结构，2002年党的十六大提出"统筹城乡经济社会发展，建设现代农业，发展农村经济，增加农民收入，是全面建设小康社会的重大任务"；2007年党的十七大提出，"要加强农业基础地位，走中国特色农业现代化道路，建立以工促农、以城带乡长效机制，形成城乡经济社会发展一体化新格局"；2012年党的十八大进一步明确，"解决好农业农村农民问题是全党工作重中之重，城乡发展一体化是解决'三农'问题的根本途径"；2017年党的十九大报告提出"实施乡村振兴战略，推动农业农村优先发展"。党的十六大以来提出的城乡统筹发展、城乡一体化发展乃至乡村振兴战略是一脉相承的，其最终目的都是为了改变城乡二元结构，弥补农村农业发展的短板，促进城乡一体化。财政是国家治理的基础和重要支柱，是落实党和国家战略部署的政策落脚点。党的十六大以后，国家贯彻对农村"多予、少取、放活"的方针，以农村税费改革为突破口，改变了传统上以乡村两级自筹资金为主、上级财政适当补助的农村公共品供给模式，将农村公共品供给纳入制度化轨道，由政府财政承担绝大部分农村公共品供给责任。农村公共品供给体制改革取得了显著成效，对推进城乡一体化，促进农村农业发展，改善农民生活发挥了重要作用。

（一）强化以政府供给为主的农村公共品多元化供给

为统筹城乡发展，国家贯彻对农村"多予、少取、放活"的方针，按下了农村税费改革的启动键。通过农村税费改革，取消面向农民的农业税、各种非税收入和制度外收费，赋予农民平等享有公共品的权利，使过去本应由政府财政负担但通过乡村两级自筹资金承担的农村公共品支出回归本源。政府成为农村公共品最主要的供给主体，由各级财政承担全部农村纯公共品和绝大部分农村准公共品供给的支出成本，并纳入相应级次的政府预算管理，确保政府履行供给主体责任。对于确有必要的村内农田水利、道路交通等村级生产公益事业，实行"一事一议"，由属于受益范围的农民直接承担供给成本，履行供给主体责任。为提高农民参与村级公共品供给的积极性，政府建立"一事一议"财政奖补制度，引导和鼓励农民参与村级公共品供给，弥补村级公共品供给的不足。随着改革开放的深入，社会公益组织、企业和个人等社会主体掌握更多的经济资源，有更大的能力和意愿以捐赠形式自愿参与农村公共品供给，为提高农村公共品供给水平提供了有益补充。综观之，党的十六大以后，为改变城乡二元结构，统筹城乡发展，促进城乡一体化，国家以农村税费改革为突破口，逐步形成了以政府为主体的农村公共品多元化供给格局。

（二）农村税费改革规范农村公共品供给的筹资渠道

起始于2000年的农村税费改革试点拉开了城乡财政体制改革的序幕，为重构农村公共品供给体制、加速推进城乡一体化进程提供了强大动力。在收入上，农村税费改革取消面向农民的农业税、各种非税收入和制度外收费，降低农民负担。2004年，农村税费改革在全国范围内正式实施，当年实现农业税收由2003年的514亿元下降为362亿元，使农业税收占税收总收入的比重下降了1%；至2006年全面取消农业税，农业税收占税收总收入的比重由2002年的峰值2.53%迅速下降为0.56%，如表4-1所示。

表4-1　　　　　2002—2017年农业税收收入情况

项目名称 年份	财政收入 （亿元）	农业税收 （亿元）	农业税收占比 （%）
2002	18904	479	2.53
2003	21715	514	2.37
2004	26396	362	1.37
2005	31649	201	0.64
2006	38760	216	0.56

续表

项目名称 年份	财政收入 （亿元）	农业税收 （亿元）	农业税收占比 （%）
2007	51322	233	0.45
2008	61330	382	0.62
2009	68518	714	1.04
2010	83102	967	1.16
2011	103874	1167	1.12
2012	117254	1752	1.49
2013	129210	1958	1.52
2014	140370	2200	1.57
2015	152269	2240	1.47
2016	159605	2159	1.35
2017	172593	1767	1.02

注：表中数据根据《中国统计年鉴》计算整理而得。其中农业税收 2006 年之前包括农业税（含农业特产税）和耕地占用税；2007 年之后包括烟叶税和耕地占用税，作为传统农业四税中的契税被剔除。

根据农村税费改革的要求，过去由农民承担的绝大部分农村公共品供给支出由各级政府负责，并纳入政府财政预算管理，禁止向农民摊派农村公共品供给成本。为弥补农村税费改革形成的基层财政收支缺口，保障农村税费改革顺利推进，从 2000—2007 年，中央财政总共下达农村税费改革（含后续的农村综合改革）转移支付资金 3380 亿元。仅 2007 年一年，中央财政就下达农村税费改革（含后续的农村综合改革）转移支付资金 782 亿元，不断巩固农村税费改革成果，推动农村税费改革转向农村综合改革，保障基层政府公共品供给能力[①]。同时，为弥补农村税费改革后村级公共品供给的不足，对农村公益事业试行"一事一议"财政奖补制度。从 2010 年开始，政府财政在农林水支出中单设款级科目农村综合改革支出，并从中拿出一半左右的资金用于村级公共品"一事一议"财政奖补，鼓励农民参与村级公共品供给。据统计，从 2010—2017 年，国家财政共发生农村综合改革支出 9311.1 亿元，其中"一事一议"财政奖补资金 4865.17

---

① 中华人民共和国财政部：《2000—2007 年农村税费改革和农村综合改革投入情况》，http://zgb.mof.gov.cn/zhengwuxinxi/tourudongtai/200806/t20080616_45475.html。

亿元，有力地促进了农村税费改革后村级公共品供给（见表4-2）。

表4-2　2010—2017年财政对村级"一事一议"的补助支出情况

名称 年份	对村级"一事一议"的补助 （亿元）	农村综合改革支出 （亿元）	"一事一议"支出占比 （%）
2010	372.84	607.9	61.33
2011	593.47	887.62	66.86
2012	646.77	987.28	65.51
2013	697.44	1148.03	60.75
2014	696.77	1265.74	55.05
2015	697.56	1418.82	49.16
2016	638.43	1508.78	42.31
2017	521.89	1486.93	35.10
合计	4865.17	9311.1	52.25

资料来源：表中数据根据财政部官网《全国财政决算（2010—2017）》整理，http://www.mof.gov.cn/zhengwuxinxi/caizhesnghuju/。

（三）"一事一议"制度创新农村公共品供给决策机制

农村税费改革后，政府对由财政承担支出责任的农村公共品继续沿袭自上而下的供给决策机制。但随着政府对财政支出绩效管理制度的完善，增强了对县乡基层政府官员在农村公共品供给决策上的监督约束，信息不对称对农村公共品供给决策产生的不利影响也相应地降低[①]。为弥补农村税费改革后村级公共品供给的不足，政府对具有公益性质的村级公共品实行"一事一议"制度，由直接受益的村民共同商议，就筹资额度、筹资办法、支出管理、利益分享等事项达成决议并由村民直接承担相应的支出义务。"一事一议"制度能够保证农民根据自身需求和支付能力，以自愿为原则，自主作出对自身有利的供给决策，从而最大限度实现农村公共品供给与需求的一致性。而且，在"一事一议"制度框架下，筹资规模和筹资标准由农民自主决定，既保证了支出在农民的支付能力范围内，又能避免

---

① 财政部于2009年颁行《财政支出绩效评价管理暂行办法》（财预〔2009〕76号），并于2011年进行了修订（财预〔2011〕285号）。

乱集资、乱摊派增加农民的负担。无疑，"一事一议"实现了农村公共品供给决策的制度创新，是对以政府为主要供给主体的农村公共品供给模式的有益补充，对于增加农村公共品供给规模和供给质量具有重要意义。

（四）改革二元财政体制促进城乡公共品均等化供给

为落实党的十六大精神，全面建设小康社会，2005年在《中共中央关于制定"十一五"规划的建议》中将公共服务均等化上升到国家战略层面，以扭转工农差距、城乡差距、区域差距扩大的趋势。基本公共服务均等化能否落实，关键在于国家财力的支持。农村税费改革以来，除了增加财政支农支出，国家还制定多项政策文件，增加财政对农村基本公共服务的投入，为实现基本公共服务均等化提供财力保障，不断提高基本公共服务均等化水平[①]。从义务教育方面看，自2006年开始，为克服农村税费改革给县乡基层财政带来的义务教育支出压力，国家对农村义务教育经费实行中央与地方政府分担机制，至2015年，国务院推行城乡统一的义务教育经费保障机制，为城乡义务教育一体化提供了制度基础和经费保障。从医疗卫生方面看，国务院于2002年提出建立新型农村合作医疗制度和农村医疗救助制度，至2016年，按照统一覆盖范围、统一筹资政策、统一保障待遇、统一医保目录、统一定点管理、统一基金管理"六个统一"的办法，城乡居民基本医疗保险实现制度一体化。从社会保障方面看，2006年党的十六届六中全会首次提出要建立覆盖城乡居民的社会保障体系，至2012年，新型农村养老保险在全国范围内实现制度全覆盖，2014年新型农村养老保险和城镇居民养老保险两项制度合并，建立了统一的城乡居民基本养老保险制度。

综观农村公共品供给的历史演进脉络，农村公共品供给实现了以下主要转变：一是由农民"自给自足"逐步转向以政府作为主要供给主体的多元化供给；二是农村公共品供给的主要筹资方式由制度外筹资为主向规范的财政筹资转变；三是农村公共品供给决策由自上而下的供给决策机制

---

① 国务院：《关于推进中央与地方财政事权和支出责任划分改革的指导意见》（国发〔2016〕49号）；国务院：《"十三五"推进基本公共服务均等化规划》（国发〔2017〕9号）；国务院办公厅：《基本公共服务领域中央与地方共同财政事权和支出责任划分改革方案》（国办发〔2018〕6号）。

向农民自主参与的民主决策机制转变；四是农村公共品供给由城乡对立逐步向城乡均等化转变。究其实质来说，这种转变为城乡要素自由流动和平等交换奠定了公共条件支撑，有助于弥补"三农"发展滞后的短板，同步推进工业化、城镇化、信息化和农业现代化。这既是城乡二元结构向城乡一体化转型的客观要求，也是全面建设小康社会，缩小城乡差距的现实需要。

第二节 城乡一体化进程中农村公共品供给的现状分析

一 农村生产性公共品供给现状分析

为统筹城乡发展，促进城乡一体化，政府以党的十六大以来历次党代会精神为指引，以农村税费改革为突破口，改革城乡二元财政体制，逐步提高城乡公共品供给的均等化水平。在财政支农支出方面，如表4-3所示，农村税费改革后，国家逐步增大财政对农村农业的投入，财政支农支出从2006年的3172.97亿元稳步增长至2016年的18587.36亿元，增幅高达5倍以上。与此同时，财政支农支出占财政总支出的比例也整体呈现出逐年增长的态势，由2006年的7.85%增长至2016年的新高9.90%，体现了国家近年来对"三农"问题的高度重视。从财政支农支出的边际贡献来看，随着财政支农支出规模的不断加大，财政支农支出的边际贡献率不可避免地呈现出下滑趋势，但相对于财政总支出的边际贡献，财政支农支出的边际贡献率相对下降得更快，二者比值由2006年的1.40下降至2016年的0.90，这也客观地反映了随着近年来财政支农支出的规模不断攀升，财政支农支出的效率在逐步下降。当然，毫无疑问，随着财政支农力度的加大，财政支农支出规模不断扩张，提高了农村生产性公共品供给水平，为促进现代农业发展，保障国家粮食安全和农民增收发挥了积极作用。

表 4-3　2006—2016 年财政支出与财政支农支出增长及边际贡献变化

年份	财政总支出（亿元）	财政支农支出（亿元）	GDP（亿元）	农林牧渔业增加值（亿元）	支农支出占财政总支出比重（%）	农林牧渔业增加值占GDP比重（%）	财政总支出边际贡献	支农支出边际贡献	财政支农支出与财政总支出边际贡献比
2006	40422.73	3172.97	219438.5	24040	7.85	10.96	5.43	7.58	1.40
2007	49781.35	3404.7	270232.3	28627	6.84	10.59	5.43	8.41	1.55
2008	62592.66	4288.87	319515.5	33702.2	6.85	10.55	5.10	7.86	1.54
2009	76299.93	6720.41	349081.4	35225.9	8.81	10.09	4.58	5.24	1.15
2010	89874.16	8129.58	413030.3	40533.6	9.05	9.81	4.60	4.99	1.08
2011	109247.79	9937.55	489300.6	47486.1	9.10	9.70	4.48	4.78	1.07
2012	125952.97	11973.88	540367.4	52373.6	9.51	9.69	4.29	4.37	1.02
2013	140212.1	13349.55	595244.4	56966	9.52	9.57	4.25	4.27	1.01
2014	151785.56	14173.83	643974	60158	9.34	9.34	4.24	4.24	1.00
2015	175877.77	17380.49	689052.1	62904.1	9.88	9.13	3.92	3.62	0.92
2016	187755.21	18587.36	744127.2	65967.9	9.90	8.87	3.96	3.55	0.90

资料来源：表中数据根据《中国统计年鉴》（2007—2017）测算。

（一）农村耕地保护和国家粮食安全保障状况

"民以食为天",作为一个 10 多亿人口的大国,粮食安全至关重要,也是党和国家倍加重视的问题。习近平总书记多次强调:"中国人的饭碗任何时候都要牢牢端在自己手上。我们的饭碗应该主要装中国粮。""我国是个人口众多的大国,解决好吃饭问题始终是治国理政的头等大事。""保障国家粮食安全的根本在耕地,耕地是粮食生产的命根子,耕地红线要严防死守。"因此,为保障粮食安全这一全国最基本公共品的供给,必须发挥财政的主体功能,确保耕地的稳定。但是,在城镇化过程中,城市建设用地的快速扩张造成耕地存量的急剧下降,给国家粮食安全带来较大的压力。据统计,从 1998—2008 年,耕地存量从大约 19.45 亿亩下降到 18.26 亿亩,10 年时间耕地下降总额度约 1.19 亿亩,年均下降近 1200 万亩。面对耕地大幅下降的严峻局面,国家一方面于 2007 年 7 月启动第二次全国土地调查,摸清耕地家底,确认到 2009 年年底全国耕地存量为 20.3 亿亩,比基于一次调查数据逐年测算的结果多出 2 亿亩[①];另一方面加强土地治理工作,于"十二五"时期实施了《全国土地整治规划（2011—2015 年）》（国土资发〔2012〕55 号）。

从《全国土地整治规划（2011—2015 年）》落实情况看,"十二五"时期全国投入土地整治资金累计达到 5500 多亿元,整理农用地 5.3 亿亩,补充耕地 2767 万亩,使"十二五"时期新增耕地面积超过同期建设占用和自然灾害损毁的耕地面积,保证了全国耕地数量基本稳定[②]。根据《全国土地整治规划（2016—2020 年）》（国土资发〔2017〕2 号）的目标设计,"十三五"时期将整治土地 2.3 亿—3.1 亿亩,补充耕地 2000 万亩。从实施情况看,2017 年全年整治土地总投入 754.92 亿元,至当年末全国耕地面积为 20.23 亿亩,通过土地整治、农业结构调整等增加耕地面积 25.95 万公顷[③]。正是由于近 10 年来土地整治工作卓有成效,弥补了因建设占用、灾

[①] 王泽:《国土部:2009 年底耕地超 20 亿亩 比旧数据多 2 亿亩》,http://politics.people.com.cn/n/2013/1230/c1001-23976445.html。

[②] 国土资源部 国家发展和改革委员会:《全国土地整治规划（2016—2020 年）》（国土资发〔2017〕2 号）。

[③] 陈雪柠:《去年全国耕地净减少 6 万公顷》,http://china.qianlong.com/2018/0521/2583985.shtml。

毁、生态退耕等减少的耕地面积，遏制了耕地存量急剧下降的势头。据统计，从2009年年底到2017年，耕地存量从大约20.31亿亩下降到20.23亿亩，下降总额度约800万亩，年均不到100万亩[①]。城乡一体化进程中，土地整治既满足了城乡建设用地需求的增加，又保持了全国耕地面积的基本稳定。从2009年到2018年，全国粮食产量稳中有升，由10788亿斤增长到13158亿斤，全国2018年人均粮食产量达到900多斤/年，确保中国人的饭碗端在自己手里并且装满自己的粮食，保障了中国十三亿多人口的粮食安全（见表4-4）。

表4-4　　　　　　2009—2018年耕地及粮食变化情况

年份	耕地面积（万亩）	粮食播种面积（万亩）	粮食产量（亿斤）
2009	203100	165383	10788
2010	202902	167543	11182
2011	202858	169471	11770
2012	202738	171552	12245
2013	202745	173861	12610
2014	202586	176183	12793
2015	202498	178444	13212
2016	202381	178845	13209
2017	202300	176984	13232
2018	—	175556	13158

注：表中数据是根据第三次全国农业普查对2007—2017年全国粮食播种面积及产量数据的修正结果。

资料来源：国家统计局农村司首席统计师侯锐解读粮食生产情况，http://www.stats.gov.cn/tjsj/sjjd/201812/t20181214_1639543.html。

（二）现代农业物质生产条件建设状况

首先，加强农田水利建设。基于农业的弱质性，各级政府一直支持以农田水利为重点的农业基础设施建设，不断完善农业生产条件，为推进现代农业发展奠定基础。《中共中央、国务院关于加快水利改革发展的决定》（2011年中央一号文件）发布后，财政持续加大水利投入，水利支出

---

① 根据《中国国土资源统计年鉴》（2010—2017）的数据测算。

由 2010 年的 1856.45 亿元增长到 2017 年的 4424.82 亿元，增幅达到 1.38 倍。其中，水利工程支出从 2010 年的 801.15 亿元增加到 2017 年的 1884.53 亿元。作为财政支农的重点领域，农田水利建设支出也从 2010 年的 307.36 亿元增加到 2015 年的最高值 772.34 亿元，之后虽有回落，但仍达到 454.33 亿元[①]（见图 4-1）。

图 4-1 2010—2017 年农田水利支出变动情况

在财政支出的带动下，全国农田水利建设投资从 2010 年的 1139.15 亿元上升到 2017 年的 3212.07 亿元，增长了近 2 倍[②]。至 2017 年年底，全国已建成各类水库 98795 座，总库容 9035 亿立方米；已建成设计灌溉面积 2000 亩及以上的灌区 22780 处，耕地灌溉面积 37483 千公顷；全国灌溉面积 73946 千公顷，其中耕地灌溉面积 67816 千公顷，占全国耕地面积的 50.3%；全国节水灌溉工程面积 34319 千公顷，其中喷灌、微灌面积 10561 千公顷，低压管灌面积 9990 千公顷。农田水利设施建设提高了农业的防洪抗旱能力，加之政府财政对农业生产救灾、农业保险保费等进行补贴，为农业防灾减灾提供了一定支持。2017 年全国农作物洪涝受灾面积 5196 千公顷，成灾面积 2781 千公顷；农田因旱受灾面积 9946 千公顷，成灾面积 4490 千公顷，超过一半受灾面积未演变为成灾面积，减少了灾害损失[③]。

---

① 数据来自《全国一般公共预算支出决算表（2010—2017）》，http://yss.mof.gov.cn/。
② 数据来自水利部网站 2010—2017 年《农田水利基本建设简报》，http://www.mwr.gov.cn/sj/。
③ 中华人民共和国水利部：《2017 年全国水利发展统计公报》，http://www.mwr.gov.cn/sj/tjgb/slfztjgb/201811/t20181116_1055056.html。

其次，加快高标准农田建设。高标准农田建设既可以在保持耕地总量基本稳定的状态下提升耕地质量，又能促进农村土地要素集聚，是近年来财政支持农业基础设施建设的一个重点。经整治的高标准农田，农业基础设施配套建设得到加强，机械化耕作水平和排灌抗灾能力有了提高，耕作质量改善，降低了生产成本，提高了产量，使国家粮食安全基础更加巩固。至"十二五"结束，全国已建成高标准农田4.03亿亩。到2022年将建成高标准农田10亿亩，亩均投资1800元，预计总投资将达1.8万亿元[1]。从落实情况看，2018年当年就新增高标准农田面积8000万亩以上，新增高效节水灌溉面积2000万亩，全年中央层面就统筹安排近1000亿元农田建设类财政资金，主要用于高标准农田建设。至2018年年底，全国累计建成高标准农田5.6亿亩[2]。

最后，运用农机购置补贴、农资综合补贴等财政补贴政策改善农业生产条件。按照党中央国务院的部署，财政部、农业部于2004年启动实施了农机购置补贴政策，到2018年年底，累计投入中央财政资金2000多亿元，3300多万农户直接受惠，支持购置农机具4000多万台套。至2017年，全国农机总动力近10亿千瓦，全国农作物耕种收综合机械化率超过66%，农业生产方式进入了机械化为主导的新阶段[3]。除农机购置补贴外，从2006年开始，中央财政在粮食直补的基础上新增补贴资金，对种粮农民（含国有农场的种粮职工）柴油、化肥、农药、农膜等农业生产资料预计增支实行综合直补。农资综合补贴实行"价补统筹、动态调整、只增不减"的动态调整机制，以弥补农民种粮的农资增支，保护农民利益，对调动农民种粮积极性，降低城乡一体化进程中农村劳动力外流对粮食生产的冲击，保障粮食安全发挥了重要作用。之后，国家于2015年启动农业补贴政策重大调整，于2016年正式将农作物良种补贴、种粮农民直接补贴和农资综合补贴农业"三项补贴"合并为农业支持保护补贴，引导农民综合采取秸秆还田、深松整地、减少化肥农药用量、施用有机肥等措施，加强农业生

---

[1] 根据2018年2月公布的国家《乡村振兴战略规划（2018—2022年）》，http://www.xinhuanet.com/politics/2018-09/26/c_1123487123.htm。

[2] 中华人民共和国农业农村部：《全国新增高标准农田面积超八千万亩》，http://www.moa.gov.cn/ztzl/2018zyncgzhy/pd/201901/t20190102_6165891.htm。

[3] 中华人民共和国中央人民政府：《农业部、财政部就2018—2020年农机购置补贴实施工作答记者问》，http://www.gov.cn/zhengce/2018-03/04/content_5270593.htm。

态资源保护，支持化肥、农药"双减"行动，以绿色生态为导向自觉提升耕地地力。

（三）财政补贴促进现代农业转型升级状况

农业是全面建成小康社会和实现现代化的基础。随着农业农村发展形势的变化，迫切要求转变农业发展方式，补齐农业现代化短板，推动新型工业化、信息化、城镇化、农业现代化同步发展。为促进农业转型升级，国家正式调整传统财政支农政策，优化财政支农结构，逐步增加农业的现代元素，提升农业现代化水平。2004年农村税费改革全面启动后，国家曾先后实施了农作物良种补贴、种粮农民直接补贴和农资综合补贴三项补贴政策（以下简称农业"三项补贴"），对于调动农民种粮积极性，促进农民增产增收和农村农业发展发挥了重要作用。2016年，农业"三项补贴"改革全面实施，将农作物良种补贴、种粮农民直接补贴和农资综合补贴合并为农业支持保护补贴，政策目标调整为支持耕地地力保护和粮食适度规模经营，以适应新形势下国家粮食安全由广种多产向藏粮于地、藏粮于技重大战略转变的需要，促进现代农业生产方式的形成[1]。以农业"三项补贴"改革为标志，财政政策支持传统农业向现代农业转型工作全面启动，初步按照产出高效、产品安全、资源节约、环境友好的发展方向形成促进农业转型升级的财政政策体系，加快推进农业现代化。在财政补贴政策的引导下，现代化生产要素集聚为农业提质增效创造了有利条件，提高了农业现代化水平。根据截至2017年的公开数据显示，农业科技进步贡献率达57.5%，农业劳动生产率达到3.1万元/人。《中国农业展望报告（2018—2027）》预测，到2022年，全国农业科技进步贡献率将达到61.5%，农业劳动生产率达到5.5万元/人；到2022年率先基本实现农业农村现代化，到2035年基本实现农业农村现代化，到2050年如期实现农业农村现代化等定量要求[2]。

---

[1] 中华人民共和国财政部：《财政部 农业部关于全面推开农业"三项补贴"改革工作的通知》，http://szs.mof.gov.cn/mofhome/mof/zhengwuxinxi/caizhengwengao/wg2016/wg201606/201610/20161021_2440126.html。

[2] 中华人民共和国中央人民政府：《〈中国农业展望报告（2018—2027）〉预测——农业不平衡不充分问题将得到有效解决》，http://www.gov.cn/xinwen/2018-06/01/content_5295220.htm。

二 农村生活性公共品供给现状分析

农村税费改革前，农村生活性公共品供给主要由乡村统筹解决，上级政府财政的支出责任较小。农村税费改革后，由于农业税取消，使原先以乡村自筹为主的农村生活性公共品低水平供给模式难以为继。在工业化与城镇化的推动下，农业剩余劳动力转移带动大量农村人口向城镇迁移，但是至少由于以下两个方面的原因，使农村人口转移绝不应是短期的单向流动，一是农村巨大的人口基数以及城镇对农业剩余劳动力的吸纳能力决定了人口转移的渐进性，二是农村产业振兴也需要高素质的劳动力。这也就意味着必须加快建设乡村宜居环境，既能让无法转移或不愿转移的农村人口分享工业化、城镇化的成果，也能增加农村对高素质劳动者的吸引力，为现代农业发展提供人力保障。因此，为化解"三农"问题，促进城乡要素合理流动，迫切要求政府财政对农村生活性公共品供给承担起更大的支出责任，建设宜居乡村。正是基于乡村人居环境建设重要性的正确判断，党的十六届五中全会尤其是实施农村综合改革以来，党中央、国务院高度重视农村基础设施建设和乡村环境治理，为形成宜居环境提供基本条件。在中央一号文件指导下，国家财政围绕农村基础设施建设与乡村环境治理两条主线，加强农村生活性公共品供给，使农村人居环境明显改善。同时，通过加强城乡道路交通、供水、供电、通信等基础设施互联互通，为城乡要素和商品流动提供了基本条件，推动了城乡一体化进程。

（一）农村道路交通供给状况

农村道路是农业和农村发展的先导性、基础性设施，是保障农民群众生产生活的基本条件，也是加快社会主义新农村建设和促进城乡互联互通的重要支撑。2003年，国家就提出"修好农村路，服务城镇化，让农民走上油路和水泥路"。2004年交通运输部颁布《农村公路建设质量管理办法（试行）》，2006年《农村公路建设管理办法》颁行，为规范农村公路建设、保障建设质量提供了依据。由于农村道路建设不产生直接的经济收益，建设资金主要由政府财政负担，同时辅之以"一事一议"等方式，鼓励农民和社会资本参与建设。多年来，政府财政多方筹措资金，不断加大对农村道路建设的投入，为全面建成小康社会补齐农村道路交通供给的短板。为弥补地方政府一般预算收入的不足，壮大地方政府可支配财力，拓展农村道路建设的资金渠道，国务院办公厅发文创新农村基础设施投融资体制机制，允许地方政府发行一般债券支持农村道路建设。

据统计，从2010—2017年，全国财政农村道路建设累计投入5710.31亿元，其中农村道路建设科目合计支出1448.44亿元，车辆购置税用于农村公路建设支出合计4261.87亿元（见表4-5）。截至2017年年底，全国农村公路总里程400.93万公里，其中乡道115.77万公里，村道230.08万公里，乡村道路占农村公路里程高达85%以上（见表4-6）。政府财政对农村道路建设的高强度投入，给农村道路交通带来了显著变化。在全国通公路的乡（镇）占全国乡（镇）总数的99.99%，其中通硬化路面的乡（镇）全国占比为99.39%；通公路的建制村全国占比为99.39%，其中通硬化路面的建制村全国占比为98.35%[1]。

表4-5　　2010—2017年全国农村道路建设财政投入情况　　单位：亿元

支出科目 / 年份	农村道路建设	车辆购置税用于农村公路建设支出	农村公路建设支出合计
2010	134.31	—	134.31
2011	134.29	375.23	509.52
2012	178.86	416.38	595.24
2013	179.94	665.77	845.71
2014	235.03	745.42	980.45
2015	217.81	847.60	1065.41
2016	193.32	587.54	780.86
2017	174.88	623.93	798.81
合计	1448.44	4261.87	5710.31

资料来源：表中数据源自财政部官网《全国财政决算2010—2017》，http://www.mof.gov.cn/zhengwuxinxi/caizhengshuju/。

---

[1] 中华人民共和国交通运输部：《2017年交通运输行业发展统计公报》，http://xxgk.mot.gov.cn/jigou/zhghs/201806/t20180622_3036269.html。

表 4-6　　　　　　　　2013—2017 年农村道路里程及结构　　　　　单位：万公里

年度	农村道路	县道	乡道	村道	乡村道路在农村道路占比（%）
2013	378.48	54.50	109.00	214.74	85.54
2014	388.16	55.12	110.63	222.45	85.81
2015	398.06	55.33	111.46	231.31	86.11
2016	395.98	56.21	114.72	225.05	85.80
2017	400.93	55.07	115.77	230.08	86.26

资料来源：《交通运输行业发展统计公报》（2013—2017 年），http://xxgk.mot.gov.cn/。

政府在加强农村道路基础设施建设的同时，持续加大财政投入，提高农村道路运营、管护水平，推进"四好农村路"建设。2016 年，"以县为主、分级负责、群众参与、保障畅通"的农村公路管理体制正式确立，农村公路建设、养护资金及管理机构运行和人员经费全额纳入一般公共财政预算的工作也正在推进，"四好农村路"建设逐步深化，全国农村公路已经从规模扩张向提质增效、科学发展阶段迈进[1]。据统计，从 2010—2017 年政府对农村道路客运的财政补贴累计为 754.77 亿元，年均投入 94.35 亿元（如图 4-2 所示）。在财政支出激励下，至 2016 年，全国农村建成客运站点 27.5 万个，开通客运线路 95352 条，存量客运车辆 33.2 万辆[2]。至 2017 年年末，全国已经有 99.24% 的乡镇和 98.34% 的建制村通上了沥青路（水泥路），有 99.12% 的乡镇、95.85% 的制村开通了客运线路，绝大部分乡（镇）和农村实现了"乡乡通""村村通"，农村居民出行"最后一公里"的问题得到缓解[3]。

---

[1] 吴德金：《为全面推进"四好农村路"建设做好制度保障——解读〈农村公路建设管理办法〉》，http://zizhan.mot.gov.cn/zfxxgk/bnssj/glj/201805/t20180508_3017883.html。
[2] 中华人民共和国交通运输部：《中国道路运输发展报告（2017）》，人民交通出版社 2018 年版。
[3] 四好农村路指对农村道路"建好、管好、护好、运营好"。2015 年交通运输部颁行《关于推进"四好农村路"建设的意见》（交公路发〔2015〕73 号）。

（亿元）

年份	金额
2010	36.46
2011	128.77
2012	148.17
2013	114.26
2014	75.4
2015	96.51
2016	72.48
2017	82.72

图 4-2　2010—2017 年政府对农村道路客运的财政补贴

（二）农村人畜饮水设施建设状况

农村饮水设施是满足农村居民、企事业单位日常用水需要的基础设施。农村饮水设施事关农村居民生命财产安全和生活质量，是农村居民生存发展不可缺少的设施。从属性来看，农村饮水设施具有较高的排他性和一定的商品属性。从现有供给方式看，有分散供给和集中供给两类。其中，分散供水是农村最传统的生活供水方式，主要采用手压水井、蓄水池、小水泵、大口井等微型设施供水，具有投资少、水质缺少保障等特点；集中供水主要包括单村或联村建设的农村公共供水设施和由城镇向农村延伸拓展的城乡一体化供水设施，具有投资多、回收周期长、供水质量有保障等特点。为可持续的保障农村人畜饮水安全，国家财政主要对集中供水方式予以支持。由于农村人畜饮水的集中供应具有一定的收益性，能通过收费的形式补偿部分投资成本，社会资本和政府是农村集中供水的主要力量，同时辅之以"一事一议"等方式吸引农民参与供给。为发挥政府财政资金的引导和杠杆作用，国家财政对农村饮水设施建设采取了直接投资、财政补助、以奖代补、资本金注入等多种灵活方式。为弥补地方政府一般预算收入的不足，拓展农村供水设施建设的资金渠道，国务院办公厅发文创新农村基础设施投融资体制机制，允许地方政府发行专项债券支持农村供水设施建设。据统计，2010年以来，国家为保障农村人畜饮水共投入财政资金1955.33亿元，年均投入约244.42亿元（见表4-7）。在财政资金的撬动下，吸引了大量社会资本参与农村人畜饮水工程投资。以2017年为例，中央财政以补助的形式投入财政资金37亿元，带动地方财政和社会资本完成农村饮水安全巩固提升工程投资368.6亿元，覆盖受益人口5500多万人，其中国家建档立卡贫困人口 565 万人。截至 2017 年年底，农村自来水普及率达到 80%，农村集中式供水人口比例达到 85%[①]。

表 4-7 2010—2017 年国家财政用于农村供水、供电、通信等生活基础设施支出情况

单位：亿元

科目\年份	2010	2011	2012	2013	2014	2015	2016	2017	合计	平均
农村人畜饮水	248.45	230.97	311.01	285.34	268.76	367.50	122.11	121.19	1955.33	244.42
农村电网建设	135.42	162.54	148.07	104.85	125.47	217.80	91.45	119.91	1105.51	138.19
邮政普遍服务与特殊服务	53.37	55.94	68.29	69.86	69.45	70.67	67.93	67.75	523.26	65.41

资料来源：表中数据根据财政部官网《全国财政决算 2010—2017》测算，http://www.mof.gov.cn/zhengwuxinxi/caizhengshuju/。

（三）农村供电及通信基础设施建设状况

农村供电、通信等基础设施是具有高度排他性和商品属性的准公共品。从物理属性看，农村供电、通信等基础设施供给具有较高的垄断性特征，而且供给成本高、投资回收期长。另外，农村供电、通信等基础设施供给具有很强的外部性，能否供给到位直接关系到农村居民对电器、电子等现代工业品的使用，是制约农村居民消费升级的关键因素。加强供电、通信等基础设施供给对提升农村居民生活质量、增强获得感具有重要意义。由于供电、通信等基础设施供给成本能够通过向服务对象收费予以弥补，因此，在现实中由自主经营的企业基于社会责任向农村提供，政府主要基于扶贫、环保、普遍服务等特定目的，通过财政补贴对供给方向加以引导。为形成多元化的筹资渠道，加快补齐经营性农村基础设施短板、推进城乡发展一体化，政府在通过财政补贴发挥主导性作用的同时，还允许符合条件的企业发行企业债券，专门用于农村供电、通信等基础设施建设。

就农村供电基础设施看，从 2010—2017 年，全国财政累计投入农村电网建设资金 1105.51 亿元，年均投入 138.19 亿元（见表 4-7）。在财政

---

① 中华人民共和国水利部：《2017 年全国水利发展统计公报》，http://www.mwr.gov.cn/sj/tjgb/slfztjgb/201811/P020181127423264983916.pdf。

资金引导下，供电企业履行社会责任，加大农村电力基础设施投资，使农村用电条件得到明显改善，至2015年"十二五"结束已经全面解决无电人口用电问题。根据《全国电力发展"十三五"规划（2016—2020年）》，"十三五"期间基本建成城乡统筹、安全高效、适应全面小康社会需求的现代配电网，乡村地区全面解决电网薄弱问题，基本消除"低电压"，供电可靠率达到99.72%，综合电压合格率达到97%，户均配变容量不低于2千伏安[1]。2016年全国新一轮农村电网改造升级工程启动，至2017年11月累计完成投资2075.6亿元，全面完成农村"井井通电"、小城镇（中心村）电网改造升级和村村通动力电，农村地区供电能力和服务水平显著提升[2]。根据《2017年全国电力可靠性年度报告》，当年全国农村供电线路总长度357.42万公里，等效总用户数666.52万户，用户总容量159591.5万千伏安，供电可靠率达到99.768%[3]。

就农村通信基础设施建设看，主要是指邮政、电信企业为农村居民提供邮政普遍服务和电信普遍服务而进行的基础设施建设。农村地区由于自然环境复杂多样、经济发展相对落后、人口居住分散，邮政电信基础设施建设和运行维护成本高、收益低，一定程度上存在市场失灵问题。为支持邮政、电信企业在农村及偏远地区通信基础设施建设，向农村居民提供邮政、电信普遍服务，需要以政府财政为主体建立普遍服务补偿机制。

为促进邮政普遍服务供给，从2010—2017年，政府共支出财政资金523.26亿元，平均每年65.41亿元（见表4-7）。在财政支出的引导下，邮政普遍服务功能不断完善，服务民生、服务"三农"领域不断拓展。到2015年年底，全国邮政普遍服务营业场所总数达到5.4万处，完善以"村邮户箱"为重点的邮政普遍服务终端设施建设，建成行政村村邮站达20.8万个，总体实现"乡乡设所、村村通邮"，全国建制村直接通邮率提升至94%。西部和农村地区邮政局所标准化、信息化水平稳步提升，基本实现了邮政汇兑业务乡镇局所的全覆盖。邮政服务民生、服务"三农"能力不

---

[1] 国家能源局发布《全国电力发展"十三五"规划（2016—2020年）》（全文），https://www.cctd.com.cn/show-19-152883-1.html。

[2] 《"井井通电"、村村通动力电，农村电网改造完成攻坚任务》，http://news.sina.com.cn/c/2017-11-23/doc-ifypacti7322042.shtml。

[3] 国家能源局 中国电力企业联合会：《2017年全国电力可靠性年度报告》，http://zfxxgk.nea.gov.cn/auto79/201806/t20180606_3191.htm。

断增强，邮政普遍服务满意度逐年提高，到 2015 年年底提升至 80.9 分[①]。根据《邮政普遍服务"十三五"规划》，至"十三五"末，进一步完善邮政普遍服务网点布局，每个乡镇至少有 1 个邮政普遍服务网点，乡及乡以下邮政网络及终端设施逐步完善，基本建成以乡镇局所和村邮站为主要节点的农村邮政服务网，将邮政服务点建设成邮政服务、便民服务、电商服务、"三农"服务、普惠金融服务的综合性服务平台。至 2018 年年底，全国当年新增直接通邮建制村 1.6 万个，直接通邮率超过 98.9%，全国有 24 个省份的全部建制村直接通邮[②]。

为促进电信普遍服务供给，2000 年颁行的《中华人民共和国电信条例》规定电信业务经营者必须履行相应的电信普遍服务义务，并提出电信普遍服务成本补偿的政策方向。2004 年在中国工业和信息化部的推动下实施了通信"村村通工程"，至 2010 年年底全国村通电话工程累计直接投资 500 亿元人民币，使全国全部行政村通电话、全部乡镇通互联网、自然村通电话比例达到 94%[③]。至 2015 年，全国宽带网络建设累计直接投资 300 多亿元人民币，全国通宽带乡镇和行政村分别达到 100% 和 91%。但这些宽带网络建设投资在行政权力驱动下主要由中国电信、中国移动和中国联通三家电信企业投资，政府财政每年仅补贴 4 亿元的运维资金[④]。为增强电信企业开展普遍服务的积极性，2015 年国务院提出对偏远和农村地区宽带投资的多元化资金来源和市场化运作机制，实现电信普遍服务补偿机制的重大政策突破。在新机制的驱动下，2015 年年底至 2017 年，中央财政和企业合计投资超过 400 亿元，支持全国 27 个省（区、市）13 万个行政村开展宽带网络建设和升级改造。至 2018 年年底，建制村通光纤率为 98%，贫困村通宽带率为 95%，提前实现"十三五"规划目标[⑤]。

---

① 国家邮政局：《邮政普遍服务基础设施布局规划（2016—2020 年）》，http://www.spb.gov.cn/zc/ghjbz_1/201701/t20170122_972879.html。
② 刘育英：《中国 2019 年基本实现全国建制村直接通邮》，http://www.chinanews.com/cj/2019/01-16/8730548.shtml。
③ 中华人民共和国农业部：《十一五全国村通投资 500 亿元 100% 行政村通电话》，http://jiuban.moa.gov.cn/fwllm/xxhjs/nyxxh/201104/t20110425_1976947.htm。
④ 中华人民共和国中央人民政府：《中国电信普遍服务补偿机制获重大政策突破》，http://www.gov.cn/zhengce/2015-10/15/content_2947213.htm。
⑤ 王政：《全年电信业务总量预计增长 140% 贫困村通宽带比例达 95%》，《人民日报》2018 年 12 月 28 日第 9 版。

（四）农村人居环境整治状况

一是乡村规划管理状况。为落实党的十六大精神，适应城市偏向战略向城乡一体化战略转变的需要，2007年10月首部《中华人民共和国城乡规划法》公布，为乡村区域纳入城乡建设规划提供了法律依据。2010年，国家住房和城乡建设部印发《镇（乡）域规划导则（试行）》（建村〔2010〕184号），为编制镇（乡）域规划提供了基本规范。《关于改善农村人居环境的指导意见》（国办发〔2014〕25号），指出要规划先行，加快编制村庄规划，提高村庄规划可实施性，按照现状分类确定乡村环境整治重点。为适应以城市为中心的建设加速向城乡协调建设转变的需要，2015年，国家住房和城乡建设部《关于改革创新、全面有效推进乡村规划工作的指导意见》指出，规划建设好农村，推进美丽中国建设，既是"十三五"时期的迫切任务，也是国家建设的战略任务。在党和政府推动下，乡村区域统一纳入全国城乡社区规划管理，自2010—2017年，全国财政城乡社区规划与管理支出持续增长，由122.86亿元上升到381.77亿元，累计投入达1963.74亿元，年均投入245.47亿元[①]（见图4-3）。现已确立了符合新农村建设需要、具有较强指导性和实施性的乡村规划理念，初步建立了以村民为决策主体、规划编制单位指导、政府组织推动的村庄规划编制机制，逐渐扭转了城乡社区规划与管理重城轻乡的局面。

图4-3 2010—2017年全国财政城乡社区规划与管理支出

---

① 数据来自财政部官网：《全国财政决算（2010—2017）》，http://www.mof.gov.cn/zhengwuxinxi/caizhengshuju/。

二是农民住房保障状况。在城乡一体化的进程中，保障农民住有所居，不断改善村民住房质量，既是全面建成小康社会的现实需求，也是建设宜居乡村的内在要求。为保障农民住有所居，改善村民住房质量，政府不断改革农村住房建设制度，强化政府责任：①改革农民建房的宅基地供给制度。《中华人民共和国土地管理法》通过赋予农民一户一宅的宅基地使用权，构成农村住房制度的基础。但随着城乡一体化的推进和城乡人口的转移，住有所居并不单纯表现为农民对住房的用益物权，而应通过占有、索取住房的财产权益更丰富地表达农村住房所拥有的物权权益。为保障农民住宅权益，2018年中央一号文件《中共中央 国务院关于实施乡村振兴战略的意见》在总结改革试点经验的基础上，提出探索宅基地所有权、资格权、使用权"三权分置"，落实宅基地集体所有权，保障宅基地农户资格权和农民房屋财产权，适度放活宅基地和农民房屋使用权，从而明确了农村宅基地改革的方向。②规范和引导农村住房建设。为规范乡村建设秩序，维护村民公共利益，保持乡村风貌，2014年住房和城乡建设部印发《乡村建设规划许可实施意见》（建村〔2014〕21号），对农村居民建设实施规划许可。对不符合城乡规划要求、未依法取得乡村建设规划许可证的，不得办理房屋产权证，提高了政府对农村住房建设管理的刚性。③加大对农村危房改造的财政支持。为适应新农村建设需要，保障农村四类重点对象（低保户、农村分散供养特困人员、贫困残疾人家庭和建档立卡贫困户）住房需求，2008年政府启动农村危房改造试点。据统计，从2009—2018年，中央财政累计投入农村危房改造资金2316.02亿元，改造危房2651.45万户，平均每户补助财政资金8700多元（见表4-8）。④农民工纳入流入地住房保障体系有所进展。2007年，国务院发文首次将农民工视作城市"其他住房困难群体"，提出多渠道改善农民工居住条件的具体办法[1]。2014年，中共中央、国务院公布《国家新型城镇化规划（2014—2020年）》（中发〔2014〕4号），提出稳步推进义务教育、就业服务、基本养老、基本医疗卫生、障性住房等城镇基本公共服务覆盖全部常住人口，并由政府承担农业转移人口市民化方面的公共成本，为农业转移人口市民化和新型城镇化建设指明了方向。同年，国家发改委印发《国家新型城镇化综

---

[1] 国务院：《关于解决城市低收入家庭住房困难的若干意见》（国发〔2007〕24号）。

合试点方案》(发改规划〔2014〕2960号),在全国62个城市(镇)开展综合试点。

表4-8　2009—2018年中央财政农村危房改造补助资金和改造户数

年份	全年中央财政补助资金(亿元)	危房改造户数(万户)
2009	40	80
2010	75	120
2011	166	265
2012	445.72	560
2013	230	266
2014	230	266
2015	365	432
2016	231.85	282
2017	266.45	190.45
2018	266	190
合计	2316.02	2651.45

资料来源:数据根据财政部官网公开数据整理,http://gks.mof.gov.cn/。

三是人居环境综合治理状况。依托乡村规划,完善农村人居环境,建设美丽乡村,是实施乡村振兴战略的一项重要任务,也是影响全面小康社会建设的重要因素。近年来,国家出台了一系列农村环保政策和技术文件,推动农村环境综合治理[1]。在文件精神的指引下,各级政府以美丽乡村建设为导向,在完善农村水、电、路等基础设施建设的条件下,以农村垃圾、污水治理和村容村貌提升为重点实施环境综合整治,以期全面提升农村人居环境质量。

据统计,从2010—2017年,全国财政农村环境保护累计支出1188.87亿元,年均支出148.61亿元;城乡社区环境卫生支出10851.94亿元,年均支出1356.49亿元,对保护农村生态环境和社区卫生环境发挥了支柱性

---

[1] 国务院办公厅:《关于改善农村人居环境的指导意见》(国办发〔2014〕25号)。环境保护部、财政部等多个部门也制定实施《全国农村环境综合整治"十三五"规划》《关于加强"以奖促治"农村环境基础设施运行管理的意见》《中央农村节能减排资金使用管理办法》《全面推进农村垃圾治理的指导意见》《培育发展农业面源污染治理、农村污水垃圾处理市场主体方案》等多个文件落实国家政策。

作用（见表4-9）。以中央财政安排的农村环保专项资金为例，到2015年年底共安排支出315亿元，支持全国7.8万个建制村开展环境综合整治，占全国建制村总数的13%。经过整治，各地设置饮用水水源防护设施3800多千米，拆除饮用水水源地排污口3400多处；建成生活垃圾收集、转运、处理设施450多万个（辆），生活污水处理设施24.8万套，畜禽养殖污染治理设施14万套，生活垃圾、生活污水和畜禽粪便年处理量分别达2770万吨、7亿吨和3040多万吨，化学需氧量和氨氮年减排量分别达95万吨和7万吨[①]。从全国看，通过实施"以奖促治"等财政激励政策，带动相关部门和地方加大农村环境整治力度。整治后的村庄环境"脏乱差"问题得到初步解决，环境面貌焕然一新。至2016年，全国村庄绿化覆盖率20%，65%的建制村生活垃圾得到处理，22%的建制村生活污水得到处理，农村生活污水处理率约为10%[②]，农村卫生厕所普及率80.3%，畜禽养殖废弃物综合利用率60%[③]。

表4-9　2010—2017年农村环境保护及城乡社区环境卫生财政支出情况　单位：亿元

年份	2010	2011	2012	2013	2014	2015	2016	2017	合计	年均
农村环境保护	52.92	77.62	106.89	112.65	158.96	183.27	187.07	309.49	1188.87	148.61
城乡社区环境卫生	654.40	825.00	980.46	1163.80	1389.31	1653.49	1915.03	2270.45	10851.94	1356.49

资料来源：表中数据根据财政部官网《全国财政决算（2010—2017）》测算，http://www.mof.gov.cn/zhengwuxinxi/caizhengshuju/。

三　农村社会性公共品供给现状分析

为落实党的十六大精神，全面建设小康社会，2005年在《中共中央关于制定"十一五"规划的建议》中将公共服务均等化上升到国家战略层面，以扭转工农差距、城乡差距、区域差距扩大的趋势。之后，在党的

---

① 环境保护部、财政部：《全国农村环境综合整治"十三五"规划》（环水体〔2017〕18号）。
② 夏训峰：《治理生活污水　补齐美丽乡村短板》，《光明日报》2018年7月8日第5版。
③ 中共中央　国务院：《乡村振兴战略规划（2018—2022年）》，http://politics.people.com.cn/n1/2018/0926/c1001-30315263-2.html。

十七大报告中首次明确提出"城乡经济社会发展一体化",党的十八大报告将"城乡经济社会发展一体化"改为"城乡发展一体化",而城乡基本公共服务均等化正是城乡一体化的题中之义和必然要求。党的十九大报告站在新的历史高度,吹响全面建成小康社会的新时代号角,提出实施乡村振兴战略,加快推进基本公共服务均等化,让广大农民平等参与现代化进程、共同分享现代化成果。基本公共服务均等化能否落实,关键在于国家财力的支持。近年来,国家制定多项政策文件,为做好基本公共服务均等化提供财力保障,不断提高基本公共服务均等化水平[①]。综观从党的十六大提出"全面建设小康社会"到党的十九大提出"全面建成小康社会"的发展脉络变化,一字之差,既反映了党和国家全面建成小康社会、实现全民共同富裕的决心和信心,也反映了全面建设小康社会取得的重大进展。在这一过程中,伴随着城乡基本公共服务均等化的推进,农村义务教育、医疗卫生、社会保障、就业创业、社会服务等农村社会性公共品供给质量不断提高,农民的获得感显著增强,从而支撑带动了城乡一体化进程。

(一)农村义务教育供给状况

一是农村义务教育供给总体状况。加强农村义务教育是涉及农村经济社会发展全局的一项战略任务[②]。2002年,农村义务教育确立了"在国务院领导下,由地方政府负责、分级管理、以县为主"的体制,改变了1994年"分税制"改革后农村义务教育由乡镇负责的管理体制,实现了农村义务教育供给体制的实质性变革[③]。随着农村税费改革的深入,县乡基层财政困难。自2006年开始,农村义务教育经费实行中央与地方政府分担机制。当年,新修订的《中华人民共和国义务教育法》首次以法律的形式确认"以县为主"的农村义务教育管理体制,并加大省级政府的统筹和支出责任。自此,农村义务教育由农村自主供给逐步向国家公共财政供给过渡,推动

---

① 国务院:《关于推进中央与地方财政事权和支出责任划分改革的指导意见》(国发〔2016〕49号);国务院:《"十三五"推进基本公共服务均等化规划》(国发〔2017〕9号);国务院办公厅:《基本公共服务领域中央与地方共同财政事权和支出责任划分改革方案》(国办发〔2018〕6号)。

② 国务院:《关于基础教育改革与发展的决定》(国发〔2001〕21号)。

③ 国务院办公厅:《关于完善农村义务教育管理体制的通知》(国办发〔2002〕28号)。

了农村义务教育供给水平不断提高[①]。2015年，国务院推行城乡统一的义务教育经费保障机制，城乡义务教育一体化的制度机制首次以国家制度的形式确立[②]。2018年，包含义务教育在内的八大类基本公共服务被纳入中央与地方共同财政事权范围，为形成完善的城乡义务教育一体化体制机制奠定了制度框架和财力基础[③]。

以财政为主体的农村义务教育供给体制确立后，在国家统筹城乡义务教育政策的推动下，财政支出带动农村义务教育经费支出的持续快速增长，有力地推动了城乡义务教育均等化。在农村义务教育支出方面，如表4-10所示，从2006—2016年，全国农村义务教育经费支出由1771.40亿元增长到10427.70亿元，增长了约4.89倍。与此同时，农村义务教育财政支出占财政总支出的比值也呈逐年攀升的态势，由2006年的4.38%增长至2016年的5.55%，彰显了近年来提高农村义务教育供给水平，改善农村教育环境的决心和毅力。但是从近年来全国农村义务教育的边际贡献率来看，全国农村义务教育财政支出边际贡献的下降趋势远高于财政总支出边际贡献的下降幅度，这也反映了近年来随着财政农村义务教育支出规模的不断激增，财政农村义务教育资金的使用效率还处于较低水平，有进一步完善的空间。

[①] 农村税费改革前，农村基础教育主要由农村自主供给，在人民公社体制下，供给主体主要为社队两级农村集体组织，人民公社体制解体后，供给主体主要为乡村两级组织。国务院于2005年12月印发《关于深化农村义务教育经费保障机制改革的通知》（国发〔2005〕43号），决定自2006年开始，逐步将农村义务教育纳入公共财政保障范围，建立中央与地方政府分担的农村义务教育经费保障机制。

[②] 国务院：《关于进一步完善城乡义务教育经费保障机制的通知》（国发〔2015〕67号）。城乡义务教育经费保障机制的主要内容包括：统一城乡义务教育"两免一补"政策；统一城乡义务教育学校生均公用经费基准定额；巩固完善农村地区义务教育学校校舍安全保障长效机制；巩固落实城乡义务教育教师工资政策。

[③] 国务院办公厅：《国务院办公厅关于印发基本公共服务领域中央与地方共同财政事权和支出责任划分改革方案的通知》（国办发〔2018〕6号），http://www.gov.cn/zhengce/content/ 2018-02/08/content_5264904.htm。

表 4-10　2006—2016 年全国财政总支出与农村义务教育财政支出边际贡献变化

年份	财政总支出（亿元）	全国农村义务教育财政支出（亿元）	GDP（亿元）	农林牧渔业增加值（亿元）	全国农村义务教育财政支出占财政总支出的比值（%）	财政总支出边际贡献	全国农村义务教育财政支出边际贡献	全国农村义务教育财政支出与财政总支出边际贡献比
2006	40422.73	1771.40	219438.50	24040.00	4.38	5.43	13.57	2.50
2007	49781.35	2487.28	270232.30	28627.00	5.00	5.43	11.51	2.12
2008	62592.66	3085.20	319515.50	33702.20	4.93	5.10	10.92	2.14
2009	76299.93	3655.93	349081.40	35225.90	4.79	4.58	9.64	2.10
2010	89874.16	4221.19	413030.30	40533.60	4.70	4.60	9.60	2.09
2011	109247.79	5065.93	489300.60	47486.10	4.64	4.48	9.37	2.09
2012	125952.97	6138.38	540367.40	52373.60	4.87	4.29	8.53	1.99
2013	140212.10	6453.33	595244.40	56966.00	4.60	4.25	8.83	2.08
2014	151785.56	8542.13	643974.00	60158.00	5.63	4.24	7.04	1.66
2015	175877.77	9648.80	689052.10	62904.10	5.49	3.92	6.52	1.66
2016	187755.21	10427.70	744127.20	65967.90	5.55	3.96	6.33	1.60

资料来源：表中数据根据《国家教育经费统计年鉴 2001—2017》《国家教育财政支出统计年鉴 2001—2017》测算。其中，根据历史统计口径，2006—2009 年义务教育财政支出指预算内教育事业费和基建支出；2010—2013 年义务教育财政支出指公共预算教育事业费和基建支出；2014—2016 年义务教育财政支出指预算内教育财政补助支出，含公共预算和基金预算支出。

二是城乡义务教育均等化状况。政府财政加大对农村义务教育的投入，提高了农村义务教育供给能力，促进了城乡义务教育供给的均等化。农村义务教育生均经费支出和生均财政支出的变动能很好地反映农村义务教育供给能力和供给水平的变化。从初中阶段看，从2000—2016年，农村初中义务教育生均经费支出由884.41元增长到14391.64元，增长了15.27倍，同期农村初中义务教育生均财政支出由539.87元增长到12644.58元，增长了22.42倍，财政支出对生均初中义务教育经费增长的贡献率达到89.62%。在财政支出持续增长的推动下，农村初中义务教育生均财政支出与全国平均水平的差距由2000年的29.34个百分点下降到2016年的7.89个百分点，同期全国农村初中生均教育经费与全国平均水平差距也由36.96个百分点下降到2016年的11.23个百分点，缩小了城乡初中教育供给的差距（见表4-11）。

表4-11　2000—2016年全国农村初中生均教育经费与生均财政支出情况　　单位：元

年份	全国普通初中生均教育经费支出	全国农村初中生均教育经费支出	全国普通初中生均财政支出	全国农村初中生均财政支出	全国农村初中生均教育经费与全国平均水平差距（%）	全国农村初中生均财政支出与全国平均水平差距（%）
2000	1211.32	884.41	698.28	539.87	36.96	29.34
2001	1372.35	1013.65	839.42	666.70	35.39	25.91
2002	1534.66	1129.21	953.65	815.95	35.91	16.88
2003	1668.74	1210.75	1097.25	889.69	37.83	23.33
2004	1926.30	1486.65	1296.36	1101.32	29.57	17.71
2005	2278.35	1819.92	1562.01	1355.40	25.19	15.24
2006	2669.49	2190.33	1962.93	1763.75	21.88	11.29
2007	3486.77	2926.58	2731.64	2465.46	19.14	10.80
2008	4533.72	4005.82	3645.49	3390.06	13.18	7.53
2009	5566.48	5023.54	4538.91	4267.68	10.81	6.36
2010	6526.73	5874.05	5415.41	5061.33	11.11	7.00
2011	8179.04	7439.40	6743.87	6376.46	9.94	5.76
2012	10219.79	9581.89	8493.66	8237.45	6.66	3.11
2013	11453.69	10996.02	9542.68	9463.19	4.16	0.84

续表

年份	全国普通初中生均教育经费支出	全国农村初中生均教育经费支出	全国普通初中生均财政支出	全国农村初中生均财政支出	全国农村初中生均教育经费与全国平均水平差距（%）	全国农村初中生均财政支出与全国平均水平差距（%）
2014	12810.17	11499.04	10605.69	9934.05	11.40	6.76
2015	14482.84	13082.53	11889.8	11549.59	10.70	2.95
2016	16007.22	14391.64	13641.95	12644.58	11.23	7.89

资料来源：表中数据根据《国家教育经费统计年鉴2001—2017》测算。其中，根据历史统计口径，2000—2009年生均财政支出指预算内生均教育经费支出；2010—2016年生均财政支出指生均公共预算教育经费支出。

从小学阶段看，从2000—2016年，农村小学阶段义务教育生均经费支出由647.01元增长到10766.04元，增长了15.64倍，同期农村小学阶段义务教育生均财政支出由417.44元增长到9348.05元，增长了21.39倍，财政支出对小学阶段生均义务教育经费增长的贡献率达到88.26%。在财政支出持续增长的推动下，农村小学阶段义务教育生均财政支出与全国平均水平的差距由2000年的19.72个百分点下降到2016年的3.62个百分点，同期全国农村小学阶段生均教育经费与全国平均水平差距也由22.51个百分点下降到2016年的5.86个百分点，缩小了城乡小学教育供给的差距（见表4-12）。

表4-12　2000—2016年全国农村小学生均教育经费与生均财政支出情况　　单位：元

年份	全国普通小学生均教育经费支出	全国农村小学生均教育经费支出	全国普通小学生均公共财政支出	全国农村小学生均公共财政支出	全国农村小学生均教育经费与全国平均水平差距（%）	全国农村小学生均财政支出与全国平均水平差距（%）
2000	792.63	647.01	499.78	417.44	22.51	19.72
2001	971.69	797.60	658.48	558.36	21.83	17.93
2002	1155.36	953.65	834.26	723.36	21.15	15.33
2003	1295.66	1058.25	952.56	823.22	22.43	15.71
2004	1561.81	1326.31	1159.33	1035.27	17.76	11.98
2005	1823.34	1572.57	1361.16	1230.26	15.95	10.64
2006	2121.73	1846.71	1671.51	1531.24	14.89	9.16
2007	2752.28	2463.72	2231.11	2099.65	11.71	6.26

续表

年份	全国普通小学生均教育经费支出	全国农村小学生均教育经费支出	全国普通小学生均公共财政支出	全国农村小学生均公共财政支出	全国农村小学生均教育经费与全国平均水平差距（%）	全国农村小学生均财政支出与全国平均水平差距（%）
2008	3411.57	3116.82	2788.55	2640.79	9.46	5.60
2009	4172.31	3842.28	3425.21	3236.26	8.59	5.84
2010	4931.58	4560.31	4097.62	3876.24	8.14	5.71
2011	6117.49	5718.96	5061.64	4847.80	6.97	4.41
2012	7445.60	7132.70	6279.95	6156.48	4.39	2.01
2013	8400.93	8152.16	7022.84	6970.26	3.05	0.75
2014	9431.65	8845.37	7800.12	7519.26	6.63	3.74
2015	10467.31	9909.21	8928.28	8652.89	5.63	3.18
2016	11397.25	10766.04	9686.16	9348.05	5.86	3.62

资料来源：表中数据根据《国家教育经费统计年鉴（2001—2017）》测算。其中，根据历史统计口径，2000—2009年生均财政支出指预算内生均教育经费支出；2010—2016年生均财政支出指生均公共预算教育经费支出。

三是农村义务教育供给质量改善情况。为应对城乡一体化进程中农村人口流动在义务教育需求上带来的新变化，国家就农村义务教育学校布局调整、乡村教师队伍建设、农村义务教育控辍保学、农民工随迁子女平等接受教育权利保障等适时制定了一系列政策，以提高农村义务教育供给的适应性和供给质量。主要措施包括：

1. 规范农村义务教育学校布局调整

为规范农村义务教育学校布局调整，国务院办公厅于2012年发文要求县级政府作为责任主体，科学制定农村义务教育学校布局规划，严格规范学校撤并程序和行为，解决学校撤并带来的突出问题，办好村小学和教学点[①]。针对农村人口流出和学校撤并带来的乡村小规模学校和寄宿制学校需求上升的突出问题，2018年，国务院办公厅发文要求坚持优先发展农村义务教育，重点保障乡村小规模学校和乡镇寄宿制学校建设，到2020年基本补齐这两类学校短板[②]。

---

① 国务院办公厅：《关于规范农村义务教育学校布局调整的意见》（国办发〔2012〕48号）。
② 国务院办公厅：《关于全面加强乡村小规模学校和乡镇寄宿制学校建设的指导意见》（国办发〔2018〕27号）。

2.加强乡村教师队伍建设

师资队伍是保障农村义务教育质量的关键。2002年农村义务教育体制改革后，国家多次发布关于农村义务教育的文件，都将农村义务教育师资队伍建设作为重要内容，强化财政对农村义务教育教师工资的经费保障，对稳定农村教师队伍发挥了重要的支柱作用①。为加强乡村师资队伍建设，缩小城乡师资差距，2015年6月国务院公布《乡村教师支持计划（2015—2020年）》，从全面提高乡村教师思想政治素质和师德水平、拓展乡村教师补充渠道、提高乡村教师生活待遇、统一城乡教职工编制标准、职称（职务）评聘向乡村学校倾斜、推动城镇优秀教师向乡村学校流动、全面提升乡村教师能力素质、建立乡村教师荣誉制度八个方面专门就乡村师资队伍建设提出规划。2018年中央专门就新时代教师队伍建设发文，要求深化改革，并特别从提升乡村教师待遇、增强乡村教师职业吸引力等方面提出了具体改革举措②。就其实施情况看，仅2018年中央财政就拨款45亿元，使127万名乡村教师受惠；实施特岗计划招聘乡村教师8.5万多人；通过地方师范生公费教育，每年吸引4.5万名高校毕业生到乡村任教；启动银龄讲学计划，组织招募了1800名优秀退休教师到乡村支教；通过实施"三区"人才计划教师专项选派2.4万名教师到乡村支教；120多万人次乡村教师校长参加中小学教师国家级培训计划，遴选300人入选乡村优秀青年教师培养奖励计划，每人奖励1万元③。

3.加强农村义务教育控辍保学

受办学条件、交通状况、地理环境、家庭经济状况和思想观念等多种因素影响，农村义务教育阶段学生辍学、流动和留守儿童失学辍学问题较为突出。为此，国家重点关注了农村尤其是老、少、边、穷、岛地区义务教育学生控辍保学，在坚持依法控辍的基础上，有针对性地提出控辍保学

---

① 国务院办公厅：《关于完善农村义务教育管理体制的通知》（国办发〔2002〕28号）；国务院：《关于进一步加强农村教育工作的决定》（国发〔2003〕19号）；国务院：《关于深化农村义务教育经费保障机制改革的通知》（国发〔2005〕43号）。

② 中共中央、国务院：《关于全面深化新时代教师队伍建设改革的意见》（中发〔2018〕4号）。

③ 教育部介绍中共中央、国务院印发的《关于全面深化新时代教师队伍建设改革的意见》颁布一年来全国各地贯彻落实情况及下一步教师队伍建设改革思路，http://www.gov.cn/xinwen/2019-02/15/content_5366166.htm#1。

措施：提升农村学校教育质量、因地制宜地促进农村初中普职教育融合等质量控辍；精准确定教育扶贫对象、全面落实教育扶贫和资助政策等扶贫控辍；统筹城乡义务教育学校规划布局、改善乡村学校办学条件等保障控辍[1]。针对农民外出务工农村留守儿童家庭教育缺失、家校沟通不畅等问题，国家要求教育部门和学校加大农村留守儿童关爱保护力度，采取措施确保农村适龄留守儿童、少年入学并完成义务教育[2]。

4. 保障农民工随迁子女平等接受教育权利

农村税费改革后，为解决农民工随迁子女义务教育问题，国务院专门发文，要求地方政府承担农民工随迁子女义务教育责任，落实财政对随迁子女义务教育经费的保障[3]。之后，又多次发文，要求保障农民工随迁子女平等接受教育的权利，强化流入地政府责任，确保经费供给[4]。2016年，在建立统一的城乡义务教育经费保障机制的基础上，国务院颁布《关于统筹推进县域内城乡义务教育一体化改革发展的若干意见》（国发〔2016〕40号），提出改革随迁子女就学机制，进一步强化流入地政府责任，将随迁子女义务教育纳入流入地城镇发展规划和财政保障范围，依法保障随迁子女平等接受义务教育。具体措施主要有：适应户籍制度改革要求，建立以居住证为主要依据的随迁子女入学政策，切实简化优化随迁子女入学流程和证明要求；利用全国中小学生学籍信息管理系统数据，推动"两免一补"资金和生均公用经费基准定额资金随学生流动可携带；坚持以公办学校为主安排随迁子女就学，对于公办学校学位不足的可以通过政府购买服务方式安排在普惠性民办学校就读；实现混合编班和统一管理，促进随迁子女融入学校和社区；公办和民办学校都不得向随迁子女收取有别于本地户籍学生的任何费用等[5]。

---

[1] 国务院办公厅：《关于进一步加强控辍保学 提高义务教育巩固水平的通知》（国办发〔2017〕72号）。
[2] 国务院：《关于加强农村留守儿童关爱保护工作的意见》（国发〔2016〕13号）。
[3] 国务院：《关于解决农民工问题的若干意见》（国发〔2006〕5号）。
[4] 国务院：《关于深入推进义务教育均衡发展的意见》（国发〔2012〕48号）；国务院：《关于进一步做好为农民工服务工作的意见》（国发〔2014〕40号）。
[5] 国务院：《关于统筹推进县域内城乡义务教育一体化改革发展的若干意见》（国发〔2016〕40号）。

（二）农村医疗卫生供给状况

一是农村基本医疗保障供给状况。改革开放后，随着传统农村合作医疗的终止和医疗卫生领域市场化改革的推进，农村医疗卫生基本保障陷入缺失状态。1997 年，国务院转发《关于发展和完善农村合作医疗的若干意见》（国发〔1997〕18 号），提出建立新型农村合作医疗制度的设想，但并没有得到有效实施。2002 年，国务院决定建立新型农村合作医疗制度和农村医疗救助制度，并由财政给予支持[①]。2003 年新型农村合作医疗制度开始在国内试点[②]。至 2008 年 6 月底，全国实现新型农村合作医疗制度全覆盖[③]。2003 年国家决定对农村五保户和贫困农民家庭实施医疗救助[④]。到 2008 年年底实现了医疗救助城乡全覆盖[⑤]。2012 年，国家开始开展城乡居民大病医疗保险试点，在不额外增加新型农村合作医疗参保人缴费负担的基础上，提高参保人大病保险赔付比例，避免参保人由于家庭灾难性医疗支出因病致贫[⑥]。2015 年，大病医疗保险支付比例提高到 50%，并在全国范围内全面实施[⑦]。同年，国家将最低生活保障家庭成员、特困供养人员以及因病致贫家庭重病患者纳入重特大疾病医疗救助范围[⑧]。大病保险制度与医疗救助等制度紧密衔接，共同发挥托底保障功能，显著提升城乡居民医疗保障水平。2016 年，按照统一覆盖范围、统一筹资政策、统一保障待遇、统一医保目录、统一定点管理、统一基金管理"六个统一"的办法，城乡居民基本医疗保险实现制度一体化。[⑨]

农村基本医疗保障制度建立以来，财政支持力度持续加大，带动农村

---

① 中共中央国务院：《关于进一步加强农村卫生工作的决定》（中发〔2002〕13 号）。
② 国务院办公厅：《关于建立新型农村合作医疗制度的意见》（国办发〔2003〕3 号）。
③ 王晓晶：《新农合提前实现全覆盖》，http://szs.mof.gov.cn/mofhome/mof/zhengwuxinxi/caijingshidian/nmrb/200807/t20080711_57277.html。
④ 民政部、卫生部、财政部：《关于实施农村医疗救助的意见》（民发〔2003〕158 号）。
⑤ 中华人民共和国财政部：《我国社会救助体系覆盖城乡》，http://www.mof.gov.cn/zhengwuxinxi/caijingshidian/zgcjb/201309/t20130926_993308.html。
⑥ 国家发展和改革委员会、卫生部、财政部、人力资源和社会保障部、民政部、保险监督管理委员会：《关于开展城乡居民大病保险工作的指导意见》（发改社会〔2012〕2605 号）。
⑦ 国务院办公厅：《关于全面实施城乡居民大病保险的意见》（国办发〔2015〕57 号）。
⑧ 国务院办公厅：《关于进一步完善医疗救助制度全面开展重特大疾病医疗救助工作的意见》（国办发〔2015〕30 号）。
⑨ 国务院：《国务院关于整合城乡居民基本医疗保险制度的意见》（国发〔2016〕3 号）。

基本医疗保障水平持续提高，到 2018 年，各级财政城乡居民医保人均补助标准达到每人每年不低于 490 元，人均个人缴费水平达到每人每年 220 元，基本医疗保险参保率稳定在 95% 的水平[1]。据测算，从 2010—2016 年，新型农村合作医疗财政补助资金由 1041.83 亿元增长到 3024.67 亿元，合计投入财政资金 16097.22 亿元，年均投入约 2300 亿元；2017 年新型农村合作医疗和城镇居民医疗保险统一为城乡居民养老保险，财政对整合后的城乡居民养老保险合计补助资金达到创纪录的 4461.41 亿元。从 2010—2017 年，农村医疗救助财政补助资金由 78.32 亿元增长到 284.14 亿元，合计投入财政资金 1378.33 亿元，年均投入 172.29 亿元（见表 4-13）。

表 4-13　2010—2017 年财政对新型农村合作医疗和农村医疗救助补助支出　单位：亿元

年份 科目	2010	2011	2012	2013	2014	2015	2016	2017
新农合	1041.83	1738.65	2035.10	2428.7	2732.12	3096.15	3024.67	4461.41*
农村医疗救助	78.32	103.76	106.16	113.89	202.61	230.29	259.16	284.14

注：2017 年财政对城乡居民基本医疗保险补助包含对城镇居民基本医疗保险和新型农村合作医疗补助。

资料来源：《2010—2017 年全国公共财政支出决算表》。

二是农村卫生服务体系建设情况。为全面建设小康社会，改善农村卫生服务条件，提高农村卫生服务能力，政府加大财政投入，到 2010 年形成了以县级医疗卫生机构为龙头、乡（镇）卫生院为中心、村卫生室为基础的县、乡、村三级卫生服务网络[2]。为合理配置医疗资源、促进基本医疗卫生服务均等化，国务院办公厅发布《关于推进分级诊疗制度建设的指导意见》（国办发〔2015〕70 号），要求强化乡镇卫生院基本医疗服务功能，提高乡村医疗卫生服务能力。多年来，政府财政发挥投资主体和重要支柱作用，引导集体、社会和个人共同参与建设乡镇卫生院、村卫生室等农村基层医疗卫生机构。据统计，从 2010—2017 年，国家财政用于乡镇卫生院的财政支出合计为 4075.91 亿元，年均 509.49 亿元；用于村卫生室等其

---

[1] 国家医保局　财政部　人力资源社会保障部　国家卫生健康委：《关于做好 2018 年城乡居民医疗保险工作的通知》（医保发〔2018〕2 号）。
[2] 国务院办公厅：《全国医疗卫生服务体系规划纲要（2015—2020 年）》国办发〔2015〕14 号。

他基层医疗卫生机构支出合计为2135.94亿元，年均266.99亿元，促进了农村基层卫生服务体系建设（见表4-14）。

表4-14 2010—2017年财政用于乡镇卫生院和其他基层医疗卫生机构支出 单位：亿元

项目＼年份	2010	2011	2012	2013	2014	2015	2016	2017	合计	平均
乡镇卫生院	255.09	332.98	457.91	495.32	505.04	613.05	694.14	722.38	4075.91	509.49
其他基层医疗卫生机构	98.89	183.32	286.03	290.41	281.02	312.06	306.29	377.92	2135.94	266.99

资料来源：表中数据根据《2010—2017年全国一般公共预算支出决算表》整理计算。

从乡镇卫生院建设情况看，2017年年底，全国3.16万个乡镇共设约3.70万个乡镇卫生院，床位129.2万张，卫生人员136.00万人（其中卫生技术人员115.10万人）（见表4-15）。与2016年比较，2017年乡镇卫生院减少244个（乡镇撤并后卫生院合并），床位增加6.8万张，人员增加3.9万人。2017年，每千农村人口乡镇卫生院床位达1.35张，每千农村人口乡镇卫生院人员达1.42人。从乡镇卫生院医疗卫生服务供给情况看，2017年，乡镇卫生院诊疗人次为11.10亿人次，比上年增加0.30亿人次；入院人数4047.00万人，比上年增加247.00万人。2017年，医师日均担负诊疗9.60人次和住院1.60床日。病床使用率61.30%，出院者平均住院日6.30日。与上年相比，乡镇卫生院医师工作负荷略有下降，病床使用率提高0.70个百分点，平均住院日比上年下降0.10日。

表4-15 全国农村乡镇卫生院医疗服务情况

项目＼年份	2016	2017
乡镇数（万个）	3.18	3.16
乡镇卫生院数（个）	36795.00	36551.00
床位数（万张）	122.40	129.20
卫生人员数（万人）	132.10	136.00
#卫生技术人员	111.60	115.10
#执业（助理）医师	45.50	46.60
每千农村人口乡镇卫生院床位（张）	1.26	1.35
每千农村人口乡镇卫生院人员（人）	1.36	1.42
诊疗人次（亿人次）	10.80	11.10
入院人数（万人）	3800.00	4047.00

续表

年份 项目	2016	2017
医师日均担负诊疗人次	9.50	9.60
医师日均担负住院床日	1.60	1.60
病床使用率（%）	60.60	61.30
出院者平均住院日（日）	6.40	6.30

资料来源：国家卫健委：《2017年中国卫生健康事业发展统计公报》，http://www.sohu.com/a/235581518_439958。

从村卫生室建设情况看，到2017年年底，全国55.40万个行政村共设63.20万个村卫生室；村卫生室医护人员共计145.50万人，平均每村拥有村卫生室人员2.30人。与2016年相比，村卫生室数量减少0.70万个，医护人员增加1.90万人。从村卫生室人员构成看，乡村医生仍占主体，人数达90.10万人；执业医师（含助理医师）在医护人员整体占比不足25%，人数为35.10万人；注册护士13.50万人（见表4-16）。从村卫生室医疗卫生服务供给情况看，2017年村卫生室诊疗量达17.90亿人次，比上年减少0.60亿人次，平均每个村卫生室年诊疗量2831.00人次。

表4-16　　　　　　　　　全国村卫生室及人员数

项目	2016	2017
行政村数（万个）	55.90	55.40
村卫生室数（万个）	63.90	63.20
人员总数（万人）	143.60	145.50
执业（助理）医师数*	32.00	35.10
注册护士数*	11.60	13.50
乡村医生和卫生员数	100	96.90
#乡村医生	93.30	90.10
平均每村卫生室人员数（人）	2.25	2.30

注：村卫生室执业（助理）医师和注册护士数包括乡镇卫生院设点的数字。
资料来源：国家卫健委：《2017年中国卫生健康事业发展统计公报》，http://www.sohu.com/a/235581518_439958。

三是农村医疗卫生服务质量改善状况。为应对城乡一体化进程中农村人口流动对医疗卫生服务的需求变化，国家采取多种措施提高农村医疗卫生服务的适应性和供给质量。①适应农村外流人员需要，消除户籍对参与基本医疗保险的障碍,使具有稳定就业的外出务工农民可参加就业地城镇职工基本医疗保险,其他流动就业的可自愿选择参加户籍所在地新型农村合作医疗或就业地城镇基本医疗保险;同时规定流动就业参保人的退出机制,每个参保人不得同时参加和重复享受基本医疗保险待遇[1]。②适应农业转移人口市民化加快的需要,把进城落户农民纳入城镇基本医疗保险制度体系,对在农村参加的基本医疗保险规范接入城镇基本医疗保险,确保基本医保待遇连续享受,促进城乡人口流动[2]。③建立农村基本医疗保险参保人员异地就医结报机制,保证农村参保的外流人口异地转诊就医时能够享受基本医疗保险待遇,提升农村居民的获得感[3]。

四是乡村医生队伍建设情况。在城乡一体化进程中,伴随着城镇化的加快,农村人口外流从两个方面对乡村医生队伍产生冲击:一方面由于人口外流使农村医疗卫生服务覆盖的人群减少,改革开放后以市场化为取向的乡村基层医疗卫生服务无法获得有效的成本补偿,造成以个体经营为主要形式的乡村赤脚医生难以为继,另一方面掌握一定技能的乡村医生也渴望走出收入洼地,到农村外流人口聚集的区域从事医疗卫生服务,造成一部分乡村医生流失。为此,国家全方位提出了加强乡村医生队伍建设的措施,稳定乡村医生队伍,提高乡村医生队伍素质[4]。在国家的政策支持下,农村医疗卫生队伍保持了稳定,人员素质不断提高。到2016年,农村卫生人员数为5675628名,其中卫生技术人员3916695名,乡村医生和卫生员1000324名;农村卫生人员中来自农村基层医疗卫生机构的人数为2812849人,其中来自乡镇卫生院和村卫生室的医疗卫生人员分别为1320841人和1435766人;在农村基层医疗卫生机构中,有执业(助理)医师760551人,注册护士423887人,药师(士)90959人,技师(士)68077人(见表4-17)。

---

[1] 人力资源和社会保障部、卫生部、财政部:《流动就业人员基本医疗保障关系转移接续暂行办法》(人社部发〔2009〕191号)。

[2] 人力资源社会保障部、国家发展和改革委员会、财政部、国家卫生和计划生育委员会:《关于做好进城落户农民参加基本医疗保险和关系转移接续工作的办法》(人社部发〔2015〕80号);人力资源社会保障部办公厅:《流动就业人员基本医疗保险关系转移接续业务经办规程的通知》(人社厅发〔2016〕94号)。

[3] 国家卫生和计划生育委员会、财政部:《全国新型农村合作医疗异地就医联网结报实施方案》(国卫基层发〔2016〕23号)。

[4] 国务院办公厅:《关于进一步加强乡村医生队伍建设的实施意见》(国办发〔2015〕13号)。

表4-17　2016年农村医疗卫生人员构成情况

单位：人

名称	合计	卫生技术人员 小计	执业（助理）医师	执业医师	注册护士	药师（士）	技师（士）	其他	乡村医生和卫生员	其他技术人员	管理人员	工勤技能人员
农村卫生人员总数	5675628	3916695	1543329	1114044	1444147	211085	211436	506698	1000324	191947	195902	370760
农村基层医疗卫生机构人数	2812849	1582275	760551	433182	423887	90959	68077	238801	1000324	66209	47840	116201
乡镇卫生院人数	1320841	1115921	454995	262902	318609	76220	61407	204690	—	60371	42553	101996
村卫生室人数	1435766	435442	319797	—	115645	—	—	—	1000324	—	—	—

资料来源：表中数据根据《中国卫生和计划生育统计年鉴（2017）》整理。由于乡镇卫生院和村卫生室存在人员交叉，在统计农村基层医疗卫生机构人数时予以剔除。

从学历构成看，2016年乡镇卫生院卫生人员中95.7%的人员具有中专以上学历，其中大专以上学历占51.2%，中专学历占44.5%；村卫生室人员中具有中专水平以上的人员占85.6%，其中具有大专以上学历人员占7.3%，中专学历占52.2%[①]。从农村医疗卫生人员变动情况看，2003—2016年，农村每千人口卫生技术人员由2.26人稳步上升到4.08人，执业（助理）医师由1.04人上升到1.61人，注册护士由0.5人上升到1.5人；农村每千人口乡村医生和卫生员由1.31人上升到1.79人，平均每村乡村医生和卫生员由0.98人上升到1.04人（见表4-18）。

表4-18　　　　2003—2016年农村每千人口卫生人员变动情况　　　　单位：人

年份	卫生技术人员	执业（助理）医师	其中：执业医师	注册护士	乡村医生和卫生员	平均每村乡村医生和卫生员
2003	2.26	1.04	1.22	0.50	1.31	0.98
2004	2.24	1.04	1.25	0.50	1.37	1.00
2005	2.69	1.26	1.24	0.65	1.46	1.05
2006	2.70	1.26	1.28	0.66	1.53	1.10
2007	2.69	1.23	1.3	0.70	1.52	1.06
2008	2.80	1.26	1.35	0.76	1.55	1.06
2009	2.94	1.31	1.43	0.81	1.75	1.19
2010	3.04	1.32	1.47	0.89	1.68	1.14
2011	3.19	1.33	1.49	0.98	1.91	1.20
2012	3.41	1.40	1.58	1.09	1.86	1.14
2013	3.64	1.48	1.67	1.22	1.83	1.12
2014	3.77	1.51	1.74	1.31	1.64	1.09
2015	3.90	1.55	1.84	1.39	1.78	1.07
2016	4.08	1.61	1.92	1.50	1.79	1.04

资料来源：表中数据根据《中国卫生和计划生育统计年鉴（2017）》整理。

（三）农村社会保障体系建设状况

一是农村社会基本养老保险供给状况。1992年，中国正式实施了首个

[①] 国家卫生和计划生育委员会：《2017中国卫生和计划生育统计年鉴》，中国协和医科大学出版社2017年版。

关于农村居民的社会养老保险制度（以下简称"老农保"）①。但"老农保"由于缺少政府财政补贴的支持，本质上属于农民自我储蓄式养老保障，实施和推广并不顺利，在1998年达到峰值8025万人后，"老农保"的参保人数逐步下降，至2005年下降为5441.9万人②。2006年，党的十六届六中全会首次提出要建立覆盖城乡居民的社会保障体系。党的十七届三中全会进一步确定建立政府补贴、集体补助、个人缴费相结合的新型农村社会养老保险制度（以下简称"新农保"），首次明确政府财政在农村社会养老保障中负有补贴责任。据此，2009年在全国10%的县级行政区首次试点"新农保"③。2012年，"新农保"在全国范围内实现了制度全覆盖。2014年，新型农村养老保险和城镇居民养老保险两项制度合并，建立统一的城乡居民基本养老保险制度④。同年，国家对城镇职工基本养老保险、城乡居民基本养老保险两种制度的承转衔接作出规范，以适应城乡居民人口流动的需要，保障农村外出务工人员参加社会养老保障的合法权益⑤。

新农保及统一后的城乡居民养老保险都是在财政补贴支持和引导下，坚持参保人自愿参与原则，并实行长缴多得、多缴多得的激励机制和基础养老金正常调整机制⑥。据统计，从2010—2013年，财政对新型农村社会养老保险基金的补助合计达2918.79亿元；2014年城乡居民社会养老保险统一后，至2017年财政对城乡居民社会养老保险基金的补助合计达7241.13亿元（见表4-19）。

表4-19　　　2010—2017年财政对新型农村社会养老保险基金及城乡居民社会养老保险基金的补助　　　　　单位：亿元

年份 名称	2010	2011	2012	2013	2014	2015	2016	2017
财政对新农保的补助	240.09	649.41	932.91	1096.38	—	—	—	—
财政城乡居民保补助	—	—	—	—	1348.94	1853.48	1907.93	2130.78

资料来源：表中数据根据2010—2017年全国一般公共预算支出决算表整理。

---

① 民政部：《县级农村社会养老保险基本方案（试行）》（民办发〔1992〕2号）。
② 人力资源和社会保障部：《1998—2002年劳动和社会事业发展年度统计公报》，http://www.mohrss.gov.cn/。
③ 国务院：《关于开展新型农村社会养老保险试点的指导意见》（国发〔2009〕32号）。
④ 国务院：《关于建立统一的城乡居民基本养老保险制度的意见》（国发〔2014〕8号）。
⑤ 人力资源社会保障部、财政部：《城乡养老保险制度衔接暂行办法》（人社部发〔2014〕17号）。
⑥ 人力资源社会保障部 财政部：《关于建立城乡居民基本养老保险待遇确定和基础养老金正常调整机制的指导意见》（人社部发〔2018〕21号）。

在财政补贴的支持和引导下，城乡居民养老保险制度实施顺利。至 2017 年年底，城乡居民基本养老保险参保人数合计 51255 万人，累计实现基金收入 13819.3 亿元，基金支出 10031.4 亿元，累计结余合计 3787.9 亿元（见表 4-20）。从 2017 年支出情况看，领取待遇人数 15598 万人，月人均待遇 125 元[1]。2018 年，进一步提高了养老保险待遇水平，基础养老金最低标准增长至 88 元/人·月，促进城乡居民参保积极性。截至 2018 年年底，全国城乡居民养老保险参保人数为 52392 万人，其中实际领取待遇人数为 15898 万人；工程建设领域在建、新开工建设项目参保率均在 99% 以上[2]。

表 4-20　　　　2013—2017 年城乡居民养老保险基金收支情况　　　　单位：亿元

名称 \ 年份	2013	2014	2015	2016	2017	合计
城乡居民养老保险基金收入	2154.0	2386.9	2951.8	3038.6	3288.0	13819.3
城乡居民养老保险基金支出	1453.7	1656.7	2230.4	2291.9	2398.7	10031.4
结余	700.3	730.2	721.4	746.7	889.3	3787.9

资料来源：中商产业研究院：《2018 年上半年全国基本养老保险参保人数达 9.25 亿　基金总收入 2.55 万亿元》，http://www.askci.com/news/chanye/20180806/1448051127878.shtml。

二是农村社会化养老服务体系建设情况。改革开放推动了中国社会经济的快速发展，提高了人们生活水平和健康状况，人口寿命延长，加之受"只生一胎"计划生育政策的长期制约，中国快速进入老龄化社会。随着工业化、城镇化的推进，更多的农业剩余劳动力尤其是青壮年劳动力流向城镇，但又无力携家带口将老年人也迁移到城镇生活，使按照常住人口测算，农村人口老龄化水平高于城镇。据统计，到 2016 年年底，全国有 2.22 亿老年人，人口老龄化水平为 16.15%，其中农村人口老龄化水平为 18.47%，城市人口老龄化水平为 14.34%。农村人口老龄化水平比全国平均水平高 2.32 个百分点，比城镇高 4.13 个百分点[3]。为全面建设小康社会，实现老有所养，多年来，在完善农村社会基本养老保障制度的基础上，各

---

[1]　人社部解读《关于 2018 年提高全国城乡居民基本养老保险基础养老金最低标准的通知》，http://www.sg.gov.cn/ms/ztfw/shbz/ylbx/201805/t20180522_617818.html。

[2]　李心萍：《全国城乡居民养老保险参保人数已有五亿多人》，《人民日报》2019 年 2 月 28 日第 2 版。

[3]　王晓慧：《农村老龄化水平高于城市　"老有所养"着力点转向农村》，http://www.chinatimes.net.cn/article/72987.html。

级政府加快农村养老服务供给侧改革，积极探索符合现实需求的农村养老服务体系。主要措施包括：

1. 加大政府财政对农村养老服务的资金支持

按照 2006 年修订的《农村五保供养工作条例》（国务院令第 456 号），由政府财政部门拨付资金供养纳入农村五保范围的老人。2013 年，农村"三无"老人全部纳入五保供养范围，进一步完善农村养老服务托底功能[①]。各级政府加大财政对农村养老服务支持力度，多渠道筹措财政资金促进农村养老服务发展。2013—2015 年，民政部联合财政部连续三年累计投入中央专项彩票公益金 30 亿元，支持建设 10 万个农村幸福院。"十三五"期间，民政部会同财政部开展每年投入 10 亿元用于推进包括农村居家养老服务在内的居家社区养老服务试点。国家发展改革委员会组织实施"十三五"社会服务兜底工程，进一步加大支持力度，仅 2016—2017 年就累计安排中央投资 58 亿元，重点支持老年养护院、医养结合的养老设施等。中央财政确保每年彩票公益金 50% 以上用于养老服务业，用于包括农村五保供养设施在内的养老设施设备更新改造，从 2016—2017 年累计安排福利彩票公益金 26 亿多元。此外，地方各级财政部门也安排资金，主要用于开展居家和社区适老化改造，养老机构建设和运营补贴，支持"互联网+"养老信息服务平台建设，为困难老年人购买养老服务，发放养老服务补贴等方面。正是在政府财政的助力下，现已初步形成以家庭赡养为基础、养老机构和互助幸福院为依托、农村老年协会参与、乡镇敬老院托底的农村养老服务供给格局[②]。

2. 鼓励社会力量参与养老服务供给

为发展养老服务新业态，提高农村养老社会化服务水平，2016 年，政府降低了养老服务市场准入门槛，吸引更多社会资本进入农村养老服务业[③]。2017 年，《国务院办公厅关于进一步激发社会领域投资活力的意见》（国办发〔2017〕21 号）、《关于加快推进养老服务业放管服改革的

---

① 国务院：《国务院关于加快发展养老服务业的若干意见》（国发〔2013〕35 号）。
② 民政部：《民政部对"关于加快农村养老服务体系建设的建议"的答复》（民函〔2018〕664 号），http://www.mca.gov.cn/article/gk/jytabljggk/rddbjy/201810/20181000011852.shtml。
③ 国务院办公厅：《关于全面放开养老服务市场　提升养老服务质量的若干意见》（国办发〔2016〕91 号）。

通知》（民发〔2017〕25号）相继发布，为激发农村养老服务社会投资活力、加快推进养老服务业发展提供了制度机制，有利于降低社会力量参与养老服务业的制度性成本。此外，民政部分别会同住房城乡建设部、国土资源部、国家发展改革委员会、财政部、教育部、中国人民银行等国家部委印发《关于加强养老服务设施规划建设工作的通知》（建标〔2014〕23号）、《关于支持整合改造闲置社会资源发展养老服务的通知》（民发〔2016〕179号）、《关于加快推进健康与养老服务工程建设的通知》（发改投资〔2014〕2091号）、《关于做好政府购买养老服务工作的通知》（财社〔2014〕113号）、《关于建立健全经济困难的高龄、失能等老年人补贴制度的通知》（财社〔2014〕113号）、《关于加快推进养老服务业人才培养的意见》（教职成〔2014〕5号）、《关于金融支持养老服务业加快发展的指导意见》（银发〔2016〕65号）等文件，在规划建设、购买服务、土地供应、税费优惠、补贴支持、人才培养和就业等方面出台多项政策，初步建立了激励引导社会资本参与农村养老服务业发展的政策体系。

3. 因地制宜探索创新农村养老服务发展模式

各地立足本地实际，创新发展模式，不断丰富和拓展农村养老服务的内涵和形式。具有典型性的有：①互助养老模式。河北、山西、湖北、甘肃等地利用现有设施建设幸福院和"老年灶"，院内老人在生活上相互照顾，最大限度地降低建设服务成本。②新农村建设模式。江西通过建设颐养之家，江苏通过建立家办托老所、村办养老院、村建养老区，内蒙古通过整合各方面投向农村资源，以发展农村养老推进新农村建设。③功能互补模式。安徽和江苏启东等地把敬老院、光荣院、社会福利院整合为区域性养老服务中心，形成了实行集中建设、分区养护、公共资源共享的格局，提高整体管理服务水平。黑龙江、重庆、广西等地还以"五保家园"为基础，改建一批农村互助幸福院。④老年协会支撑模式。四川依托基层老年协会，丰富农村居家养老服务方式，涌现出金堂县"一中心、多站点、重点巡访"、兴文县"协议养老"、昭化区"十户联防"等多种做法[①]。

4. 加强自助互助养老平台的运行管理

全国老年协会要求各地切实加强农村老年协会建设，积极发挥农村老

---

① 民政部：《民政部对"关于加强农村养老服务建设的建议"的答复》（民函〔2017〕785号），http://www.mca.gov.cn/article/gk/jytabljggk/rddbjy/201710/20171015006474.shtml。

年协会在农村养老服务中的作用,加强自助互助养老平台的运行管理[1]。2017年,民政部联合公安部等9部门发文,支持乡镇、村建立老年协会或其他老年人组织,鼓励留守老年人入会互助养老,鼓励各地将农村互助幸福院等养老服务设施委托交由老年协会等社会力量运营管理,面向留守老年人提供服务,把具备资质的老年协会纳入政府购买服务承接主体[2]。截至"十二五"末,全国农村老年协会有468438个,建会率82.1%。根据第四次全国城乡老年人生活状况抽样调查数据,老年协会的老年人参与率达到10.1%[3]。

三是农村社会救助体系建设状况。农村税费改革试点工作启动后,国家为解决"三农"问题,助力小康社会建设,逐步建立和规范农村社会救助制度体系,明确农村社会救助的政府责任,以发挥财政在农村社会治理中的基础和重要支柱作用。2002年国家建立和实施了农村医疗救助制度[4]。2003年,国家将农村五保户、农村贫困户家庭成员和其他符合条件的农村贫困农民纳入医疗救助范围,资助参加新型农村合作医疗并给予相关医疗费用补助[5]。2007年,国家建立农村最低生活保障制度,将家庭年人均纯收入低于当地最低生活保障标准的农村居民纳入农村最低生活保障范围,按农村最低生活保障标准给予财政补助,以解决农村贫困人口的温饱问题[6]。2010年,《自然灾害救助条例》(国务院令第577号)公布,对自然灾害灾后重建和受灾人员基本生活保障予以规范,为防范农民因灾返贫致贫奠定了制度基础。2014年,《社会救助暂行办法》(国务院令第649号)实施,为完善农村社会救助体系奠定了法律基础。同年,针对社会救助体系存在的"短板",国务院发布《关于全面建立临时救助制度的通知》(国发〔2014〕47号),建立临时救助制度以填补社会救助体系的空白,有效应对

---

[1] 全国老龄办:《全国老龄工作委员会办公室关于加强基层老年协会建设的意见》(全国老龄办发〔2012〕1号);民政部、全国老龄办:《全国老龄办 民政部关于进一步加强城乡社区老年协会建设的通知》(全国老龄办发〔2015〕23号)。

[2] 王勇:《2020年农村留守老年人关爱服务工作机制和基本制度将全面建立》,http://www.gongyishibao.com/html/gongyizixun/13451.html。

[3] 民政部:《民政部关于探索农村养老服务机构新模式的提案答复的函》(民函〔2018〕742号),http://www.mca.gov.cn/article/gk/jytabljggk/zxwyta/201811/20181100013084.shtml。

[4] 中共中央、国务院:《关于进一步加强农村卫生工作的决定》(中发〔2002〕13号)。

[5] 民政部、卫生部、财政部:《关于实施农村医疗救助的意见》(民发〔2003〕158号)。

[6] 国务院:《关于在全国建立农村最低生活保障制度的通知》(国发〔2007〕19号)。

突发性、紧迫性、临时性生活困难群众的救助问题，兜住民生底线、开展救急解难。

表 4-21　　　　2010—2017 年中国农村社会救助支出情况*　　　　单位：亿元

科目	农村最低生活保障	其他农村生活救助*			农村医疗救助（城乡医疗救助）*	自然灾害生活救助	合计
		（1）+（2）	农村五保供养（1）	其他农村生活救助支出（2）			
2010	446.59	149.21	87.51	61.70	78.32	333.72	1007.84
2011	665.48	185.24	111.86	73.38	103.76	231.65	1186.13
2012	698.71	196.30	124.06	72.24	106.16	272.02	1273.19
2013	861.04	232.30	154.03	78.27	113.89	240.91	1448.14
2014	869.00	256.29	164.03	92.26	202.61	210.47	1538.37
2015	911.36	253.57	175.51	78.06	230.29	195.52	1590.74
2016	941.34	282.74	212.61	70.13	259.16	273.15	1756.39
2017	903.59	305.49	231.84	73.65	284.14	192.38	1685.60
合计	6297.11	1861.14	1261.45	599.69	1378.33	1949.82	11486.40
年均	787.14	232.64	157.68	74.96	172.29	243.73	1435.80

注：*表示所测算的农村社会救助支出未包括用于农村困难家庭和居民义务教育、危房改造、易地搬迁、就业、医疗保险和养老保险等方面的财政补助支出。另外，2014 年以前其他农村生活救助款级科目由农村五保供养和其他农村生活救助支出两个项级科目构成，2015 年以后其他农村生活救助款级科目取消，为保持数据口径统一，2015 年以后其他农村生活救助科目仍由农村五保供养和其他农村生活救助支出两个非隶属的项级科目加总得出；农村医疗救助科目在 2014 年以后由城乡医疗救助科目取代。

资料来源：表中数据根据 2010—2017 年全国一般公共预算支出决算表整理。

农村社会救助体系由单一到完备、由农民互助逐步演变为政府责任，各级财政发挥了重要支柱作用。据测算，从 2010—2017 年，各级财政用于农村社会救助的支出合计达 11486.4 亿元，年均支出 1435.8 亿元（见表 4-21）。从农村社会救助体系的主要构成看，农村最低生活保障支出和农村五保供养支出实现了较快增长，从 2010—2017 年，农村最低生活保障支出由 446.59 亿元增加到 903.59 亿元，年均增长 14.62%，合计支出 6297.11 亿元；农村五保供养支出由 87.51 亿元增加到 231.84 亿元，年均增长 23.56%，合计支出 1261.45 亿元。农村社会救助体系为农村低收入群体和特困人员提供了重要的生活保障，发挥了社会救助的兜底功能。从

2007—2018 年,农村最低生活保障平均标准上升为 4833.0 元 / 人·年,全国累计享受农村最低生活保障人数为 56146.2 万人(次)(见表 4-22);从 2007—2016 年,累计供养农村特困人员 5366.2 万人(次),人数的具体年度分布如表 4-23 所示。

表 4-22　　2007—2018 年农村最低生活保障人数与低保平均标准

单位:万人、元 / 人·年

年份 指标	2007	2008	2009	2010	2011	2012	2013	2014	2015	2016	2017	2018
保障人数	3566.3	4305.5	4760.0	5214.0	5305.7	5344.5	5388.0	5207.2	4903.6	4586.5	4045.2	3519.7
年增长率(%)	123.9	20.7	10.6	9.5	1.8	0.7	0.8	-3.4	-5.8	-6.5	-11.8	-13
平均标准	840.0	987.6	1209.6	1404.0	1718.4	2067.8	2433.9	2776.6	3178.2	3744.0	4300.7	4833.0
年增长率(%)	1.3	14.9	18.4	13.8	18.3	16.9	15.0	12.3	12.6	15.1	14.9	12.4

资料来源:①民政部:《中国民政统计年鉴(中国社会服务统计资料)(2017)》,中国统计出版社 2017 年版;②中商产业研究院:《2018 年中国农村低保人数及农村低保标准分析》,http://s.askci.com/news/hongguan/20190222/1456261142175.shtml。

表 4-23　　　　2007—2016 年农村特困人员救助供养情况　　　　单位:万人

年份 指标	2007	2008	2009	2010	2011	2012	2013	2014	2015	2016
救助供养人数	531.3	548.6	553.4	556.3	551.0	545.6	537.3	529.1	516.7	496.9
增长率(%)	5.6	3.3	0.9	0.5	-1.0	-1.0	-1.5	-1.5	-2.3	-3.9

资料来源:民政部:《中国民政统计年鉴(中国社会服务统计资料)(2017)》,中国统计出版社 2017 年版。

四是农村扶贫脱贫落实情况。为实现共同富裕,改革开放以后,中国大力推行农村扶贫开发,是世界上减贫人口最多的国家[1]。2011 年,国家确立了实现扶贫对象不愁吃、不愁穿,保障其义务教育、基本医疗和住房

---

[1]　中共中央、国务院:《中国农村扶贫开发纲要(2011—2020 年)》(中发〔2011〕10 号)。

(以下简称"两不愁、三保障"),贫困地区农民人均纯收入增长幅度高于全国平均水平,基本公共服务主要领域指标接近全国平均水平,扭转发展差距扩大趋势的扶贫总目标。据此,国家从2011年起采取以下主要改革措施,将农村扶贫推向深入:①提高扶贫标准,扩大扶贫对象。按2010年不变价把农民人均纯收入2300元作为新的国家扶贫标准,依据新标准将扶贫对象范围扩大为16566万人,拓展扶贫广度和深度,提高扶贫质量[①]。②确定扶贫重点,集中连片开发。将六盘山区等14个连片特困地区、680个县作为扶贫攻坚主战场,实施集中连片开发。[②]③建档立卡,实施精准扶贫。确定精准扶贫、精准脱贫的基本方略,要求抓好精准识别、建档立卡这个关键环节,健全精准扶贫工作机制,加快贫困人口精准脱贫[③]。2016年,国家按照精准扶贫、精准脱贫的基本方略,设计脱贫主要指标,确立三个层次的脱贫攻坚总目标(见表4-24)[④]。

表4-24   "十三五"时期贫困地区发展和贫困人口脱贫主要指标

指　　标	2015年	2020年	属性	数据来源
建档立卡贫困人口(万人)	5630	实现脱贫	约束性	国务院扶贫办
建档立卡贫困村(万个)	12.8	0	约束性	国务院扶贫办
贫困县(个)	832	0	约束性	国务院扶贫办
实施易地扶贫搬迁贫困人口(万人)	—	981	约束性	国家发展改革委、国务院扶贫办
贫困地区农民人均可支配收入增速(%)	11.7	年均增速高于全国平均水平	预期性	国家统计局
贫困地区农村集中供水率(%)	75	≥83	预期性	水利部

---

① 杨立雄:《农村扶贫开发:新进展、新举措与新问题》,http://theory.gmw.cn/2016-02/26/content_19050713.htm。

② 中共中央办公厅、国务院办公厅印发《关于支持深度贫困地区脱贫攻坚的实施意见》(厅字〔2017〕41号),进一步将西藏、四省藏区、南疆四地州和四川凉山州、云南怒江州、甘肃临夏州(简称"三区三州")作为深度贫困地区实施扶贫攻坚。

③ 中共中央、国务院:《关于打赢脱贫攻坚战的决定》(中发〔2015〕34号)。

④ 国务院印发《"十三五"脱贫攻坚规划》(国发〔2016〕64号),明确三个层次的脱贫攻坚总目标:到2020年,稳定实现现行标准下农村贫困人口不愁吃、不愁穿,义务教育、基本医疗和住房安全有保障(简称"两不愁、三保障");贫困地区农民人均可支配收入比2010年翻一番以上,增长幅度高于全国平均水平,基本公共服务主要领域指标接近全国平均水平;确保我国现行标准下农村贫困人口实现脱贫,贫困县全部摘帽,解决区域性整体贫困。

续表

指　　标	2015 年	2020 年	属性	数据来源
建档立卡贫困户存量危房改造率（%）	—	近 100	约束性	住房城乡建设部、国务院扶贫办
贫困县义务教育巩固率（%）	90	93	预期性	教育部
建档立卡贫困户因病致（返）贫户数（万户）	838.5	基本解决	预期性	国家卫生计生委
建档立卡贫困村村集体经济年收入（万元）	2	≥5	预期性	国务院扶贫办

资料来源：表格内容引自国务院 2016 年编制的《"十三五"脱贫攻坚规划》。

从实施手段看，中国当前反贫困的关键手段主要由开发式扶贫和救助式扶贫构成。开发式扶贫重在强调"发展"，体现通过扶贫开发和对收入增长的能动追求实现脱贫解困的目的；救助式扶贫则重在强调"保障"，体现通过社会救助和公共服务体系对困难人群基本生存和发展的成本补偿兜底保障，实现缓解贫困、预防贫困发生的目的。实施精准扶贫，必须用好开发式扶贫和救助式扶贫两种手段，通过开发式扶贫促进增收，脱离"贫困线"，通过救助式扶贫保障民生，守住"贫困线"，从而拓展社会保障"安全网"。正是基于此，国家要求衔接好农村最低生活保障制度与扶贫开发政策，形成制度合力，充分发挥农村低保制度的兜底保障作用[①]。

在党和政府的强力推动下，农村扶贫的财政投入持续加大，取得了显著的脱贫效果。据统计，从 2010 年开始到 2018 年，全国财政扶贫专项支出由 423.49 亿元猛增到 4770.00 亿元，合计支出 14982.17 亿元，年均支出 1665 亿多元。其中，中央财政扶贫专项支出由 222.70 亿元增加到 1061.00 亿元，合计支出 4685.70 亿元，约占全国同期财政扶贫专项支出的 31.28%，发挥了重要的引领和支撑作用。从脱贫效果看，依据农民人均纯收入 2300 元（按 2010 年不变价格计算）这一新的国家扶贫标准，从 2010—2018 年，农村贫困人口由 16566 万人下降为 1660 万人，合计脱贫人口将近 1.5 亿，同期，农村人口贫困发生率由 17.27% 持续下降到 1.7%，年均下降将近 2 个百分点（见表 4-25）。照此速度，到 2020 年建档立卡贫困人口全部脱贫这一目标完全能够达到，实现脱贫攻坚总体目标可期。正是由于近年来农

---

① 国务院办公厅：《关于做好农村最低生活保障制度与扶贫开发政策有效衔接指导意见》（国办发〔2016〕70 号）。

村扶贫效果显著，农村最低生活保障人数从 2013 年的 5388.0 万人逐年下降为 2018 年的 3519.7 万人，年均下降幅度将近 7%（见表 4-22）；农村特困人员救助供养人数也由 2010 年的 556.3 万人连续下降到 2016 年的 496.9 万人，年均下降幅度将近 1.8%（见表 4-23），凸显了农村扶贫脱贫与农村社会救助的联动效应，也显著地体现出农村社会救助体系对扶贫脱贫的托底作用。

表 4-25　　2010—2018 年全国财政扶贫专项支出及农村脱贫状况

年份	财政扶贫专项资金（亿元）	中央财政扶贫专项资金（亿元）	贫困人口（万人）		
			当年减少	年末尚存	发生率（%）
2010	423.49	222.70	—	16566	17.27
2011	545.25	270.00	4328	12238	12.70
2012	690.78	332.00	2339	9899	10.20
2013	841.00	394.00	1650	8249	8.50
2014	948.99	423.00	1232	7017	7.20
2015	1227.24	461.00	1442	5575	5.70
2016	2285.86	661.00	1240	4335	4.50
2017	3249.56	861.00	1289	3046	3.10
2018	4770.00	1061.00	1386	1660	1.70

资料来源：表中数据根据财政部、国家统计局、国务院扶贫办网站公布数据整理，http://www.mof.gov.cn/index.htm；http://www.stats.gov.cn/；http://www.cpad.gov.cn/。

第五章
农村公共品供给影响城乡一体化进程的实证分析

城乡要素自由流动和平等交换是城乡一体化的内在要求，通过第三章的理论分析可知公共品供给通过改变要素收益率影响城乡要素的流动趋向和集聚方向并作用于城乡一体化进程。第四章又立足农村公共品供给实际，从供给和需求两个角度对农村公共品的现状进行了系统描述。然而，随着近年来农村公共品的供给力度不断加大，城乡收入差距是否得到了根本性的扭转？城乡一体化进程是否得到了实质性的推进？还需要通过实证分析来客观评价。本章节以城乡收入差距作为衡量城乡一体化水平的表征变量，以财政支农支出作为生产性支出的表征变量，以农村义务教育支出和医疗卫生支出作为社会性公共品的表征变量，通过构建面板模型和动态VAR模型，从静态和动态两个视角来系统测度农村公共品供给对城乡一体化的影响效应，为后文农村公共品供给体制的完善奠定实证基础。

◆ 第一节 公共品供给影响城乡一体化的静态效应分析

一 模型构建与数据来源

（一）模型的构建

根据上文公共品供给影响城乡收入差距即城乡一体化的作用机理分析，本书认为，如果目前以财政为投入主体的不同类型公共品配置是有效率的，则财政变量 FS_t 和 FE_t 的回归系数将显著为正，即对农民的收入产生积极效应，带动农村经济发展，缩小城乡收入差距，促进城乡一体化。考虑到城乡一体化进程中城乡收入差距形成的惯性特征以及所涉及的其他影响因素，需要在模型中引入控制变量，控制公共品供给以外其他因素产生的影响，据此，本书建立多元回归方程式（5-1）：

$$Gap_{it} = \alpha_0 + \alpha_1 Gap_{it-1} + \alpha_2 FS_{it} + \alpha_3 FE_{it} + \alpha_4 Control_{it} + \mu_i + \varepsilon_{it} \quad (5-1)$$

其中，i（i=1,2,…,30）和 t 分别代表不同的省份和时间，Gap_{it} 代表城乡差距，用于表征城乡一体化水平，FS_{it} 和 FE_{it} 分别表示城乡间生产性公共品和社会性公共品的供给状况，μ_i 和 ε_{it} 则分别表示各截面单元不可观测的个体差异和随机误差项。

被解释变量：城乡一体化指标，用城乡收入差距（Gap_{it}）表征。目前，衡量城乡差距的指标主要有城镇居民人均可支配收入与农村居民人均纯收入之比、基尼系数、泰尔指数、城乡消费水平比等。基于 G.Myrdal（1957）的理论，城镇和农村并存的二元结构产生的原因在于二者经济发展的差异性，主要表现为地区间人均收入和工资水平差距的存在。本书将城乡一体化指标具体表示为农村居民纯收入与城镇居民可支配收入的比值，其中 2013 年以后该值表示为农村居民可支配收入与城镇居民可支配收入的比值。总体看来，该比值越大表示城乡收入差距越小，城乡一体化水平越高。同时考虑到城乡收入差距的惯性特征，即本期的城乡收入差距的形成在很大程度上和上一期城乡收入差距高度相关。故而本书将滞后一期的城乡收入差距 Gap_{it-1} 作为解释变量引入模型中。

核心解释变量：本书主要测度不同类型的公共品配置对城乡收入差距的影响效应，但是现有年鉴及统计资料很难将生产性公共品和社会性公共品进行分别统计。因此考虑到数据的可得性以及各地区之间的差异，本书以财政支农支出占财政总支出的比例（FS_{it}）来表征生产性公共品供给状况[①]。以城乡人均义务教育支出的比例（$Fedu_{it}$）和城乡人均公共医疗床位数供给比例（$Fhea_{it}$）来表征城乡社会性公共品的供给状况。

控制变量（$Control_{it}$）：①经济发展水平（$\ln pergdp_{it}$）。根据经典的发

---

① 其中，1998—2002 年的财政支农支出为农业综合开发支出、支援农村生产支出和农林水利气象等部门的事业费支出之和；2003—2006 年的财政支农支出包括农业支出、林业支出以及农林水利气象等部门的事业费支出；2007 年以来的财政支农支出为财政农林水支出。

展经济学理论，经济发展水平和质量与城乡居民收入差距密切相关，二者的关系取决于经济发展所处的阶段。为了增加数据的平稳性以及有效消除异方差的影响，本书采用各省人均国内生产总值的对数值来表示经济发展水平，以测度各地区所处的不同经济发展阶段对城乡居民收入差距即城乡一体化的影响。②工业化水平（$Indus_{it}$）。本书以第二、第三产业增加值占GDP的比重来衡量。一般来说，工业化水平越高，将吸纳越多的农业剩余劳动力向城镇转移，进而缩小城乡居民收入差距，促进城乡一体化。然而，农民的市民化改造滞后使农业剩余劳动力和城镇劳动力"同工不同酬"以及资本密集型产业对农业剩余劳动力的吸纳能力较低，工业化进程可能会拉大城乡居民收入差距。③经济开放程度（$Open_{it}$）。本书采用各地区进出口总额与GDP的比值来衡量。从理论上分析，经济对外开放程度越高的地方，居民的经济来源越趋于多样化，城乡居民的收入差距就越小，城乡一体化水平越高。因此，经济开放程度的提高有可能缩小城乡居民收入差距，提高城乡一体化水平。④城镇化水平（$City_{it}$）。本书以城镇常住人口占该地区总人口的比重来衡量。从理论上分析，社会经济的发展使农业产值的比重不断下降，非农产业的比重不断上升，与这种经济学规律相适应的是出现了人口的迁徙，大量农业剩余劳动力到城镇就业，促进农村单位劳动报酬率的增长，进而缩小城乡收入差距，促进城乡一体化。⑤固定资产投入（$Invest_{it}$）。本书以农村固定资产投入额占全社会固定资产投入额的比重来表示，该指标反映了一个地区农村的生产能力和基础设施建设水平，理论上该指标越大，城乡收入差距越小，城乡一体化水平越高。

综上所述，模型式（5-1）可以转化为最终形式：

$$Gap_{it} = \alpha_0 + \alpha_1 Gap_{it-1} + \alpha_2 FS_{it} + \alpha_3 Fedu_{it} + \alpha_4 Fhea_{it} + \alpha_5 \ln pergdp_{it} +$$
$$\alpha_6 Indus_{it} + \alpha_7 Open_{it} + \alpha_8 City_{it} + \alpha_9 Invest_{it} + \mu_i + \varepsilon_{it} \quad (5-2)$$

（二）变量统计性描述及数据来源

本书以1998—2016年全国30个省份（西藏由于数据缺失没有纳入研究）作为样本单位，共取得样本数据570个，对样本中各变量的统计性描述结果以及数据的来源如表5-1所示[①]。

---

① 为消除物价水平的影响，人均国内生产总值 ln $pergdp_{it}$ 以1998年为基期测算。

表 5-1　　　　　各变量的统计描述及数据来源

变量	变量含义	均值	最大值	最小值	标准差	数据来源
Gap	城乡居民收入差距	0.342	0.801	0.157	0.357	根据 2008—2017 年《中国统计年鉴》相关数据测算
FS	财政支农支出/财政总支出	0.073	0.094	0.051	0.214	根据 2008—2017 年《中国统计年鉴》《中国农村统计年鉴》相关数据测算
Fedu	农村人均义务教育支出/城镇人均义务教育支出	0.555	1.263	0.271	1.362	由 2008—2017 年《中国教育统计年鉴》《中国教育经费统计年鉴》相关数据测算
Fhea	农村医疗人均医疗床位数/城镇人均医疗床位数	0.253	0.519	0.173	0.289	由 2008—2017 年《中国医疗卫生统计年鉴》相关数据测算
Lnpergdp	人均 GDP	9.262	11.312	6.834	0.952	根据 2008—2017 年《中国统计年鉴》相关数据测算
Indus	工业化水平	0.849	0.994	0.531	0.071	根据 2008—2017 年《中国统计年鉴》相关数据测算
Open	经济开放程度	0.314	1.840	0.031	0.455	根据 2008—2017 年《中国统计年鉴》相关数据测算
City	城镇化水平	0.478	0.893	0.326	0.129	根据 2008—2017 年《中国统计年鉴》相关数据测算
Invest	农村固定资产投入比重	0.173	0.358	0.091	0.081	根据 2008—2017 年《中国统计年鉴》相关数据测算

二　面板数据的单位根检验和协整检验

（一）单位根检验

为了有效避免模型中存在的伪回归问题，本书在回归前首先对面板数据进行单位根检验和协整检验。本书采用 LLC、ADF-Fisher 和 PP-Fisher 三种方法同时检验各个变量的稳定性。LLC 仍然采用 ADF 检验形式，是针对同质单位根情形下的单位根检验，而 ADF-Fisher 和 PP-Fisher 是适用于异质单位根情形下的单位根检验。从表 5-2 中的检验结果可以知道，在 1% 的显著性水平下，所有变量的水平值都拒绝含有单位根的假设，同时 LLC 和 PP-Fisher 两种检验方法也都显示所有变量的水平值不含单位根，因此本书认为各变量是平稳的。

表 5-2　　　　　　　　　　面板模型单位根检验结果

变量	LLC	ADF – Fisher Chi-square	PP – Fisher Chi-square	结论
Gap	−11.7031*** (0.0000)	230.634*** (0.0000)	251.572*** (0.0000)	平稳
FS	−16.6540*** (0.0000)	366.292*** (0.0000)	413.861*** (0.0000)	平稳
Fedu	−11.0178*** (0.0000)	221.185*** (0.0000)	260.601*** (0.0000)	平稳
Fhea	−16.8943*** (0.0000)	346.313*** (0.0000)	396.392*** (0.0000)	平稳
Lnpergdp	−5.79184*** (0.0000)	144.044*** (0.0000)	175.586*** (0.0000)	平稳
Indus	−13.9437*** (0.0000)	272.931*** (0.0000)	278.513*** (0.0000)	平稳
Open	−8.73179*** (0.0000)	151.866*** (0.0000)	187.120*** (0.0000)	平稳
City	−15.6386*** (0.0000)	282.234*** (0.0000)	331.909*** (0.0000)	平稳
Invest	−10.9452*** (0.0000)	159.520*** (0.0000)	233.947*** (0.0000)	平稳

注：滞后项的选择根据施瓦茨(Schwarz)和最小信息准则确定。括号中标注的是对应系数的相伴概率，*** 指在 1% 的水平上显著。

（二）协整检验

本书通过 Kao 检验方法分别对上述模型进行面板协整检验，其辅助回归方程形式如下：

$$\hat{u}_{it} = \rho_i \hat{u}_{it-1} + \sum_{j=1}^{pi} \varphi_{ij} \Delta \hat{u}_{it-j} + \Delta_{it} \qquad i = 1, L, ..., N \qquad （5-3）$$

其中，ρ_i 是对应于第 i 个截面个体的残差自回归系数。Kao 检验结果如表 5-3 所示，变量在 5% 的显著性水平下存在长期的均衡关系。

表 5-3　　　　　　　　　　Kao 检验结果

变量	检验假设	统计量名	统计量值	概率
Gap、FS、Fedu、Fhea、Lnpergdp、Indus、Open、City、Invest	H0：不存在协整关系（$\rho = 1$）	ADF	−3.526082	0.0002

三 估计方法的选择及实证分析结果

（一）估计方法的选择

由于在式（5-2）中将被解释变量的滞后项作为解释变量引入模型中，因而解释变量与随机误差项可能存在的相关性使模型的内生性无法得到有效消除，同时在该模型中，随机误差项可能存在移动平均的过程，导致在使用传统的固定效应模型（FE）和随机效应模型（RE）等方法进行估计时，估计参数无法满足无偏性和一致性的基本要求，从而扭曲相关变量的经济含义。为了有效克服模型存在的内生性问题，本书采用系统广义矩（SYS-GMM）估计方法，在样本值有限的条件下，通过增加因变量的一阶差分滞后项（本模型中的 $\Delta \ln Gap_{i,i-1}$）作为工具变量，不仅有效消除了模型存在的内生性问题，而且解决了差分 GMM 由于弱工具变量的影响所产生的有限样本偏误（finite-sample bias）问题。Mote Carlo 的试验同样显示，系统广义矩估计结果较差分广义矩估计结果有更好的有限样本性质和有效性。

CMM 的估计思想是针对目标函数进行反复迭代求解使其收敛到极小值，因此区别于传统统计方法，CMM 估计不以拟合优度和 F 统计量来判定模型总体估计结果的优劣，也不定义 AIC、SC 等信息准则，而是以目标函数迭代收敛达到的最小值 J 值来作为模型总体估计结果的判断依据。

（二）实证分析结果

本书在进行回归前通过方差膨胀因子对模型解释变量间可能存在的多重共线性问题进行了诊断，诊断结果显示式（5-2）各变量的方差膨胀因子（VIF）均小于 10，容忍系数均未超过 0.5，从而排除了模型可能存在的多重共线性问题。

本书利用动态面板模型的 CMM 估计方法，对式（5-2）进行估计，在分别得到差分 CMM（一步和两步）估计结果和系统 CMM（一步和两步）估计结果的同时，为了保证被解释变量滞后项的估计结果是稳健有效的，根据 Bond 等（2001）的估计参数稳健性的判断标准，本书还通过混合

(pool)和固定效应(FE)方法对模型进行估计①。以上实证分析所采用的计量软件为STAT15.0，具体估计结果如表5-4所示。

从整体估计结果来看，估计方法的改变并没有使各变量系数的符号发生变化，因而可以初步判定总体估计效果具有较好的稳健性。无论从差分GMM还是系统GMM的估价结果看，被解释变量滞后项的系数均介于混合估计（Pool）模型和固定效应模型（FE）的估计值之间，说明GMM估计未因弱工具变量问题而出现严重偏误，其结果是可靠有效的。其中差分GMM（Two-step）和系统GMM（Two-step）的AR（2）统计量的相伴概率分别为0.7515和0.6731，均接受随机干扰项二阶序列不相关的原假设。而Sargan检验的Sargan统计量的相伴概率分别为0.80和0.97，同样接受了工具变量没有过度识别的原假设。与此同时，工具变量检验所得出的Cragg-Donald Wald F值大于10，可以判定模型不存在弱工具变量的问题。综上，基于全国30个省份面板数据的GMM估计结果良好，由于前文阐述系统广义矩估计量较差分广义矩估计量有更好的有限样本性质和有效性，因而本书以系统GMM（Two-step）的估计结果进行相关论述分析。

表5-4　　　　城乡公共品供给对城乡收入差距的影响估计

估计方法 自变量	混合模型（Pool）	固定效应模型（FE）	差分广义矩（DIF-GMM）One-step	差分广义矩（DIF-GMM）Two-step	系统广义矩（DIF-GMM）One-step	系统广义矩（DIF-GMM）Two-step
Gap_{it-1}	0.9837*** （64.35）	0.6853*** （14.06）	0.7623*** （16.04）	0.8147*** （24.55）	0.7761*** （17.05）	0.8579*** （21.33）
FS_{it}	0.3167* （1.90）	0.1557 （0.63）	0.3211*** （2.21）	0.1951 （1.30）	0.3035*** （2.90）	0.3959*** （2.81）
$Fedu_{it}$	−0.0718 （−1.10）	−0.0632** （−1.89）	−0.1264*** （−2.17）	−0.1851 （−1.24）	−0.1681** （−1.79）	−0.1755*** （2.33）
$Ghea_{it}$	−0.0153 （−0.41）	−0.0105 （−0.50）	−0.1061* （−1.72）	0.0575* （1.98）	−0.0892 （−0.59）	−0.0635 （−0.81）
$\ln pergdp_{it}$	0.0306 （1.50）	0.0903 （1.59）	0.2935** （2.23）	0.3643* （1.95）	0.3833* （1.83）	0.4025** （2.16）
$Indus_{it}$	−0.0107 （−1.58）	−0.1015 （−0.53）	−0.0823 （−0.19）	−0.1819*** （−8.74）	−0.1549 （0.52）	−0.1761 （0.91）

---

① 通常情况下，混合OLS估计会严重高估滞后项的系数，而固定效应估计则会低估滞后项的系数。因此，如果GMM估计值介于两者之间，则认为GMM估计是可靠有效的。

续表

估计方法 自变量	混合模型（Pool）	固定效应模型（FE）	差分广义矩（DIF-GMM）One-step	差分广义矩（DIF-GMM）Two-step	系统广义矩（DIF-GMM）One-step	系统广义矩（DIF-GMM）Two-step
$Open_{it}$	0.0003 （0.53）	0.0013 （0.83）	0.0054*** （5.22）	0.0043*** （4.14）	0.0059*** （5.25）	0.0131** （2.28）
$City_{it}$	0.0141*** （3.16）	0.0071*** （3.05）	0.0043 （1.22）	0.0002** （2.96）	0.0013* （1.85）	0.0017 （1.53）
$Invest_{it}$	0.0321 （1.30）	0.0484 （1.28）	0.1134*** （3.33）	0.0215** （2.08）	0.0837 （1.42）	0.0381* （1.77）
Constant	15.046*** （11.27）	13.9870*** （16.64）	12.6797*** （10.20）	11.3573*** （7.20）	12.972*** （10.31）	12.128*** （11.25）
Sargan (P-value)	—	—	0.8261	0.9159	0.7175	0.8236
AR(2) (P-value)	—	—	0.6456	0.7515	0.6126	0.6731
R^2-within	0.9895	0.9167	—	—	—	—
样本数	570	570	570	570	570	570

注：括号中标注的是对应回归系数的t统计量或z统计量，***、**、*分别指在1%、5%和10%的水平下显著。

从系统GMM（Two-step）的估计结果来看，被解释变量滞后项的系数为0.8579，表明城乡收入差距在统计学意义上具有明显的惯性特征。财政支农支出占财政总支付比例（FS）则与城乡收入差距（Gap）显示出正向显著的相关关系，即财政支农支出占财政总支付比例（FS）每增加1个百分点，城乡收入差距将缩小0.3959个百分点。这和理论分析的结果相一致，表明农村生产性公共品供给比例的提高对于增加农民收入、缩小城乡收入差距即提高城乡一体化水平具有明显的促进作用。城乡人均义务教育支出的比例（Fedu）则与城乡收入差距（Gap）表现为显著的反向作用，即城乡人均义务教育支出的比例（Fedu）每增加1个百分点，城乡收入差距将扩大0.1755个百分点。城乡人均公共医疗床位数供给比例（Fhea）的增加同样会进一步加剧城乡收入差距，但该效果在统计学意义上表现得并不显著。说明目前以义务教育和医疗卫生为代表的社会性公共品在城乡间的配置比例是不甚合理的，在缩小城乡差距方面是低效率的，不利于城乡一体化的推进。究其原因，城镇化进程的不断加快，大量农业剩余劳动力向城镇转移，导致了城乡间以义务教育和医疗卫生为代表的社会性公共品在城乡间的供给与需求不相匹配。具体来说在政策力量主导的公共品配置方向和市场驱动的要素流动方向出现了背离的情况下，违背经济学的供需原理，一味地加大农村地区社会性公共品的供给规模不仅无法满足农村发展和农民生产、生活的需要，使本来就有限的公共资源无法得以合理有效的配置，而且还会阻碍城乡间要素的双向自由流动，进一步拉大城乡收入差距，加剧城乡二元分离。

在控制变量中，人均GDP的提高会显著地缩小城乡收入差距，且随着估计方法的变换该项数值的符号和大小并没有出现显著的变化。这也与大多数文献的估计结果相一致，即随着经济的不断发展，城乡收入差距呈现出明显的缩小趋势。工业化水平（indus）的提高会进一步加剧城乡收入差距，但这种负向效应在统计学上表现得并不显著。从理论上讲，工业化水平越高，将吸纳越多的农业剩余劳动力向城镇转移，进而缩小城乡居民收入差距。但现实是目前农民的市民化进程滞后使农村劳动力和城镇劳动力"同工不同酬"以及诸多政策性因素阻碍了劳动力由农业向工业的转移，与此同时城镇资本密集型产业对农业剩余劳动力的吸纳作用有限。在这些因素的综合作用下，目前工业化水平的提高拉大了城乡居民收入差距。与理论分析一致，经济开放度（Open）、城市化率（City）和农村固定资产投入比重（Invest）的提高对缩小城乡居民收入差距具有显著的促进作用。

第二节 公共品供给影响城乡一体化的动态效应分析

为了进一步刻画不同类型公共品的城乡供给对城乡一体化发展随时间变化的影响效应，本节基于1998—2016年全国层面的时间序列数据通过构建VAR模型，以城乡收入差距（Gap）为被解释变量，以财政支农支出占财政总支出比例（FS）、城乡人均义务教育支出的比例（Fedu）和城乡人均公共医疗床位数供给比例（Fhea）为解释变量，来分析不同时期不同类型城乡公共品供给对城乡一体化的动态影响效应。

一 相关数据的平稳性检验

为有效避免伪回归问题的出现，在应用时间序列数据进行回归分析前，首先要对相关时间序列数据的平稳性进行检验，即检验相关变量是否具有单位根。本书采用传统 ADF 方法来对模型的平稳性进行检验，如果变量的 ADF 值小于一定显著水平下的临界值，则该时间序列变量是平稳的，否则是不平稳的[①]。单位根检验结果如表 5-5 所示，lnGap、lnFS、lnFedu 和 lnFhea 四组时间序列数据在 5% 的显著水平下均为非平稳序列。但是经过一阶差分后，以上数据在 5% 的显著水平下均趋于平稳，故而均为一阶单整序列，记为 I（1）。因此，变量同阶单整的检验结果满足城乡不同类型公共品供给的时间序列数据可能与城乡收入差距间存在某种协整关系的假设前提。

表 5-5　　　　　　　　ADF 单位根检验结果

序列	检验类型（C,T,K）	ADF 检验值	临界值（5%）	结论
lnGap	（C,1,0）	−0.358095	−3.733200	不平稳
D（lnGap）	（C,1,0）	−4.249169**	−3.791172	平稳
lnFS	（C,0,0）	1.368957	−1.961409	不平稳
D（lnFS）	（C,0,0）	−3.932060***	−1.962813	平稳
lnFedu	（C,0,0）	0.978712	−1.961409	不平稳
D（lnFedu）	（C,0,0）	−3.789058***	−1.962813	平稳
lnFhea	（C,0,0）	0.926932	−1.964418	不平稳
D（lnFhea）	（C,0,0）	−5.109443***	−1.964418	平稳

注：D 表示一阶差分算子，在检验类型（C,T,K）中，C 代表常数项，T 代表时间趋势项，K 代表滞后阶数；***、** 分别指在 1% 和 5% 的水平上显著。

二 协整分析

在对模型进行协整分析之前，需要通过 AIC、SC 信息准则和 HQ 检验来选择 VAR 模型的最佳滞后期。表 5-6 显示了 FE、Fedu 以及 Fhea 对 Gap

---

① 单位根的最佳滞后阶数由 AIC、SC 准则判定。

影响的 VAR 模型的滞后期选择情况。根据 LR 统计量、AIC 和 SC 准则以及 HQ 检验的结果，确立模型的最佳滞后期为 1。

表 5-6　　　　　　　　VAR 模型滞后阶数选择标准

Lag	LogL	LR	FPE	AIC	SC	HQ
0	142.9552	NA	9.35e–13	–16.34767	–16.15162	–16.32818
1	208.4566	92.47253*	2.97e–15	–22.17136*	–21.19111*	–22.07392*
2	245.2001	34.58213	3.89e–16*	–24.61177	–22.84732	–24.43638

注：*表示在不同方法下所选择的最优滞后阶数。

表 5-7 显示了 Johansen 协整检验的结果，当原假设为 FS、Fedu、Fhea 和 Gap 之间不存在协整关系时，特征根和最大特征值的结果（91.02457）大于 5% 显著水平下的临界值（47.85613），即在 5% 的显著水平下拒绝协整方程个数为零的原假设，接受变量间存在协整方程的备择假设。而当原假设为 FS、Fedu、Fhea 和 Gap 之间至多存在一个协整关系时，特征值和最大特征值的结果（32.23706）同样在 5% 的显著水平下大于相应的临界值（29.79707），表明变量间不只存在一个协整关系。而当原假设为 FS、Fedu、Fhea 和 Gap 之间至多有两个协整关系时，特征值和最大特征值（6.988897）的结果都在 5% 的显著水平下小于相应的临界值（15.49471），即在 5% 的显著水平下接受原假设即变量间存在两个长期的协整关系。

表 5-7　　FS、Fedu、Fhea 对 Gap 影响的 Johansen 协整检验结果

No. of CE（s）	Eigenvalue	Statistic	Critical Value	Prob.**
None	0.968510	91.02457	47.85613	0.0000
At most 1	0.773540	32.23706	29.79707	0.0257
At most 2	0.330540	6.988897	15.49471	0.5789
At most 3	0.009779	0.167069	3.841466	0.6827

注：**表示相伴概率在 5% 的显著水平上拒绝原假设。

因而根据 Johansen 协整检验的结果认为 FS、Fedu、Fhea 和 Gap 之间存在着长期的协整关系，经过标准化的协整向量方程（Gap、FS、Fedu、Fhea、C）对应的系数分别为（1.000000，–1.557826，0.636317，0.228201，–0.179139），FS、Fedu、Fhea 和 Gap 之间的长期协整均衡方程为：

$$Gap = 1.557826FS - 0.636317Fedu - 0.228201Fhea + 0.179139 \quad (5-4)$$

根据 Engel 定理，如果一组变量间存在某种协整关系，则刻画变量间长期关系的协整方程可以转化为短期向长期调整的误差修正模型①。根据表 5-6 协整分析结果，模型的最佳滞后期为 1。因此，描述 FS、Fedu、Fhea 对 Gap 影响的短期波动向长期均衡调整的误差修正模型可以表示为：

$$Gap = -0.244963ECM(-1) - 0.331565D[Gpa(-1)] + 0.367097D[FS(-1)]$$
$$+ 0.1355D[Fedu(-1)] + 0.051126D[Fhea(-1)] + 0.003357 \quad (5-5)$$

通过财政支农支出占财政总支出比例（FS）、城乡人均义务教育支出比例（Fedu）和城乡人均公共医疗床位数供给比例（Fhea）与城乡收入差距（Gap）之间的协整方程可以发现：1998—2016 年，财政支农支出占财政总支出比例（FS）、城乡人均义务教育支出比例（Fedu）和城乡人均公共医疗床位数供给比例（Fhea）与城乡收入差距（Gap）之间存在长期的动态均衡关系。其中，财政支农支出占财政总支出比例（FS）与城乡收入差距（Gap）之间存在长期的正相关关系，即财政支农支出占财政总支出比例（FS）每提高 1%，城乡收入差距将会缩小 1.55%。与此同时，城乡人均义务教育支出比例（Fedu）和城乡人均公共医疗床位数供给比例（Fhea）与城乡收入间存在着负向的相关关系，其系数分别为 -0.636317 和 -0.228201，即城乡人均义务教育支出比例（Fedu）每增加 1%，将会引致城乡收入差距扩大 0.636317%。而城乡人均公共医疗床位数供给比例（Fhea）每增加 1%，将会引致城乡收入差距扩大 0.228201%。从变量间短期向长期调整的误差修正模型（5-5）来看，误差修正项 ECM（-1）的系数为 -0.244963，符合误差修正项的反向修正机制，表明 Gap（-1）和 FS（-1）、Fedu（-1）、Fhea（-1）的非均衡误差以 65% 的比率对 Gap 作出修正。同时由误差修正模型的系数可以看出，财政支农支出占财政总支出比例（FS）、城乡人均义务教育支出比例（Fedu）和城乡人均公共医疗床位数供给比例（Fhea）在短期内均会缩小城乡收入差距。

从协整检验和误差修正模型的估计结果看，财政支农支出占财政总支出的比例（FS）的提高无论在长期还是短期都会有效地缩小城乡收入差距，

---

① 即如果两组变量存在协整关系，那么它们之间的短期非均衡关系总能由一个误差修正模型表述。

同时该影响效应长期要明显优于短期，这说明以财政支农支出为主的生产性公共品的供给存在促进农村经济发展的长效机制，其供给的增加经过时间的推移对缩小城乡收入差距的效应较为明显。而以城乡人均义务教育支出比例（Fedu）和城乡人均公共医疗床位数供给比例（Fhea）为代表的社会性公共品供给对城乡收入差距的影响在短期和长期分别变为截然相反的效应，其中城乡人均义务教育支出比例（Fedu）的提高会在短期内明显地缩小城乡收入差距，而在长期会进一步加剧城乡收入差距。而城乡人均公共医疗床位数供给比例（Fhea）对城乡收入差距的影响效应同样表现为短期为正，长期为负。这表明短期内由于政策效果的叠加作用，城乡人均义务教育支出比例（Fedu）和城乡人均公共医疗床位数供给比例（Fhea）的提高均会在一定程度上缩小城乡收入差距，但这种效果是不可持续的。究其原因，随着城镇化进程的不断加快，大量农业剩余劳动力向城镇转移，农业剩余劳动力对社会性公共品的需求要求在劳动力流入地（城镇区域）实现，此时背离基本的城乡供需关系在人口流出地（农村区域）大量的供给社会性公共品，在短期内由于政策效果的叠加作用会在一定程度上缩小城乡收入差距。但从长期效果来看，不仅不会有效缩小城乡收入差距，而且会导致有限财政资源在城乡间的无效配置。此外，对于教育这种外溢性较强的公共品，在目前人才向城镇区域和沿海地区大量流动和聚集的大环境下，从农村教育支出中受益更多的是城镇和非农产业。医疗卫生支出亦然，短期内量的扩张可以提高农村居民医疗卫生服务的易得性。尤其是医疗保障水平的提高，短期内可以降低农村居民的医疗卫生支出。但从长期看，医疗卫生服务包括医疗保障都不是纯公共品，都要求农村居民具有享受这种服务的收入能力，在农村居民收入水平较低、城乡收入差距扩大的情况下，单纯追求制度一体化而不考虑城乡收入差距的现实，甚至会引起收入低的农村居民对收入高的城镇居民的逆向补贴。因此，在城乡收入差距大且农业剩余劳动力持续转移的情况下，农村医疗卫生服务必须根据人口集聚方向优化配置，重在优化供给质量，让农村居民愿意就近就医且具有享有医疗服务的收入能力。当然，基于公平与正义的要求，对特重大疾病和低收入群体，需要加大医疗救助的供给水平，发挥托底作用。

三 格兰杰因果检验

以上协整检验和误差修正模型刻画了不同类型公共品的城乡供给结构和城乡收入差距之间的长期均衡关系和短期向长期调整的动态关系，然而变量间是否具备统计意义上的因果关系还需进一步的检验提供佐证，本书通过格兰杰因果检验来验证财政支农支出占财政总支出的比例（FS）、城乡人均义务教育支出比例（Fedu）和城乡人均公共医疗床位数供给比例（Fhea）与城乡收入差距（Gap）之间的因果关系。即判定在统计学意义上财政支农支出占财政总支出的比例（FS）、城乡人均义务教育支出比例（Fedu）和城乡人均公共医疗床位数供给比例（Fhea）的变化是否会引发城乡收入差距的改变。

通过上文的检验可知，lnGap、lnFS、lnFedu 和 lnFhea 均是一阶单整的时间序列数据 I（1），同时在滞后 1 期内存在显著的协整关系。因而满足格兰杰因果检验的假设前提，反映 Gap、FS、Fedu、Fhea 间格兰杰因果关系的检验结果如表 5-8 所示。

表 5-8　　　　　　　　　格兰杰因果关系检验结果

原假设	观测值	F 统计量	相伴概率	结论
城乡收入差距不是财政支农支出占财政总支出比重的格兰杰原因	18	5.05127	0.0401	拒绝
财政支农支出占财政总支出比重不是城乡收入差距的格兰杰原因	18	34.2510	0.0000	拒绝
城乡收入差距不是城乡人均义务教育支出比例的格兰杰原因	18	0.09482	0.7624	接受
城乡人均义务教育支出比例不是城乡收入差距的格兰杰原因	18	21.9183	0.0003	拒绝
城乡收入差距不是城乡人均公共医疗床位数供给比例的格兰杰原因	18	1.67919	0.2146	接受
城乡人均公共医疗床位数供给比例不是城乡收入差距的格兰杰原因	18	10.8569	0.0049	拒绝

注：***、**、* 分别表示在 1%、5% 和 10% 的显著水平上拒绝原假设。

由表 5-8 的检验结果可以看出，财政支农支出占财政总支出的比例（FS）与城乡收入差距（Gap）之间存在统计学上的双向因果关系，即财政支农支出占财政总支出的比例（FS）的增加在促进农民增收，有效缩小城乡收入差距的同时，也通过引导资本向农村的流动促使政府不断加大支农支出的扶持力度，从而形成了双向作用机制。而城乡人均义务教育支出比例（Fedu）和城乡人均公共医疗床位数供给比例（Fhea）与城乡收入差距（Gap）之间则表现为单向的因果关系，即城乡人均义务教育支出比例（Fedu）和城乡人均公共医疗床位数供给比例（Fhea）的改变均会在统计学上影响城乡收入差距的变化。

四 基于 VAR 模型的脉冲响应函数

VAR 模型主要刻画的是随机误差项的变化对整个系统冲击的动态影响，而脉冲响应函数则分时期直观体现了这种系统冲击的变化情况。VAR 作为一种非理论性的模型，在建立模型前无须对变量进行任何约束性检验。但脉冲响应函数需要以 VAR 模型具有稳定性为前提条件。由图 5-1 可以判定，所有变量的根均落在单位圆内，显示 VAR（1）模型具有稳定性，可以进一步采用脉冲响应函数对相关变量的冲击效应进行动态分析。

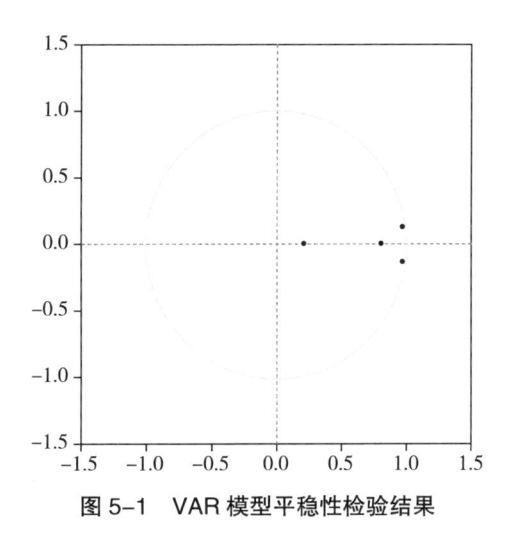

图 5-1 VAR 模型平稳性检验结果

在图 5-2、图 5-3 和图 5-4 中，纵轴表示对冲击的响应强度，横轴表示冲击响应的滞后期，实线则为脉冲响应函数曲线，刻画了城乡收入差距（Gap）对城乡公共品供给相关指标 FS、Fedu 和 Fhea 冲击的反应程度，两条虚线则为正负两倍标准差（SE）的置信带。图 5-2 描述的是财政支农支出占财政总支出的比例（FS）对城乡收入差距（Gap）的脉冲响应变化情况。

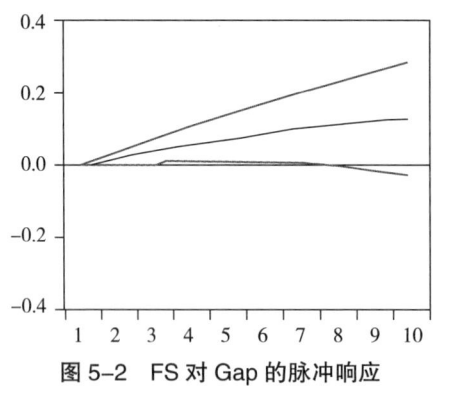

图 5-2 FS 对 Gap 的脉冲响应

在基期对 Gap 施加一个标准冲击后，FS 对 Gap 的影响效应随着时间的推移呈现出不断扩大的趋势，这和协整检验、误差修正模型的结论相吻合。说明财政支农支出对缩小城乡居民收入差距有着显著的促进作用，并且这种促进作用随着时间的推移不断增大。

图 5-3 刻画的是城乡人均义务教育支出比例（Fedu）对城乡收入差距（Gap）的脉冲响应。在基期给 Gap 一个标准冲击后，Fedu 对 Gap 的影响显示出明显的正向效应，即在短期内有效地缩小了城乡收入差距，而后该效应不断衰减，在第二期已经趋近于零，之后该效应逐渐为负，至第三期该负向效应达到最大，此后各期基本维持不变。图 5-4 刻画的是城乡人均公共医疗床位数供给比例（Fhea）对城乡收入差距（Gap）的脉冲响应。在基期给 Gap 一个标准冲击后，Fhea 对 Gap 的影响同样在短期内对城乡收入差距的缩小显示出了促进作用，而随着时间推移这种效用越来越小，直至在二期后逐渐为负，总体来说其在各个时期的效用都明显小于 Fedu。这也印证了协整检验、误差修正模型的分析结论。即在短期内农村社会性公共品供给比例的提高会通过政策的叠加效应缩小城乡收入差距。但从长期来看，这种政策的叠加效应是不可持续的，这在义务教育供给方面体现得尤为明显。

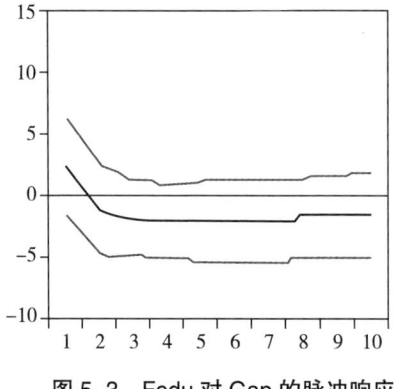

图 5-3 Fedu 对 Gap 的脉冲响应 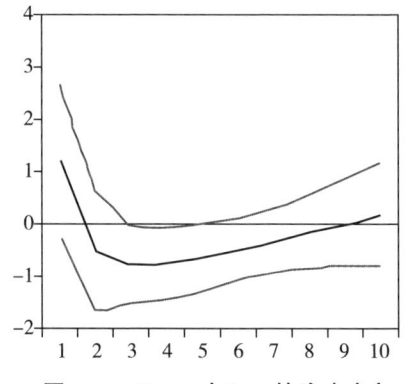   图 5-4 Fhea 对 Gap 的脉冲响应

五 基于VAR模型的方差分解

脉冲响应函数刻画的是一个变量冲击引致其他变量发生变化的动态效应，而方差分解则主要从各变量方差变化的角度描述每一个结构冲击对内生变量变化的影响程度，并以此来捕捉不同变量的冲击在不同时间点上的水平效应。

表5-9把城乡收入差距（Gap）的单位变化量分解为一定比例的自身影响和财政支农支出占财政总支出的比例（FS）、城乡人均义务教育支出比例（Fedu）和城乡人均公共医疗床位数供给比例（Fhea）的影响，由方差分析的结果可知，财政支农支出占财政总支出的比例（FS）对城乡收入差距（Gap）的影响呈现出不断扩大的趋势，由第二期的4.48%逐步增加至第10期的40.14%，说明财政支农支出占财政总支出的比例（FS）的提高对城乡收入差距的缩小具有显著的促进效用。与此同时，城乡人均义务教育支出比例（Fedu）和城乡人均公共医疗床位数供给比例（Fhea）对城乡收入差距的影响作用也在随着时间的推移不断增大，这其中城乡人均义务教育支出比例（Fedu）对城乡收入差距的影响的作用要高于城乡人均公共医疗床位数供给比例（Fhea）。

表5-9　　　　　　　　　　方差分解结果

Period	S.E.	GAP	FS	FEDU	FHEA
1	0.007541	100.0000	0.000000	0.000000	0.000000
2	0.009895	89.97365	4.483605	4.462069	1.080678
3	0.012191	67.48263	14.82334	14.06384	3.630185
4	0.015300	43.63089	25.98396	23.78197	6.603177
5	0.019390	27.32098	33.74630	29.98492	8.947799
6	0.024301	18.73587	37.92426	32.84834	10.49154
7	0.029795	15.02286	39.80374	33.70759	11.46581
8	0.035641	13.90266	40.44009	33.55941	12.09784
9	0.041645	14.07494	40.44418	32.94976	12.53112
10	0.047637	14.86653	40.13630	32.15046	12.84671

第三节 实证分析的相关结论

本章建立多元回归模型和 VAR 模型实证考察了公共品配置对城乡一体化的影响。在回归模型中，以财政支农支出占财政总支出的比例（FS）作为农村生产性公共品供给结构的表征指标，以城乡人均义务教育支出比例（Fedu）和城乡人均公共医疗床位数供给比例（Fhea）作为社会性公共品供给结构的表征指标，以城乡收入差距（Gap）作为城乡一体化的测度指标，运用我国 1998—2016 年 30 个省份（西藏由于数据缺失没有纳入研究样本中）的面板数据，通过 SYS-GMM 消除了模型存在的内生性，测度了不同类型公共品的城乡配置对城乡一体化发展的影响效应。同时运用 1998—2016 年全国层面的时间序列数据，通过建立 VAR 模型来捕捉不同类型公共品的城乡配置对城乡一体化发展的动态效应，并得出以下结论：

第一，通过面板数据 SYS-GMM 的估计结果表明：城乡收入差距在统计学意义上具有明显的惯性特征。财政支农支出占财政总支付比例（FS）则与城乡收入差距（Gap）显示出显著的正相关关系，说明农村生产性公共品供给比例的提高对于增加农民收入、缩小城乡收入差距、促进城乡一体化具有显著的促进作用。城乡人均义务教育支出的比例（Fedu）、城乡人均公共医疗床位数供给比例（Fhea）的增加则会在一定程度上拉大城乡收入差距，阻碍城乡一体化，这其中城乡人均公共医疗床位数供给比例（Fhea）的作用效应在统计学上表现得并不显著。说明目前以义务教育和医疗卫生为代表的社会性公共品在城乡间的配置比例是不甚合理的，对缩小城乡差距、促进城乡一体化是低效率的。

第二，基于全国层面的协整检验和误差修正模型的分析表明：财政支农支出占财政总支出的比例（FS）的提高无论在长期还是短期都会有效地缩小城乡收入差距，促进城乡一体化，同时该影响效应长期要明显优于短期。而以城乡人均义务教育支出比例（Fedu）和城乡人均公共医疗床位数供给比例（Fhea）为代表的社会性公共品供给对城乡收入差距的影响在短期和长期分别表现为截然相反的效应。说明短期内由于政策效果的叠加作用，城乡人均义务教育支出比例（Fedu）和城乡人均公共医疗床位数供给比例（Fhea）的提高均会在一定程度上缩小城乡收入差距，促进城乡一体化，但这种效果是不可持续的。

第三，格兰杰因果检验的结果表明：财政支农支出占财政总支出的比例（FS）与城乡收入差距（Gap）之间存在统计学上的双向因果关系，即财政支农支出占财政总支出的比例（FS）的增加在促进农民增收，有效缩小城乡收入差距、提高城乡一体化水平的同时，也通过引导资本向农村的集聚放大支农效果，从而形成了双向作用机制。而城乡人均义务教育支出比例（Fedu）和城乡人均公共医疗床位数供给比例（Fhea）与城乡收入差距（Gap）之间则表现为单向的因果关系，即城乡人均义务教育支出比例（Fedu）和城乡人均公共医疗床位数供给比例（Fhea）的改变均会在统计学上影响城乡收入差距的变化。

第四，脉冲响应函数图则分期刻画了财政支农支出占财政总支出的比例（FS）、城乡人均义务教育支出比例（Fedu）和城乡人均公共医疗床位数供给比例（Fhea）对城乡收入差距（Gap）的动态影响过程。其中，FS对Gap的影响效用随着时间的推移呈现出不断扩大的趋势。而Fedu、Fhea与Gap间则呈现出短期促进长期抑制的作用效果。进一步方差分解的结果表明，财政支农支出占财政总支出的比例（FS）提高对缩小城乡收入差距、促进城乡一体化具有显著的正效应。与此同时，城乡人均义务教育支出比例（Fedu）和城乡人均公共医疗床位数供给比例（Fhea）对城乡收入差距的影响作用也在随着时间的推移不断增大，这其中城乡人均义务教育支出比例（Fedu）对城乡收入差距的影响作用要高于城乡人均公共医疗床位数供给比例（Fhea）。

第六章
城乡一体化进程中农村公共品供给存在的问题分析

由第五章第三节的实证分析结果可知以支农支出表征的农村生产性公共品供给比例的提高能够显著地缩小城乡收入差距，有效地推进城乡一体化进程，但是该促进作用在统计学上表现得较为微弱。而以农村义务教育、农村医疗卫生支出表征的农村社会性公共品的供给不仅没有很好地缩小城乡收入差距，并且在一定程度上拉大了城乡收入差距，阻碍了城乡一体化进程。说明现行农村公共品供给无法有效保障资本、劳动力的效率，阻碍了要素在城乡间的自由流动，延缓了城乡一体化进程。本章节主要依托于实证分析的结论，从农村生产性、生活性以及社会性公共品三个维度，深入分析城乡一体化进程中各类公共品供给所面临的诸多问题，以期为相关建议有的放矢地提出提供可靠的现实依据。

第一节 | 城乡要素流转不畅制约农村公共品效应的发挥

通过前文的理论分析可知，农村生产性公共品和社会性公共品分别通过影响资本和劳动力的回报率影响农村经济发展，作用于城乡一体化进程。资本、劳动力等要素的趋利性使其往往流向回报率更高的地区。根据本书的实证分析发现，财政支农支出对城乡一体化进程的促进作用有限，而农村教育支出和医疗卫生支出对城乡一体化进程的促进作用不显著。究其原因，农村经济总量的提高受制于农业生产率的提高，农业生产率的提高则受土地资源利用的瓶颈制约。按照社会主义市场经济理论，市场机制对资源配置具有决定性作用，财政对资源配置的影响必须在遵循市场规律的基础上发挥引导和杠杆作用。但是在城乡二元土地制度下,农村土地流转不畅,土地经营的规模效益无法发挥,在抑制农村资本回报率增长的同时,也制约了农业剩余劳动力向城镇的转移,阻碍了公共品资源配置效应的发挥。

一 规范有效的农村土地流转市场尚未形成

2013年,中国开始农村土地"三权分置"改革探索。承包地确权登记是土地流转的前提。因此,农村土地"三权分置"改革的首要任务就是对承包地进行确权登记。农业部公开数据显示,至2017年农村家庭承包经营土地确权登记已完成82%,并计划于2018年完成,为农村土地经营权流转奠定了产权制度基础[①]。但是,规范有效的农村土地经营权流转市场尚未形成,家庭承包的农用地仍主要分散在各个家庭耕种,制约了耕地的集约化经营和农业产业化,不利于提高耕地的经营效益。根据《中国农业统计资料(2016)》的数据显示,全国耕地面积为134920900公顷,其中家庭承包经营的耕地面积为90926184公顷,占比约为67.39%;在家庭承包经营的耕地面积中,流转土地为31947205公顷,约占家庭承包经营耕地的35.14%,其中,签订流转合同的耕地流转面积为21798131公顷,约占68.23%(见表6-1)。

表6-1　　　　2016年家庭承包经营的耕地流转情况

名称	耕地总面积			
		家庭承包经营的耕地面积		
			家庭承包耕地流转总面积	
				签订合同的耕地流转面积
面积(公顷)	134920900	90926184	31947205	21798131
在所属总体中占比(%)	—	67.39	35.14	68.23

资料来源:农业部《中国农业统计资料(2016)》,中国农业出版社2017年版。

---

① 中国网:《农林牧渔行业:农村土地确权比例达82%,或将开启大规模土地流转时代》,http://stock.qq.com/a/20171204/012678.htm。

二 农村土地对资本的集聚能力不足

资本的逐利本性决定了其向高收益领域转移。农村土地对资本的集聚能力不足主要从两个层面表现出来：

一是农业经营收益偏低，削弱农村土地资本集聚能力。在农村土地流转不畅的情况下，当前农业生产经营活动仍以传统家庭农户分散经营为主，土地集聚的规模效应难以发挥，农业经营成本效益低。由于开展农业经营活动无利可图或只能获得较低的利润水平，导致农业对资本的吸引力下降，表象上反映为农村土地资本集聚能力差。根据《中国农村统计年鉴》提供的数据，2011年以来，中国主要农产品成本利润率总体呈下降趋势，尤其是近年来随着人工成本的快速增长，而农产品收入变化不大，使主要农产品成本利润率为负值，农业经营成为无利可图的行业。如表6-2所示，除经济作物烤烟外，到2016年，全部主要农产品的成本利润率均为负值。

表6-2　　　　　主要农产品亩均成本利润情况　　　　　单位：元

品种	年份	产值合计	总成本	净利润	现金成本	现金收益	成本利润率（%）
稻谷、小麦、玉米三种主粮平均	2011	1041.92	791.16	250.76	399.68	642.24	31.70
	2012	1104.82	936.42	168.40	449.71	655.11	17.98
	2013	1099.13	1026.19	72.94	473.79	625.34	7.11
	2014	1193.35	1068.57	124.78	482.91	710.44	11.68
	2015	1109.59	1090.04	19.55	492.95	616.64	1.79
	2016	1013.34	1093.62	-80.28	501.23	512.11	-7.34
大豆	2011	610.72	488.77	121.95	238.18	372.54	24.95
	2012	706.83	578.20	128.63	271.39	435.44	22.25
	2013	659.58	625.90	33.68	275.66	383.92	5.38
	2014	641.61	667.34	-25.73	287.62	353.99	-3.86
	2015	559.62	674.71	-115.09	294.55	265.07	-17.06
	2016	468.63	678.44	-209.81	304.86	163.77	-30.93
花生、油菜籽两种油料平均	2011	1145.13	773.13	372.00	305.46	839.67	48.12
	2012	1246.09	949.61	296.48	345.31	900.78	31.22
	2013	1093.78	1080.53	13.25	351.48	742.30	1.23
	2014	1098.59	1107.57	-8.98	347.03	751.56	-0.81

续表

品种	年份	产值合计	总成本	净利润	现金成本	现金收益	成本利润率（%）
花生、油菜籽两种油料平均	2015	1070.72	1152.39	−81.67	364.43	706.29	−7.09
	2016	1137.35	1167.57	−30.22	373.77	763.58	−2.59
棉花	2011	1779.94	1577.45	202.49	658.60	1121.34	12.84
	2012	1964.99	1939.73	25.26	683.20	1281.79	1.30
	2013	1962.52	2177.50	−214.98	739.35	1223.17	−9.87
	2014	1592.12	2278.56	−686.44	844.88	747.24	−30.13
	2015	1366.89	2288.44	−921.55	872.95	493.94	−40.27
	2016	1818.31	2306.61	−488.30	881.05	937.26	−21.17
烤烟	2011	2550.72	2491.35	59.37	1126.25	1424.47	2.38
	2012	3315.74	3091.29	224.45	1307.06	2008.68	7.26
	2013	3414.01	3451.31	−37.30	1384.50	2029.51	−1.08
	2014	3401.03	3547.11	−146.08	1417.73	1983.30	−4.12
	2015	3857.14	3578.57	278.57	1426.68	2430.46	7.78
	2016	3561.23	3673.36	−112.13	1474.86	2086.37	−3.05

资料来源：数据根据《中国农村统计年鉴》（2012—2017）整理。

诚然，有人会提出质疑，作为理性人，为何仍有那么多农民愿意维持农业经营呢？事实上，这正是由于人口城镇化受阻，农业剩余劳动力无法实现顺利转移，被迫继续经营土地以维系生活保障的现实表现。在结果上反映为农民投入农业经营的劳动力成本只能部分实现收益补偿，影响农业劳动生产率的提高。在现实中表现为低素质农业劳动力对高素质农业劳动力的替代，即农村青壮年劳动力外出务工经商获取较高的工资性收入，农业经营主要由留守的老人妇孺承担，更多的是发挥土地的生活保障功能。如表 6-3 所示，从 2013—2016 年，农村居民人均可支配收入由 9429.6 元/人·年上升到 12363.4 元/人·年，但是，收入增长的主要贡献来自于工资性收入，工资性收入占农村居民人均可支配收入的比例由 38.7% 上升到 40.6%，而来自第一产业净收入占农村居民人均可支配收入的比例由 30.1% 下降到 26.4%。

表 6-3　　2013—2016 年农村居民人均可支配收入及其构成变化

单位：元/人·年、%

指标＼年份	2013	2014	2015	2016
农村居民人均可支配收入	9429.6*	10488.9	11421.7	12363.4
一、工资性收入	3652.5	4152.2	4600.3	5021.8
二、经营净收入	3934.8	4237.4*	4503.6	4741.3
（一）第一产业净收入	2839.8*	2998.6*	3153.8	3269.6
1. 农业	2160.0	2306.8	2412.2	2439.7
2. 林业	162.0	177.3	170.6	165.9
3. 牧业	460.1	443.0	488.7	573.7
4. 渔业	57.6	71.4	82.3	90.3
（二）第二产业经营净收入	252.5	259.1	276.1	287.9
（三）第三产业经营净收入	842.5	979.6	1073.7	1183.8
三、财产净收入	194.7	222.1	251.5	272.1
四、转移净收入	1647.5	1877.2	2066.3	2328.2
农村居民人均可支配收入构成	100	100	100	100
一、工资性收入	38.7	39.6	40.3	40.6
二、经营性收入	41.7	40.4	39.4	38.3
（一）第一产业净收入	30.1	28.6	27.6	26.4
1. 农业	22.9	22	21.1	19.7
2. 林业	1.7	1.7	1.5	1.3
3. 牧业	4.9	4.2	4.3	4.6
4. 渔业	0.6	0.7	0.7	0.7
（二）第二产业经营净收入	2.7	2.5	2.4	2.3
（三）第三产业经营净收入	8.9	9.3	9.4	9.6
三、财产净收入	2.1	2.1	2.2	2.2
四、转移净收入	17.5	17.9	18.1	18.8

资料来源：数据根据《中国农村统计年鉴》（2014—2017）整理；带 * 的数据与所属的分项加总数据相差 0.1，均为统计误差所致。

二是"土地财政"降低农村土地资本集聚能力。在二元土地制度下，地方政府能通过征收农村土地以土地出让金的形式获取城乡土地资本化收益"剪刀差"，而出让地块的公共品供给水平是决定土地出让金的主要因素，从而强化地方政府加大与土地相依附的公共基础设施供给。城镇区域在公共基础设施等生产性和生活性公共品上的供给优势最终会反映为要素投入成本的降低，从而增加城镇区域的要素收益。因此，在"土地财政"的作用下，城镇和农村在公共品供给水平上就会不断拉大差距，导致资本向城镇集聚，而农村土地对资本的集聚能力下降。而且，地方政府征收的土地越多，这种集聚相应会越强，形成资本要素由农村向城镇的单向流动，并最终在农村地区出现所谓的"金融抑制"现象。如表6-4所示，从2009—2016年，地方政府共征收土地3540822.84公顷，其中农用地2664935.89公顷，共形成土地出让金25万多亿元。这些资金最终通过各种形式主要投向城镇的基础设施建设，虽然国家出于保护耕地的目的设计了耕地占补平衡制度，以基准价（基准价每亩10万元，水田每亩20万元）和产能价（每亩每百公斤2万元）之和乘以省份调节系数确定跨省域补充耕地资金收取标准，能为提供土地的农村地方政府分享一定的土地出让收益，但总体规模较小。

表6-4　　2009—2016年地方政府征收农村土地情况　　单位：公顷

年份	土地征收总面积	农用地	耕地	土地出让金（万元）
2009	451025.72	351173.64	216762.98	171795255.8
2010	459246.08	345188.08	228662.21	274644791.2
2011	568740.5	395843.62	261756.5	321260823.1
2012	517764.28	388474.08	246282.95	280422827.8
2013	453070.75	337575.45	206905.94	437452967.1
2014	389607.91	291955.5	181205.98	343773734.1
2015	373202.76	298589.76	177663.07	312206471.5
2016	328164.84	256135.76	155511.28	364616830.4
合计	3540822.84	2664935.89	1674750.91	2506173701

资料来源：表中数据根据《中国国土资源统计年鉴》（2010—2017）整理。

三　农业剩余劳动力转移受阻影响农业生产效率提高

受城乡二元户籍制度及附着于其上的城乡二元公共品供给体制影响，农业剩余劳动力向城镇转移受到阻碍，形成了庞大的"农民工"群体。据统计，到 2018 年，农民工总量已经达到 28836 万人，包括外出农民工 17266 万人，约占总量的 59.88%，本地农民工 11570 万人，约占总量的 40.12%（见表 6-5）。从构成看，农民工向城镇转移的方向和路径应主要包括两个：一是外出农民工转移到就业地，实现城镇化，二是本地农民工就地城镇化。不同的路径意味着不同的公共品配置途径：对外出农民工来说，关键诉求在于无差异地享受就业地城镇提供的就业、社会保障、教育、医疗卫生、住房保障等社会性公共品。已有研究表明，在"土地财政"激励下，相对于社会性公共品，就业地政府为获得更多的土地出让金，更偏好于提供附着于土地空间之上的生活性和生产性公共品，从而因无法享有合意的社会性公共品使农业剩余劳动力转移受阻（李勇刚、高波、任保全，2013；宋琪、汤玉刚，2016；严思齐、彭建超、吴群，2017；李斌、金秋宇、卢娟，2018）。对本地农民工来说，关键诉求在于当地小城镇能够提供合意的居住环境和公共基础设施，并能持续提供就业、社会保障、教育、医疗卫生、住房保障等社会性公共品。但是，内生于乡村的特色小城镇受地价影响，获取的土地资本化收益有限，而且有些地方县级政府对小城镇土地出让收入进行分成，制约了特色小城镇公共基础设施的建设能力和要素集聚能力。同时，在农业尚未振兴的条件下，以承载为现代农业发展提供社会化服务的劳动力为主要职能的特色小镇能否持续提供就业以及高质量的社会性公共品也面临很大的不确定性。

表 6-5 　　　　2008—2018 年中国农民工数量构成变化

年份	农民工总量（万人）	外出农民工（万人）	外出农民工占比（%）	本地农民工（万人）	本地农民工占比（%）
2008	22542	14041	62.29	8501	37.71
2009	22978	14533	63.25	8445	36.75
2010	24223	15335	63.31	8888	36.69
2011	25278	15863	62.75	9415	37.25
2012	26261	16336	62.21	9925	37.79
2013	26894	16610	61.76	10284	38.24
2014	27395	16821	61.40	10574	38.60
2015	27747	16884	60.85	10863	39.15
2016	28171	16934	60.11	11237	39.89

续表

年份	农民工总量（万人）	外出农民工（万人）	外出农民工占比（%）	本地农民工（万人）	本地农民工占比（%）
2017	28652	17185	59.98	11467	40.02
2018	28836	17266	59.88	11570	40.12

资料来源：国家统计局：《农民工监测调查报告》(2008—2018)，http://www.stats.gov.cn/。

容易发现，两种转移途径都指向城乡二元土地制度改革以及均等化的社会性公共品供给，而这两个关键点也决定了农业剩余劳动力能否顺利转移。当前，由于受城乡二元土地制度和社会性公共品供给差异的影响，农业剩余劳动力转移受阻，制约了农业生产效率提高。而且，由于农业剩余劳动力举家迁徙的能力不足，导致农村留守人员主要为老人妇孺。如表6-6所示，从2008—2014年，外出农民工中举家外出农民工占比均不到30%。此时，以老人妇孺作为主要劳动力继续从事农业经营，更多地体现为一种土地对生活的保障功能，削弱了土地的生产经营属性，进一步阻碍了农业劳动生产率的提高。

表6-6　2008—2014年外出农民工中举家外出农民工占比情况　单位：万人、%

年份	外出农民工	举家外出农民工	举家外出农民工占比
2008	11182	2859	25.57
2009	11567	2966	25.64
2010	12264	3071	25.04
2011	12584	3279	26.06
2012	12961	3375	26.04
2013	13085	3525	26.94
2014	13243	3578	27.02

资料来源：国家统计局：《农民工监测调查报告》(2008—2014)，http://www.stats.gov.cn/。

第二节｜农村生产性公共品供给存在的问题分析

从理论分析的结果看，农村生产性公共品供给主要通过提高农业资本的回报率来促进资本向农村、农业集聚，从而促进农村经济发展，推进城乡一体化进程。然而从实证分析的结果看，支农支出虽然在一定程度上缩小了城乡收入差距，从而推动了城乡一体化进程。但是，该促进作用在统计学上整体表现得较为微弱。究其原因，传统农业的生产效率普遍偏低，资本的趋利性使城镇过剩的资本不愿向农村、农业集聚，进而导致农业生产陷入了持续"生产效率低—资本投入不足—生产效率更低"的怪圈，城乡差距不断扩大，阻碍了城乡一体化的实现。因此，农村生产性公共品供给如何有效地促进传统农业向现代农业转型升级，促进农业资本投入回报率的提高，是吸引资本向农村、农业集聚，促进农民增收，实现城乡一体化的前提条件。基于此，本小节从现代农业财政支持力度和农业生产条件建设两个维度入手，探寻农村生产性公共品供给在支持传统农业向现代农业转型方面存在的问题和不足。

一　现代农业财政支持力度不足制约资本向农业集聚

（一）财政支农支出对现代农业经营体系的支持力度不足

中国现代农业发展面临的首要制约因素是传统家庭农户普遍采用的分散经营方式导致农业经营规模过小。因此，转变财政对传统家庭农户分散经营的支持方式，适应市场机制的需要，引导生产要素向农业集聚，实现农业经营规模适度扩张，促进传统农业向现代农业转型升级，是财政支农政策改革面临的紧迫问题。但是，由于财政转型滞后，对现代农业经营体系形成的支持和引导力度不够，不利于建立完善的现代农业经营体系。

一是新型农业经营主体发展滞后。由于尚未建立起城乡均等化的公共品供给体制，阻碍农业剩余劳动力顺利实现非农业转移，家庭承包土地无法形成有效的流转机制，土地要素适度集聚的规模效应发挥不出来，导致农民合作社、农业龙头公司等新型农业经营主体发展滞后。根据《中国农业统计资料（2016）》公开数据显示，截至2016年，尚有将近65%的家庭承包经营土地未实现流转，说明农村土地适度规模化经营还有很长的路要走。诚然，也有数据显示，2016年我国农民合作社已达166万家，入社成员超过1亿户。但是，部分农民合作社有其名无其实，农民合作社空心化现象也引起社会关注，从另一个侧面说明若农民合作社不以生产要素实质性结合为纽带，则没有生命力，难以担当新型农业经营主体的重任[①]。

二是农村金融服务体系不够完善。由于城乡二元土地制度，农村土地缺少资本凝聚力，造成资本向城镇集中，而且农业用地产权分割条件下担保能力不强，加之农村仍以传统家庭农户分散经营为主、农业适度规模经营发展缓慢，农业对金融的有效需求不足等原因，导致农村存在普遍的金融抑制现象，农村正规金融机构较少，农民和农业经营存在融资难、融资贵等问题。为缓解农村金融抑制，在财政支持下普惠金融有所发展，但仍难以满足家庭农户尤其是新型农业经营主体规模扩张对资本的需求，迫切要求发挥财政的引导和支持作用。

三是现代农业社会化服务体系不完善。现代农业社会化服务体系是根据现代农业生产经营的需要建立起来的。由于传统的家庭农户分散经营仍占主体地位，新型农业经营主体成长缓慢，而传统的家庭经营模式对现代农业服务社会化服务有效需求不高，导致现代农业社会化服务机构经营环境不佳，不利于现代农业社会化服务体系成长。当然，农业经营方式转型给现代农业社会化服务体系建设带来困难的同时，也引发了新的需求，要求从供给侧加大改革力度，以公益性现代农业社会化服务供给为重点，以经营性现代农业社会化服务引导和扶持为补充，完善现代农业社会化服务体系。

四是职业农民成长环境有待营造。职业农民是适应新型农业经营主体生产经营需要，与传统农民相区分，具有农业生产、经营或服务能力，以农业经营为主要收入来源的农业从业者。现阶段农业对职业农民的需求之所以受到压抑，主要是由于农业集约化程度不高、剩余劳动力转移缓慢，难以有效地提高农业劳动生产率为职业农民带来必要的收入补偿所致。而且，农村社会保障、教育、医疗卫生等公共品现有供给水平也难以满足职业农民的需求，从而在供给侧也阻碍了职业农民队伍的壮大。

五是农村产业融合发展态势尚不显著。农村产业融合是指以龙头企业、农民合作社等为代表的农业产业化组织通过产业链延伸、空间集聚、功能拓展和服务业引领等模式推动生产要素跨界配置，从而实现第一、第二、

[①] 司成钢：《谨防农业合作社"空心化"》，http://liaoning.nen.com.cn/system/2015/12/18/018718064.shtml。

第三产业之间的有机融合。但是，在城乡一体化进程中，受农业产业化组织凝聚力不足、产业融合项目同质化、融合机制不健全及生产要素集聚度低等多种因素的制约，农业产业化组织引领农村产业融合发展的态势整体上尚不显著，亟待加强财政政策的引导和支持。

（二）财政支农支出对农业科技支持力度不足

2012年中央一号文件《关于加快推进农业科技创新 持续增强农产品供给保障能力的若干意见》（中发〔2012〕1号）就提出农业科技是促进现代农业发展的决定力量，必须坚持科教兴农战略，增大财政投入，发挥科技创新对现代农业的驱动作用。多年来，政府财政对农业科技的投入不断加大，农业科技贡献也在持续增长。但总体来看，与已经实现农业现代化的发达国家相比，仍有很大差距，农业科技创新对现代农业发展的引领作用尚没有明显发挥出来。

首先，农业科技投入强度低且结构不合理。以2016年为例，中国农业科技投入占农业增加值之比约为0.65%，与发达国家有很大差距，甚至不及全球平均水平。从农业科技投入的来源构成看，中国农业科技投入主要为财政资金，2016年，财政资金占全国农业科技总投入的比重将近90%，而美国早在20世纪90年代中期企业对农业科技投入的比重就达到60%。中国私人部门对农业科技投入的积极性不够，既显示财政的引导和带动作用不强，也反映传统农业占主体地位的情况下，对科技创新的需求不旺。从农业科技投入的用途构成看，农业科技投入中用于人员劳务支出的经费过低，2016年全年农业院校及农业科研机构科研人员劳务费占R&D经费的比例约为39.4%，远低于发达国家的水平，如法国农业科学院这一比例约为74%。

其次，农业科技创新成果供需结构失衡。为解决农产品短期问题，中国传统农业以追求产量扩张为主要目标，农业科技创新也主要围绕促进农业增产开展。在全面建设小康社会的新时代，现代农业发展已经由追求量的扩张向提质增效转型，但农业科技创新在绿色生态、提质增效等方面却存在供给短板，难以发挥科技创新对现代农业发展的引领和促进作用。同时，我国在农业基因、良种培育等方面许多关键核心技术仍未掌握，约有60%以上的农业技术滞后于国际先进水平。

最后，农业科技成果转化率低。由于中国尚未形成产学研用联动的体制机制，农业经营主体与研发机构缺乏有效协作。作为科技创新利用终端的农民受教育程度偏低，接受过农业技能和经营管理培训的职业农民数量较少。而中国农业技术人员配置比例又偏低，农业科技人员与农民的比例约为 1∶1000，相比较，发达国家这一比例高达 1∶100。这就使即使已经取得的农业科技创新成果，由于末端技术脱敏，难以真正发挥实际应用效果。据测算，中国农业科技成果转化率为 30%—40%，而发达国家农业科技成果转化率约为 80%，低了一半以上。同时，在中国，已经转化的农业科技成果普及率也低至 30%—40%，大部分已经转化的农业科技成果并没有在生产经营实践中得到有效利用。

正是基于上述原因，中国农业科技创新对现代农业发展的引导和支撑作用存在不足，农业科技进步对农业产值的贡献率到 2017 年约为 57.5%，与已经实现农业现代化的发达国家相比具有较大差距。比如美国农业科技进步贡献率超过 80%，比中国高出 20 多个百分点。

（三）促进现代农业发展的财政支持保护补贴政策有待完善

随着全面小康社会建设的深入，人民的生活水平逐步提高，对优质农产品需求上升，迫切要求进行农业供给侧改革，促进传统农业向优质高效的现代农业转型。2015 年以来，国家以农业"三项补贴"政策改革为核心，按照产出高效、产品安全、资源节约、环境友好的发展方向初步形成促进农业转型升级的财政政策体系。按照农业支持保护补贴政策的目标设计，农业支持保护补贴政策以绿色生态为导向，重点支持耕地地力保护和粮食适度规模经营。但是，从现有实施机制看，存在极大的政策目标偏差风险，亟待进一步改革完善。

第一，耕地地力保护政策的实施机制存在政策目标偏差。耕地地力保护政策对所有拥有耕地承包权的农民直接发放财政补贴，但对于农民是否将补贴用于农业生态资源保护缺少有效的引导、落实和甄别机制。在大部分承包土地仍由传统家庭农户分散兼业经营的情况下，很难指望他们将资金和精力投入秸秆还田、测土配方施肥、增施有机肥、病虫害绿色防控等绿色生态农业生产活动中。而且，即使农户把承包的土地经营权转让出去，但按耕地承包权发放耕地地力保护财政补贴的实施机制很容易产生承包农户对生产性补贴的"截留",使实际经营者无法获取补贴收益而实施耕地地力保护之责。

第二,落实农业适度规模经营政策存在体制机制制约。近年来重点通过支持建立完善农业信贷担保体系,提高新型农业经营主体信贷能力以撬动更大的资金用于规模经营。无疑,这一政策的出发点是非常好的。但是,由于尚未形成土地经营权作为合格抵押品被资金借贷双方及土地承包权人共同接受的机制,农业经营主体所掌控的土地这一最主要生产要素的用益物权难以充分实现,新型农业经营主体的信贷能力受到极大约束,无法通过土地经营权抵押获取信贷资金。调研中发现,一些涉农信贷机构由于担心风险,在农业信贷担保机构承诺利息担保甚至本金部分担保的情况下,仍不愿意向新型农业经营主体放贷,制约了新型农业经营主体规模扩张的能力。

第三,农业支持保护补贴政策的绿色生态导向仍需加强。由原有的农业三项补贴政策整合而成的农业支持保护补贴政策,强调绿色生态导向,但从政策内容看,现有的农业绿色生态引导和补偿政策主要以区域试点或针对个别品类实施,政策范围小、政策强度弱,没有形成具有普适性、持续性的绿色生态农业支持引导政策机制。更主要的是,尚未建成一套绿色生态农业标准化体系、农产品质量安全追踪体系、绿色生态农产品品牌培育和品牌保护体系等多体系联动机制,也就无法形成质优价高的绿色生态农产品市场机制,不利于引导生产要素向绿色生态农业集聚。在传统家庭农户分散化经营仍占主体地位的情况下,由于分散经营的传统家庭农户既缺少绿色生态农业的生产意识,也缺少相应的生产经营技能,且在兼业农户普遍的情况下,缺乏绿色生态农业精细化管理所需要的时间与精力保障。因此,如何立足质优价高的市场机制,发挥财政政策的引导和示范作用,促使新型农业经营主体和传统家庭农户形成共融共生共享的利益机制,至关重要。

第四,财政补贴政策对现代农业风险保障体系建设缺乏有效支持。为保证现代农业持续稳定经营,分散和降低农业经营者面临的生产经营风险,建立完善的现代农业风险保障体系必不可少。由于农业的脆弱性、农产品价格的季节波动性和粮食安全的全局性,现代农业风险保障体系的建设需要财政的引导和支持。但是,由于缺乏财政补贴政策的有效支持,我国现代农业风险保障体系还很不完善,难以适应传统农业向现代农业转型升级的需要。一是在产前环节的土地要素产权纠纷风险。由于尚未形成完善的农业用地流转机制,依托土地集约化经营成长起来的新型农业经营主体面临土地要素产权纠纷风险,要求财政对农村土地要素流转平台的建设和运转提供有效支持。二是在生产环节的自然灾害风险。为减少农业经营主体的自然灾害损失,分散农业经营管理风险,国家建立财政支持的农业保险大灾风险分散机制,对符合条件的农业保险保费予以财政补贴。但是我国农业保险存在费率定价和区域差异化管理粗放、财政农业保险补贴支出效果差、农业保险财政补贴险种不丰富、农民由于兼业现象严重对农业保险投保的内生动力不足等问题,农业保险体系尚不完善,难以支撑现代农业发展需要。三是在产后环节的市场风险。目前,国家对主要农产品按品种采用市场化定价加生产补贴和保护价收购两种模式应对市场风险。由于保护价收购属于WTO的黄箱政策,因此,市场化定价将是未来农产品价格的主要形成机制。在此背景下,建立农产品价格保险制度非常必要,然而目前农产品价格保险险种少、覆盖范围窄,尚处于试点阶段,难以适应未来发展趋势的需要。四是农业经营主体破产救助制度尚未建立。我国农村扶贫和农村社会救助主要是针对传统家庭农户生产生活困难采取的救助措施,但对于新型农业经营主体因经营失败可能面临的破产风险缺乏必要的救助制度,难以适应现代农业发展需要。

二 农业生产条件建设滞后阻碍资本向农业集聚

包括农业基础设施和农业机械等生产资料在内的农业生产条件是现代农业发展的物质基础。加强财政投入,改善农业生产条件,能有效地降低农业投资成本,提高农业经营效益和农业资本回报率,促进资本向农业集聚。但是,受历史和现实因素影响,支撑现代农业发展的物质生产条件建设滞后,阻碍了资本向农业集聚。

(一)农业基础设施建设滞后

党的十一届三中全会以后,随着人民公社制度的解体和农村土地承包到户,国家对农民参与农业基础设施建设的动员能力逐步下降,但农村基层组织和农民作为农业基础设施建设主体的制度坚持了下来,农业基础设施建设主要依赖农村基层组织和农民筹资筹劳、政府给予资金支持。受国家城市偏向发展战略的影响，政府对农业基础设施建设的支持力度下降，到20世纪90年代中期，农业基本建设投资在国家基本建设投资总额中的比例仅占3.1%。而农民由于承担了农村公共品供给的主要责任，负担沉重，对农业生产和农业基础设施建设的投资积极性下降，农业基础设施薄弱成为当时农业发展面临的突出问题。为加强农业基础地位，"十五""十一五"时期，国家加大水利建设力度，但主要投向大江大河治理和大型水利工程，真正用于农田水利建设的比例较低。而且，各级政府在农业基础设施供给上的利益诉求不同，在信息不对称条件下，也导致农业基础设施供给存在错位、缺位等不合理状况。比如，粮食安全事关国民经济发展、社会稳定和国家自立等全局性问题，但对于地方政府来说却存在道德危机，在耕地保护、土地治理等方面与中央政府存在目标偏差；由于农业经营对GDP贡献度小，面对以GDP为主的考核体系，地方政府更愿意将基础设施供给向非农领域倾斜，尤其愿意将有限的财政资源供给到有利于显示其政绩的基础设施上，从而使中央政府与地方政府在考核内容和考核指标设计上面临博弈，诸如此类，不一而足。

正是由于政府对农业基础设施建设的历史欠账多，2004年以后，虽然历次中央一号文件都强调加强农业农村基础设施建设，政府围绕农田水利、高标准农田、耕地保护、生态保护等基础设施项目也不断加大投入，但农业基础设施仍然薄弱，滞后于现代农业发展需要。到2017年年底，全国保有耕地20.23亿亩，保持了基本稳定，但根据统计数据，除2013年外，耕地连年下滑的趋势仍未止住，农村"空心村"、废弃耕地、乱占耕地的现象仍然存在，农村土地综合整治仍需加强（见表6-7）；全国耕地灌溉面积101724万亩，仍有约一半的耕地得不到有效灌溉，农作物因洪涝干旱有将近一半受灾面积演变为成灾面积，靠天吃饭的现象仍未得到根本改观[①]。到2018年年底，高标准农田建设累计完成5.6亿亩，不到全国耕地面积的30%，距离落实"藏粮于地"的理念仍有差距，国家粮食安全和农业发展基础尚不牢靠[②]。

---

① 数据根据中华人民共和国水利部发布的《2017年全国水利发展统计公报》测算。
② 中华人民共和国农业农村部：《全国新增高标准农田面积超八千万亩》，http://www.moa.gov.cn/ztzl/2018zyncgzhy/pd/201901/t20190102_6165891.htm。

表 6-7　　　　　　　　2009—2017 年农村耕地变动情况

年份	2009	2010	2011	2012	2013	2014	2015	2016	2017
耕地面积（万亩）	203100	202902	202858	202738	202745	202586	202498	202381	202300
减少幅度（‰）	—	−0.975	−0.217	−0.592	0.035	−0.784	−0.434	−0.578	−0.4

资料来源：根据《中国国土资源统计年鉴》（2010—2017）整理；"国家统计局农村司首席统计师侯锐解读粮食生产情况"，http://www.stats.gov.cn/tjsj/sjjd/201812/t20181214_1639543.html。

（二）农业机械化水平与农业现代化要求存在差距

农业机械化是农业现代化的重要标志和主要支撑。国家 2004 年以来实施的农机补贴政策对加快农业机械化起到了重要的引导作用。但是，截至 2018 年，全国仅小麦生产基本实现农业机械化，主要农作物耕种收综合机械化率约为 68%，农业机械化水平还有很大的提升空间。而且，在城镇化、工业化、信息化和农业现代化同步推进的背景下，农业机械化还面临着转型升级压力。据统计，农用机械总动力持续增长到 2015 年的 111728.1 亿瓦后，2016 年不增反降，出现微调（见表 6-8）。

表 6-8　　　　　　2004—2016 年中国农业机械拥有情况

年份	农用机械总动力（亿瓦）	大中型拖拉机（台）	小型拖拉机（万台）	大中型拖拉机配套农具（万部）	联合收获机（台）
2004	6402.8	1118636	1454.9	188.7	410520
2005	6839.8	1395981	1526.9	226.2	480378
2006	7252.2	1718247	1567.9	261.5	565578
2007	7659.0	2062731	1619.1	308.3	633784
2008	8219.0	2995214	1722.4	435.4	743474
2009	8749.6	3515757	1750.9	542.1	858372
2010	9278.0	3921723	1785.8	612.9	992062
2011	9773.5	4406471	1811.3	699.0	1113708
2012	10255.9	4852400	1797.2	763.5	1278821
2013	10390.7	5270200	1752.3	826.6	1421000
2014	10805.7	5679500	1729.8	889.6	1584600
2015	111728.1	6073000	1703.0	962.0	173.9
2016	97245.6	6454000	1671.6	1028.1	190.2

资料来源：根据《中国农村统计年鉴》（2005—2017）整理。

事实上，在全国农业机械化还有很大提升空间的背景下，农用机械总动力中途下降，正是农业机械化转型升级的一种表现。观察表6-8可以发现，大中型拖拉机、大中型拖拉机配套农具、联合收获机都保持了持续增长，但小型拖拉机出现了一定幅度的下降，说明随着农业产业化、规模化经营扩大，对大中型农机设备需求加大，而主要适用于小规模农户的小型拖拉机需求下降。为适应现代农业发展需要，农业机械化在供给端存在机械设备有效供给不足，产能过剩和适需产品断档并存、农机农艺融合度不高等问题；需求端由于农户分散经营、土地集约化水平低、基础设施建设不配套等面临着"下田难、作业难、存放难、保养难"等问题。因此，需要找准问题，靶向瞄准，化解农业机械化面临的水平提升和质量升级双重压力。

（三）农业经营主体参与农业基础设施建设的动力不足

农业经营主体参与农业基础设施建设与否，主要取决于付出的建设成本与取得的农业经营收益大小。前文已经分析，近年来，由于农业经营成本效益低下，从事农业经营无利可图或只能获得较低的利润水平，且波动较大（见表6-2）。因此，作为理性的农业经营主体当然不愿参与农业基础设施建设。国家为鼓励农户参与农业基础设施建设，设计了"一事一议"奖补制度，相对地降低了农户参与农村基础设施供给的成本。但是，"一事一议"奖补制度对农户有较高的组织能力要求，随着农业剩余劳动力选择务工经商的比例越来越高，组织实施"一事一议"给农户带来不便，需要较高的遵行成本；而且，在家庭分散经营的情况下，土地碎片化，增加了"一事一议"的决策难度；另外，农业剩余劳动力务工经商能够带来更高的非农业收入，参与"一事一议"的意愿更低。因此，"一事一议"制度运行不畅，使小型农田水利等农业基础设施供给的"最后一公里"问题凸显。

当然，作为新型农业经营主体，获取收入的主渠道就是农业，而且具有更高的经营管理水平，因此能够取得相对较高的经营收益，对参与农田水利等农业基础设施建设理应具有更高的意愿。但是，由于诸多原因，新型农业经营主体的需求并未得到有效释放。一是由于农村存在金融抑制问题，使新型农业经营主体参与农田水利等农业基础设施建设面临融资困境，在自有资金不足的情况下，就会降低对农业基础设施的有效需求；二是家庭承包土地出租的农户中，有超过 1/3 面积的转让土地并未签订正规的转让合同，使租入农业用地的新型农业经营主体权益得不到有效保障，不愿意投资回收期长的农业基础设施建设（见表 6-1）；三是传统农户与政府之间在农业基础设施建设中遇到的信息沟通问题，新型农业经营主体也会遇到，而信息沟通的不畅，也会使新型农业经营主体对农业基础设施的需求得不到有效释放。

第三节 农村生活性公共品供给存在的问题分析

农村的经济发展需要以农业现代化作为支撑，而农业现代化的发展要求资本不断向农业集聚。随着农业现代化的不断推进和农业生产效率的日益提高，农业现代化需要更广阔的市场和更完善的社会化服务体系支撑，这些都需要农村生活性公共品（如农村电力、乡村道路交通、生态环境、邮电通信、人畜饮水设施等）为其提供有效保障。而从属性上看，该类公共品具有地域依附度高、不能随人口向域外转移的特点，即在人口相对稀少的农村，过于密集的供给该类公共品必然造成稀缺公共资源的闲置和浪费，而过于稀疏的供给该类公共品又会导致农民享受该类公共品的成本上升。因此，提高该类公共品供给效率的首要前提是重视城乡空间规划，在合理规划的基础上配置相应的公共品，防止因为供需不适配导致的资源闲置和供给不足。

一 乡村规划管理滞后制约公共品集聚效应的发挥

随着国家城市偏向战略向城乡一体化发展战略的转变，国家对乡村规划的重视程度逐步增强，尤其是《中华人民共和国城乡规划法》的实施，首次从法律层面上确立了乡村规划的基础。但是，乡村规划存在村庄布点规划滞后、编制内容可适度差、乡村规划软约束等一系列问题，严重滞后于新农村建设的需要，对于合理配置农村基础设施，协调农村公共品普遍供给和集聚效应发挥，促进城乡一体化发展产生了阻碍作用。

（一）村庄布点规划滞后

村庄布点规划是编制村庄规划的基础，但是，推行家庭联产承包责任制以后，农村土地集体所有权实质上被分割在各个村民小组，行政村作为名义上的集体所有制代表没有能力整合、规划、引导各个自然村落的布局，而囿于农村土地"三权分置"改革仍属于试点推广阶段，尚未完成《土地管理法》的修订，农村土地流转渠道不畅，且仅限于农村生产用地和经营性建设用地经营权的流转，尚未形成有效的农村土地流转机制和利益分配机制，乡镇政府乃至县级政府对跨村域的行政村整合、中心村布局面临动力不足和法律政策支持不力的局面，更遑论协调布局乡村生产、生活、生态空间。这些制约因素的存在，使诸多村庄布点规划要么不被重视，尚未编制，要么流于形式，无法实施。村庄布点规划滞后，村庄自然无序的分布状态，一方面导致农村人口过于分散，不利于提高农村公共基础设施的配置效率，进而因供给绩效过低形成供给缺位，另一方面随着城乡一体化的推进，在农村人口向城镇流动加速和政府财政向农村公共基础设施投资加大的双向作用下，容易产生公共品配置的越位与错位，造成财政资源的浪费。而两方面的因素叠加，使农村生活性公共品配置在缺位、越位与错位之间进退维谷，从而也凸显乡村规划在推进新农村建设中的先导性和重要性。

（二）村庄规划编制内容可适度差

在缺少村庄布局规划指导的情况下，由乡镇政府主导编制，在取得村级组织和村民同意基础上形成的村庄建设规划，从形式上看，又主要分为两种：一种是依托原有的自然村格局编制。但自然村落人口相对分散，摊薄了生活性基础设施的供给效率，一般难以获得必要的财政支持，使规划编制的内容不能落到实处。而且，在现实中，由于依托原有自然村布局编制的规划缺少适度超前性，不能适应农村人口流动和需求层次上升的要求，容易导致公共基础设施废置，浪费本就稀缺的财政资源。另一种又倾向于简单的农村规划城镇化，模仿城镇规划布局搞乡村建设，过于超前，农民一时难以接受，在土地制度及政府政策上也缺少必要支持，导致适用性差。在乡村振兴的大背景下，根据不同村庄的发展现状、区位条件和资源禀赋等分类编制乡村规划，支持和引导新农村建设，非常必要。但从农村现有的规划水平看，既缺少相应的技术人才和经费支持，又对土地制度、公共基础设施供给体制等产生强烈的变革要求。因此，要增加乡村规划的适应性，需要县乡两级政府的强力干预和引导，同时要发挥村级组织和农民的主动性，实现各主体的利益共振，才能真正编制出适应新农村建设需要的乡村规划。

（三）乡村规划软约束

受历史条件和发展水平的影响，广大乡镇一级政府缺少明确的规划机构和专业技术人员指导、管理和监督乡村规划工作，致使乡村规划管理薄弱。主要表象是乡镇一级长期缺少科学的村庄布局规划，村庄规划主要依靠村民自治，村庄宅基地和其他建设用地规划刚性约束不强，政府管理较为粗放。近年来，随着政府财政对乡村道路和其他基础设施建设投入的增大，村民为出行方便和更好地享用公共基础设施，常常突破原有的村庄建设规划用地，甚至占用耕地，沿路建设住宅。农村集体土地在实践中一般以村民小组为最小隶属单位承包至各个家庭，因此，村民即使突破原有村庄规划的范围，但所建住宅仍在本村组拥有的承包地中，即基本保持原有自然村居民构成的基础上就地组团形成新村。而且，新村建成，原有住宅又没有及时拆除复耕，形成大量"空心化"的旧村，一户一宅的规定也形同虚设。同时，自1984年以来，农村土地承包权保持了稳定，未做调整，但也没有形成基于市场化的农村土地流转机制，农村承包土地尤其是宅基地等建设用地即使流转，也主要是基于熟人社会在本村组内部流转，使部分存在多个住宅需求的村民家庭无法取得合适的住宅用地建设住房，制约了村民改善住房需求，"一户一宅"的保障也无法落实。基于上述分析，可以发现，由于农村土地承包权长期固化又没有形成市场化的土地流转机制，加之乡村建设规划管理薄弱，规划软约束，使"一户一宅"的法律规定得不到刚性执行。在乡村振兴背景下，集约化使用农村建设用地需要乡村规划，适度集聚乡村人口增加公共基础设施供给效率需要乡村规划，保护农业用地乃至耕地需要乡村规划，满足村民住房升级也需要乡村规划。总之，振兴乡村，建设社会主义新农村，需要乡村规划的刚性约束和引导。

二　农村道路交通面临提质增效压力

为推进城乡一体化，加快城乡道路交通互联互通，政府财政加大农村道路基础设施建设，农村道路交通建设取得了长足进步，成效显著。但是受农村道路建设资金需求大、农村人口外流压力大、乡村规划滞后、农村交通消费升级等诸多因素叠加影响，农村道路交通又滋生出道路建设低质低效及维护管理难、客运服务成本补偿压力大等突出问题。提质增效，成为农村道路交通供给面临的新挑战。

（一）农村道路建设面临普惠性与低质低效矛盾

在国家财政的强力推动下，农村道路硬化工程（水泥路、柏油路）由"村村通"，到"通村通组"，再到"通村达户"，极大程度上实现了普惠共享。随着普惠范围的扩大，势必要求大幅增加投资额。但是，按照农村公路建设的现行财政补贴标准，各省财政每公里乡村道路补助资金一般在20万元以内，超标准部分主要由县乡财政负担，给基层财政造成较大压力。在资金规模有限的情况下，降低工程技术标准成为摊薄成本的重要方式。因此，在农村道路中占比高达55%以上的村级道路，绝大部分都是按照《乡村道路工程技术规范》4.5米的最低标准设计路面宽度，有些村道路面宽度甚至只有3.5米（见表6-9）。单车道基本成为村道的标配，甚至有些乡道也采用4.5米的最低标准设计路面宽度，给村民交通出行带来不便。尤其是随着村民交通工具的消费升级，小汽车在农村已不是稀罕之物，过窄的道路设计既不便通行，也存在很大的安全隐患。在重要节假日，遇上以农民工为主体的乡村有车族返乡探亲高峰，很易为乡村道路"添堵"，春节"村堵"早已是几年前的新闻[①]。因此，科学规划乡村道路，继续加大乡村道路建设投资，根据农村居民消费升级的趋势合理超前设计，方能适应村民美好生活的需要。乡村道路规划的重要性还体现在应根据农村居民向城镇迁徙的态势提前做好道路规划，为符合规划的农村居民集聚区域设计更加高标准的道路，既有利于引导农村居民集中居住，又避免道路建设

---

① 梁波、李东阳、周洪攀：《春节"村堵"：被转移的城市病》，http://auto.ifeng.com/pinglun/20160215/1053095.shtml。

无规划造成低效利用。尤其涉及村庄内部道路，随着村民外迁，出现很多"空心村"，如何加强规划，提高道路利用效率更加紧迫。

表 6-9　　　　　　2013—2017 年农村道路里程及结构　　　单位：万公里、%

年份	农村道路*	县道	乡道	村道	村道在农村道路中占比
2013	378.48	54.50	109.00	214.74	56.74
2014	388.16	55.12	110.63	222.45	57.31
2015	398.06	55.33	111.46	231.31	58.11
2016	395.98	56.21	114.72	225.05	56.83
2017	400.93	55.07	115.77	230.08	57.39

资料来源：交通运输部：《交通运输行业发展统计公报》（2013—2017），http://zizhan.mot.gov.cn/zfxxgk/；农村道路里程数与所属的县道、乡道和村道的加总数不一致，系所公布的统计数据误差所致，误差范围小于 0.5。

（二）农村客运服务总体发展滞后

与政府长期将城镇客运服务纳入公益范围不同，农村客运服务公益属性尚未形成清晰定位。各地提升农村客运服务水平的路径也各不相同，有的地方采用延伸城镇公交客运服务线路的办法，促进城乡客运服务一体化；有的则单独开通农村客运服务线路；有的则两种方式交叉运用。而不同的农村客运方式面临的责任部门和财政支持政策也大相径庭，导致农村客运服务总体发展滞后，城乡公交客运服务不平衡问题显著。主要表现在：

一是农村客运基础薄弱。虽然绝大部分农村都实现了通水泥（柏油）路，但以乡村级道路占主体的农村道路建设标准低，路面狭窄，不利于客运车辆通行，开通客运线路尚且勉强，定时定点的公交线路纯属奢谈（农村道路结构见表 6-9）。尤其在中西部欠发达的农村地区，客运站点建设也相对滞后，这就导致即使有客车通行的行政村，但未必设有招呼停车站点，村民往往望车兴叹。

二是农村客运效益差。由于农村青壮年劳动力大量外流，留守本地的妇孺儿童活动半径小，因此，农村客运需求会随人口流动呈现季节性起伏。而且，农村居民仍以自然村落为主分散居住，要就近上车必然要求增设站点，增加服务成本。同时，农村道路路面窄，路况较差，也增加了农村客运的安全运行成本。正是由于乡村客运线路客流不稳定、服务成本高，农村客运大多效益较差，处于保本微利甚至亏损状态。

三是农村客运服务水平低。由于农村客运效益较差，而城乡均等化的客运公交财政补贴机制尚未形成，农村客运财政补贴水平较低，难以保证稳定的经营利润，因此，对社会投资的吸引力较差，加之运营管理机制僵化，导致农村客运服务水平低。主要表现为运输设备陈旧、定时定点遵守度低、服务态度差等，给农民出行带来不便，农村交通阻梗的"最后一公里"问题仍然突出。

（三）农村道路养护管理难的矛盾仍较突出

2016年，随着《农村公路养护管理办法》（交通运输部令2015年第22号）的实施，农村公路重建设轻养护、养护管理难的问题有望得到缓解，但矛盾仍较突出。主要表现为：一是从管理体制看，虽然确立了"以县为主、分级负责、群众参与、保障畅通"的养护管理体制，明确县级政府对农村公路养护管理负有主体责任，农村乡镇大多也成立了类似农村公路管理所这样的机构，但村级公路养护管理机构的设置和人员构成仍无明文规定，在实践中往往难以落地，从而陷入空转，而村级公路事实上又占农村道路里程的55%以上，任务繁重。二是从养护资金来源看，包括各级地方人民政府安排的财政预算资金、中央补助的专项资金、村民"一事一议"筹集资金及社会捐助四个方面，尚未将农村公路养护资金及管理机构运行和人员经费全额纳入一般公共财政预算。由于村民"一事一议"存在决策困难，社会捐助难以形成稳定来源，因此，农村公路养护势必主要依靠各级财政供给资金。但是，姑且不论县乡财政预算，仅从省级人民政府安排的养护资金财政补助标准看，县道每年每公里不低于7000元、乡道3500元、村道1000元，显然，约占农村道路55%以上的村道、85%以上的乡村两级道路补贴标准过低，不利于保障乡村道路养护质量。三是从养护管理看，乡镇成立的农村公路管理所人员编制构成主要在乡镇现有人员中配备，缺少专业技术人员，而占农村公路大部分的村道养护更是依靠毫无技术背景的"群众参与"完成，难以保证养护质量。

三 农村环境恶化与人居环境治理低水平的矛盾突出

随着全面小康社会建设的深入推进，各级政府以美丽乡村建设为导向，加大农村环境治理投入，使农村环境由放任自流到综合治理，农村人居环境得到了较大改善。但是，随着农村居民物质生活水平的提高，生活垃圾污染排放更趋严重，加之生产污染的叠加影响，农村生活环境加剧恶化，而农村环境治理体系本就起步晚、水平低，给农村人居环境治理带来严峻的挑战。

（一）农村生活源污染仍然突出

近几年，随着各级政府对农村人居环境治理工作的重视，生活垃圾随处堆放，垃圾围村、堵河的状况得到了缓解，人居环境得到明显改善。但是，农村生活源污染仍然突出，除了烧柴做饭、旱厕使用等传统生活方式对环境的污染外，农村居民生活水平的提高和生活方式的改变，也带来了更多的垃圾排放。比如，过去家庭散养家畜、家禽能够消耗掉大量的残羹剩饭，禽畜排泄物作为农家肥循环利用，植物秸秆作为饲料也被大量消耗，但是，现在青壮年农民大量外出务工经商，妇女老弱留守农村，基本不再从事家庭养殖，从而产生大量的生活垃圾和生活污水。再比如，随着人们生活水平的提高，肉畜、肉禽消费量大幅提高，也带动了农村养殖业的发展，禽畜养殖废弃物排放也成为农村生活污染的重要来源。据统计，2015 年全国农村分别产生 1.2 亿吨生活垃圾和 130 亿吨生活污水[1]。但是，农村排污管网、垃圾处理、卫生厕所等排污治污设施的规划建设在绝大部分地区都不完善，远不能满足排污需要，给环境治理带来巨大挑战。

（二）生产污染的叠加影响加剧农村生活环境恶化

除了生活垃圾和生活污水等生活源污染对农村环境的影响外，生产污染的叠加影响进一步加剧了农村生活环境的恶化。主要表现为：传统的农业面源污染状况仍没有有效遏制，农药、化肥综合利用率仍然不高。尤其由于农业剩余劳动力向城镇转移，留守人口以妇孺老弱为主，过去依靠劳动力田间操作维持产量的传统做法难以为继，反而加大了农药、化肥使用量，导致更加严重的农业面源污染。据统计，2016 年，全年使用化肥 5984.1 万吨、农用薄膜 260.3 万吨、农药 174 万吨，总体使用量与 2015

---

[1] 环境保护部环境与经济政策研究中心：《农村环境保护与生态文明建设》，中国环境出版社 2017 年版。

年相比，化肥仅下降0.6%、农药下降2.4%，而农用薄膜用量持平[1]。此外，随着城镇化、工业化的推进和城镇产业结构的升级，以高污染、高耗能、高耗水"三高"企业为主体的低端产业逐步向农村转移，给农村环境带来沉重压力。再者，根据《关于推进农业废弃物资源化利用试点的方案》（农计发〔2016〕90号），全国畜禽每年排泄粪污38亿吨，综合利用率不到60%；病死生猪每年约6000万头，只有小部分进行了集中无害化处理；每年未利用农作物秸秆约2亿吨；每年使用农膜200多万吨，当季回收率不足2/3。巨量的农业废弃物未经无害化处理，随意堆放、焚烧，严重影响农村生态环境。

（三）农村环境治理体系建设滞后

改革开放40余年，农村经济社会发展取得巨大进步，已经由温饱向全面小康社会转型。但是，由于思想认识的误区，农村环境治理长期并未得到重视，导致农村环境治理体系建设一直滞后于农村社会经济发展。主要表现为：一是农村环境治理的法律体系建设滞后。涉及农村环境治理的法律体系长期处于空白状态，《固体废物污染环境防治法》虽然从其1995年诞生起就有规范农村生活垃圾污染环境的条款，但又明确具体办法由地方性法规规定。直到2014年修订《中华人民共和国环境保护法》时增加了农村环境保护的条款，才真正确立了农村环境治理的法律基础，但是内容仍较笼统。二是农村环境治理的行政体系建设滞后。长期以来，农村环境治理主要依靠村民自治。乡镇政府由于缺少经费和专门的环境管理机构，导致县级环保管理机构对乡村环境监管产生信息阻断。而且，由于农村环境污染由农业、工业和生活污染叠加产生，涉及面广，来源分散，仅靠县级环保管理机构必然顾此失彼，农村环境治理缺少一个信息畅通、上下联动的行政管理体系。三是农村环境治理基础设施建设滞后。最近几年，随着中央对农村环境治理的重视，农村环境基础设施建设取得一定成效，大部分农村建有垃圾集中处理点，污水处理设施的覆盖面也在逐步扩大。但是，到2016年年底，尚有35%的建制村生活垃圾未经处理，78%的建制村生活污水未经处理，约20%的农村家庭没有使用卫生厕所，农村生活污

---

[1] 国家统计局农村社会经济调查司：《中国农村统计年鉴（2017）》，中国统计出版社2017年版。

水处理率仅为 10%[①]。

四 农村收费型公共基础设施面临普遍供给压力与成本补偿困境

农村收费型公共基础设施供给主要包括农村供水（这里主要指饮用水）、供电、邮电通信等公共基础设施供给。它们具有规模效应，但又具有技术可分性和较高的排他性，因此可以通过收费实现一定的成本补偿。在全面建设小康社会过程中，国家通过财政补贴引导企业加大对农村收费型公共基础设施建设的投入，促进了农村供水、供电、邮电通信等公共基础设施的普遍供给。但是农村受发展水平、人口转移、消费升级、地理环境等多种因素叠加影响，收费型公共基础设施普遍供给与提质增效矛盾交织，面临复杂的成本补偿困境。

（一）普遍服务供给压力依然存在

受复杂的地理环境和发展水平滞后等影响，农村地区尤其是边远地区和集中连片贫困地区，农村收费型公共基础设施供给压力依然存在，阻碍了全面小康社会的建成。

从农村人畜饮水看，大部分农村地区只是解决了用水难的问题，饮水安全的隐患仍较突出。据环境保护部水源地抽样调查结果，2015 年农村饮用水水源地水质总体达标率为 71.6%，部分水源地周边仍分布着污染企业[②]。对于农村自打水井等分散取水的情况，由于生活垃圾、污水形成的污染源分布散乱，饮水安全更难保障。到 2017 年年底，尚有约 20% 的村庄未开通自来水，约 15% 的人口未采用集中式供水[③]。

从农村电力供应看，我国农村电力供应仍存在广泛的区域差异和城乡差异，农村供电普遍服务仍待加强。主要表现为：西藏、新疆以及四川、云南、甘肃、青海四省藏区农村电网仍未实现农牧区用电全覆盖；国家扶贫开发工作重点县、集中连片特困地区以及革命老区电压不达标、架构不

[①] 夏训峰：《治理生活污水 补齐美丽乡村短板》，http://news.gmw.cn/2018-07/08/content_29733623.htm。

[②] 环境保护部环境与经济政策研究中心：《农村环境保护与生态文明建设》，中国环境出版社 2017 年版。

[③] 中华人民共和国水利部：《2017 年全国水利发展统计公报》，http://www.mwr.gov.cn/sj/tjgb/slfztjgb/201811/P020181127423264983916.pdf。

合理、不通动力电等问题依然存在，电力普遍服务水平仍待提升；中部及部分西部地区城乡供电服务差距仍然明显，东部地区城尚未实现城乡供电服务均等化，亟待提高农村电气化水平[①]。

从邮电通信服务供给看，农村偏远山区、集中连片特困地区以及革命老区仍是农村邮政、通信普遍服务的短板，邮政、通信"村村通"未实现全覆盖，到2018年年底，仍有超过1个百分点的建制村未直接通邮[②]；2%的建制村未通光纤，5%的贫困村未通宽带[③]。同时，邮电通信等农村收费型公共基础设施普遍供给具有鲜明的时代性，在全面建成小康社会的攻坚阶段，农村居民对新时代美好生活的向往，要求普遍服务应不断提质增效，实现更高水平的供给。

（二）提质增效面临成本补偿困境

随着农村居民收入水平的提高，消费升级要求提高农村生活性公共基础设施的供给水平。但是，由于乡村规划的滞后和农村居民居住分散，加之农村人口向城外转移，给农村公共基础设施的提质增效带来成本压力，农村公共基础设施供给面临着进退两难的境地。

从农村人畜饮水安全看，由自来水公司集中供水，饮水安全更有保障。但是，在实践中，由于乡村规划滞后，居民居住分散，给集中供水管网建设和维持运营带来更大的成本压力。同时，农业剩余劳动力向城镇大量转移，加之生活习惯和出于用水成本的考虑，呈"候鸟式"居家生活的农民不愿意使用自来水集中供水，进一步加大了维持运营成本。由于运行成本难以有效摊薄，建成的自来水公司无法运转。课题组在安徽调研中，就遇到这种"家家户户通管道，一年四季不流水"的奇怪景象。尤其是随着农村人口转移和集中居住趋势的增强，分散居住的村庄加速消失，这种暂时性的停用甚至变成永久的废置，造成公共投资的浪费。

从电力供应看，同样面临着服务升级和成本摊薄的困境。农民生活水

---

① 《国务院办公厅转发国家发展改革委〈关于"十三五"期间实施新一轮农村电网改造升级工程意见的通知〉》(国办发〔2016〕9号)。

② 刘育英：《中国2019年基本实现全国建制村直接通邮》，http://www.chinanews.com/cj/2019/01-16/8730548.shtml。

③ 王政：《全年电信业务总量预计增长140% 贫困村通宽带比例达95%》，《人民日报》2018年12月28日第9版。

平的提高，带动家电消费的升级，对供电的可靠性和电压的稳定性具有更高的要求。同时，随着乡村振兴计划的实施，农业现代化和涉农产业发展也要求农村电力基础设施升级改造。但是，乡村规划滞后导致人口居住分散，必然增加农村电网建设维护成本。而农业剩余劳动力的转移，加上农村留守人口以老弱妇幼为主，电力消费能力有限，势必影响农村电力基础设施升级改造和运行成本的摊薄。在财政补贴有限的情况下，就会挫伤社会资本参与农村电力基础设施建设的积极性。若财政加大对农村电力基础设施升级改造的支持力度，而对农村人口转移和集中居住不预先做好规划引导，随着分散居住的村庄加速消失，必然会造成电力基础设施的闲置和公共投资的浪费。

从邮电通信服务供给看，随着农民生活水平的提高和现代农业发展，带动农民生活方式的改变和互联网＋农业的兴起，对农村快递行业产生了巨大需求，传统的邮政普遍服务难以适应需要；当然，随着农民生活水平提高和城乡人口流动的加速，在城镇即将推出5G服务的新时代，还在为普及宽带而努力的农村更显示出电信服务提质增效的迫切性。同样，由于乡村规划的滞后和人口居住的分散，给邮政快递业务向农村的延伸以及光纤铺设和移动站点建设也带来成本压力。而对邮政快递和移动通信消费能力强的青壮年人口大部分转移到城镇务工经商，留守农村的老弱妇幼又消费能力较弱，必然影响邮电服务成本的摊薄，阻碍邮电服务的升级，对增强农村居民获得感和促进现代农业发展产生不利影响。

第四节 ｜ 农村社会性公共品供给存在的问题分析

从理论分析的结果看，社会性公共品主要通过提高劳动力的回报率促进要素流动，从而推进城乡一体化的实现。从实证分析的结果看，以教育支出和医疗卫生支出表征的农村社会性公共品供给规模的增加不仅不能有效地缩小城乡收入差距，甚至在一定程度上阻碍了城乡一体化的推进。这也说明了目前农村社会性公共品供给与需求间存在严重的资源错配。具体来说，当政策力量主导的社会性公共品供给方向与市场驱动的劳动力流动方向出现背离时，盲目地加大农村社会性公共品的供给规模而不注重供给质量的提高，不仅无法有效地缩小城乡收入差距，推进城乡一体化进程，反而会进一步加剧社会性公共品城乡之间配置扭曲，会在导致农村社会性公共品配置效率低下的同时，增加农村居民享受高质量社会性公共服务的成本，阻碍城乡一体化的推进。

一 农村义务教育面临供给困境

（一）农村义务教育供给与农村生源流失的困境分析

2015年《国务院关于进一步完善城乡义务教育经费保障机制的通知》（国发〔2015〕67号）发布后，确立了城乡一体化的义务教育经费保障机制，城乡义务教育公共预算经费支出均等化水平显著提高。其中，农村初中义务教育生均公共预算财政支出与全国平均水平的差距由2000年的29.34个百分点下降到2016年的7.89个百分点，农村小学阶段义务教育生均公共预算财政支出与全国平均水平的差距由2000年的19.72个百分点下降到2016年的3.62个百分点。当然，从生均教育经费看，城乡之间差距虽有所缩小，但远高于生均公共预算教育经费，仍然保持在较高水平。以2016年为例，全国农村初中生均教育经费与全国平均水平差距为11.23个百分点，农村小学阶段生均教育经费与全国平均水平差距为5.86个百分点[①]。这主要是由于生均教育经费中，除公共预算财政经费外，还包括政府性基金等其他财政性资金形成的教育经费以及民办学校举办者投入的经费、学校事业收入、捐赠收入等。在国家城乡义务教育经费保障一体化后，正是由于非公共预算的财政资金及非财政资金在教育经费投入上的差异，导致城乡义务教育经费差距较大。这也说明，如果说非公共预算的财政资金投入差异反映了地方财政实力的差异，那么，以民办学校为代表的非财政性资金投入差异则反映了城镇对义务教育的需求更大，存在非财政性资金进入的市场空间。

---

① 数据根据教育部财务司编制的《国家教育经费统计年鉴》（2001—2017）测算。

表 6-10　　　　2000 年、2016 年城乡义务教育阶段全国学生分布情况

年份	区域	初中在校学生数（个）	各区域初中学生数占比（%）	小学在校学生数（个）	各区域小学学生数占比（%）
2000	总计	61676458	—	130132548	—
	城区	10346351	16.78	18166507	13.96
	镇区	17045443	27.64	26928904	20.69
	乡村	34284664	55.59	85037137	65.35
2016	总计	43293684	—	99130126	—
	城区	14894194	34.40	32671812	32.96
	镇区	21729103	50.19	37540969	37.87
	乡村	6670387	15.41	28917345	29.17

资料来源：表中数据根据《中国教育统计年鉴》（2000—2016）计算整理。

这也反映出农村义务教育之困境，关键已不仅仅在于经费制约，而是由于城乡一体化进程中，农村人口转移造成的生源流失以及由此衍生的财政支出绩效问题。近年来，农村"空巢"学校已经成为一种现象，甚至有媒体疾呼"直击乡村'空巢小学'：除了缺学生啥都不缺"[1]。已有的统计数据也印证了城乡一体化进程中农村义务教育生源流失之烈（见表6-10）。从初中阶段看，2000 年乡村在校学生数 34284664 个，在当年初中学生总数中占 55.59%，到 2016 年乡村在校学生数下降为 6670387 个，在当年初中学生总数中占 15.41%，下降幅度达 40 多个百分点；从小学阶段看，2000 年乡村在校小学学生数 85037137 个，在当年小学学生总数中占 65.35%，到 2016 年乡村在校小学学生数下降为 28917345 个，在当年小学学生总数中占 29.17%，下降幅度超过 36 个百分点，而同期城镇学生占比则大幅上升。

农村义务教育阶段学生大量流失也反映在农村学校布局的变化上。为应对"空巢学校"的出现，增加农村义务教育财政支出的效益，地方政府加大了农村义务教育学校撤并力度。从 2000—2016 年，农村初中学校数由 39313 所减少到 16171 所，总体降幅超过 40%；到 2016 年，农村初中占所在年度初中学校总数的比例由 2000 年的 62.70% 下降到 31.03%；农

---

[1] 谢锐佳、吕梦琦：《直击乡村"空巢小学"：除了缺学生啥都不缺》，http://www.xinhuanet.com//mrdx/2016-07/01/c_135479441.htm。

村小学学校数由 440284 所减少到 106403 所，总体降幅超过 75%；到 2016 年，农村小学占所在年度小学学校总数的比例由 2000 年的 79.53% 下降到 59.90%。在农村小学大量撤并的同时，为保障低年级儿童就近入学，设立农村教学点 86800 个（见表 6-11）。若加上城镇与乡村接合部设立的教学点，涉及农村的教学点数量达到 95470 个，占 2016 年所设教学点总数的 97%[1]。从另一个侧面反映了农村义务教育阶段学生大量流失，很多农村区域无法开设完全小学的严峻形势。

表 6-11　　　　2000 年、2016 年城乡义务教育阶段学校分布情况

年份	区域	初中学校数（所）	各区域初中占比（%）	小学学校数（所）	各区域小学占比（%）	小学教学点数（个）
2000	总计	62704	—	553622	—	178060
	城区	8713	13.90	32154	5.81	5453
	镇区	14678	23.40	81184	14.66	15088
	乡村	39313	62.70	440284	79.53	157519
2016	总计	52118	—	177633	—	98437
	城区	11924	22.88	26649	15.00	1531
	镇区	24023	46.09	44581	25.10	10106
	乡村	16171	31.03	106403	59.90	86800

资料来源：表中数据根据教育部教育规划司编制的《中国教育统计年鉴》（2001—2017）计算整理。

农村生源流失，也导致班额不足。以小学为例，2016 年农村小学班额平均不到 28 人，而同期全国平均班额约为 38 人，少了 10 余人，涉及农村的小学中班额不足 25 人的小额班达 8790 个。生源不足的另一个体现是复式班大量存在，2016 年，全国小学阶段涉及农村地区的复式班多达 8819 个，占全部小学阶段复式班的比例超过 93%[2]。

---

[1] 教育部教育规划司：《中国教育统计年鉴（2016）》，中国统计出版社 2017 年版。

[2] 同上。

（二）农村义务教育质量下滑与师资队伍建设的困境分析

办学条件和师资力量是决定农村义务教育质量的两大基本因素和关键支撑。多年来，尤其是党的十八大以后，国家对农村义务教育的投入加大，城乡义务教育办学条件差距逐步缩小。以2016年为例，从全国城乡义务教育阶段办学条件看，农村初中、小学在生均占地面积、教学及辅助用房、图书等几个指标方面都具有比较优势，在计算机台数、教学仪器设备资产值等方面虽有城乡差异，但差距很小（见表6-12、表6-13）；体育运动场（馆）面积及体育器械、音乐器械、美术器械、实验仪器配备达标校数占比情况看，相对于城镇区域，农村中学、小学校占比总体偏低，但幅度一般在5—6个百分点；农村中学、小学校建立校园网的比例较低，但接入互联网的情况城乡都保持在较高比例（见表6-14、表6-15）。总体来说，城乡义务教育办学条件差异逐步缩小，已经不再是决定城乡义务教育质量的核心要素。诚然，农村初中、小学危房生均面积远远超过城镇区域，甚至达到两倍，表明在农村地区尤其是偏远贫困地区农村义务教育条件仍有较大的改善空间，但需要精准投入（见表6-12、表6-13）。

表6-12　　　　　　2016年全国城乡初中学生生均办学条件

区域	学生数（人）	生均占地面积（平方米/人）	教学及辅助用房生均面积（平方米/人）	生均危房面积（平方米/人）	生均图书册数（册/人）	生均计算机台数（台/人）	生均教学仪器设备资产值（万元/人）
合计	43293684	35.94	5.45	0.13	34.37	0.17	0.20
城区	14894194	24.54	5.38	0.05	32.87	0.18	0.25
镇区	21729103	37.17	5.13	0.14	33.07	0.15	0.17
乡村	6670387	57.37	6.67	0.26	41.95	0.19	0.21

资料来源：表中数据根据教育部教育规划司编制的《中国教育统计年鉴（2017）》整理计算。

表6-13　　　　　　2016年全国小学生均办学条件

区域	小学学生数（人）	生均占地面积（平方米/人）	生均教学及辅助用房（平方米/人）	生均危房面积（平方米/人）	生均图书（册/人）	生均计算机台数（台/人）	生均固定资产总值（万元/人）
合计	99130126	22.99	3.88	0.08	21.53	0.11	0.12
城区	32671812	12.32	3.29	0.04	21.96	0.12	0.16

续表

区域	小学学生数（人）	生均占地面积（平方米/人）	生均教学及辅助用房（平方米/人）	生均危房面积（平方米/人）	生均图书（册/人）	生均计算机台数（台/人）	生均固定资产总值（万元/人）
镇区	37540969	18.77	3.45	0.06	20.22	0.10	0.10
乡村	28917345	40.51	5.12	0.17	22.75	0.11	0.11

资料来源：表中数据根据教育部教育规划司编制的《中国教育统计年鉴（2017）》整理计算。

表6-14　　　　2016年全国城乡初中办学条件达标情况　　　　单位：所、%

区域	初中学校数（所）	体育运动场（馆）面积达标校数占比	体育器械配备达标校数占比	音乐器械配备达标校数占比	美术器械配备达标校数占比	实验仪器达标校数占比	建立校园网校数占比	接入互联网校数占比
合计	52118	85.36	89.60	88.88	88.58	90.62	74.61	98.39
城区	11924	87.40	92.37	91.72	91.35	91.98	85.78	98.20
镇区	24023	86.51	90.47	89.68	89.40	91.87	75.17	98.68
乡村	16171	82.16	86.27	85.59	85.34	87.74	65.55	98.10

资料来源：表中数据根据教育部教育规划司编制的《中国教育统计年鉴2017》整理计算。

表6-15　　　　2016年全国城乡小学办学条件达标情况　　　　单位：所、%

区域	小学学校数（所）	体育运动场（馆）面积达标校数占比	体育器械配备达标校数占比	音乐器械配备达标校数占比	美术器械配备达标校数占比	教学自然实验仪器达标校数占比	建立校园网校数占比	接入互联网校数占比
合计	177633	75.00	80.18	79.50	79.47	79.84	56.08	92.52
城区	26649	82.86	91.67	91.61	91.34	90.83	80.25	97.96
镇区	44581	78.80	85.17	84.62	84.48	84.75	64.12	96.57
乡村	106403	71.44	75.21	74.33	74.40	75.03	46.66	89.45

资料来源：表中数据根据教育部教育规划司编制的《中国教育统计年鉴2017》整理计算。

但是，农村教育质量下滑已经是不争的事实，而造成农村义务教育质量下滑的主要原因在于受城镇化加速和农村人口转移的影响，师资队伍建设陷入困境。一是在城镇人口集聚效应下，城镇义务教育扩张需要充实大量的师资力量，从农村教师中招尖拔优成为补充城镇教师的重要渠道，从而吸引大量农村优秀教师到城镇从教，造成农村师资质量的下滑。二是受城镇优渥的生活工作条件吸引，大量大学毕业生也更倾向于在城镇从教，使乡村地区为师资补充新鲜血液存在困难。三是农村义务教育生源大量流失，使农村义务教育因人数不足开办大量的教学点，小班额、复式班也大量存在，甚至出现"空巢学校"。学生少既不利于形成良好的学习氛围，也容易挫伤教师的教学积极性。而且，由于生均公用经费基准定额资金随学生流动可携带，农村义务教育生源的大量流失，必然导致在校学生少的学校公用经费不足，在保运转尚且勉为其难的情况下，加强师资交流和培训学习只能成为奢谈，不利于提升农村教师的素质，也阻碍农村教师的职业发展。

正是受上述原因的共振作用影响，大量农村义务教育师资持续向城镇集聚，农村义务教育师资队伍建设陷入困境，最终导致城乡义务教育质量的"马太效应"。从统计数据看，农村税费改革后，城乡义务教育阶段师资力量呈现鲜明的分化特征，城镇区域初中、小学师资数量均逐年递增，从2004—2016年初中教师人数由1843790人增长到2880029人，增长了56.2%，小学教师人数由1990987人增长到3347132人，增长了68.11%；相反，乡村区域初中、小学师资数量均逐年递减，从2004—2016年初中教师人数由1632994人下降到607760人，下降幅度高达62.78%，小学教师人数由3637873人下降到1829322人，降幅将近一半（见表6-16）。

表6-16　　　2004—2016年城乡义务教育阶段师资情况　　　　单位：人

年度	初中				小学			
	城区	镇区	城镇	乡村	城区	镇区	城镇	乡村
2004	688794	1154996	1843790	1632994	937495	1053492	1990987	3637873
2005	658090	1280046	1938136	1533703	898381	1125488	2023869	3568584
2006	607972	1356263	1964235	1499243	828197	1238757	2066954	3520603
2007	664681	1404252	2068933	1395363	903550	1308593	2212143	3400420
2008	682367	1442639	2125006	1343951	929613	1355061	2284674	3337264
2009	693751	1498127	2191878	1321560	929281	1407342	2336623	3296824
2010	705956	1545884	2251840	1271542	947337	1479228	2426565	3190526
2011	992318	1675519	2667837	856680	1216744	1644012	2860756	2303126
2012	1021532	1701220	2722752	781611	1254960	1703810	2958770	2162856
2013	1046324	1703507	2749831	731148	1293251	1742138	3035389	2061245
2014	1096718	1706792	2803510	684920	1363957	1766964	3130921	1974360
2015	1111803	1718633	2830436	645200	1407205	1814017	3221222	1891552
2016	1161214	1718815	2880029	607760	1496978	1850154	3347132	1829322

资料来源：表中数据根据《中国教育统计年鉴》（2005—2017）整理计算。

（三）人口转移压力下农村义务教育需求变化与供给困境分析

在城镇化的推动下，农村人口加速向城镇转移，给农村义务教育需求带来新的变化，要求受制度惯性影响的农村义务教育供给侧作出调整，从而形成农村义务教育供需均衡压力。

一是农业剩余劳动力向城镇转移，要求随迁子女享有均衡化的义务教育服务。但是，地方政府在"土地财政"和供给制度惯性作用下，并没有积极性为农民工随迁子女提供充分的义务教育机会。虽然中央政府从促进城乡要素合理流动的不断加大政策引导，要求地方政府保障农民工子女享有平等的受教育权利。但是由于城镇化进程中，受"土地财政"驱动，迁入地政府更偏好于供给基础设施类公共品，城镇义务教育资源供给有限。在有限的资源约束下，虽然有中央自上而下的政策压力，但迁入地政府总是利用诸如户籍、住房等诸多条件设置障碍，以优先保障本地居民子女的受教育权。只有在保障本地居民供给基础上存在剩余学位的情况下，才考虑向农民工随迁子女提供教育机会，从而导致农民工子女平等享有迁入地受教育权利的政策难以执行到位，产生农民工随迁子女义务教育供需失衡压力。以2016年小学教育为例，当年共有13756900名农民工子女在随迁地就读小学，占城镇小学生总人数的20%，一方面表明农民工随迁子女给城镇义务教育供给带来巨大压力，另一方面也显示了农村人口义务教育需求的显著变化，即义务教育供给地由世代居住的乡村向容纳就业的城镇转移。

二是在城镇义务教育比较优势和集聚效应的作用下，农村义务教育生源流失严重，学校生源不足和班级班额不足的现象比较严重。笔者在实地走访中发现，除乡村中心学校外，一般的农村初中和小学在校人数少于100人的学校比较普遍。以农村小学2016年的统计数据为例进行测算，包括教学点在内，每所学校（教学点）平均在校生不足150人[①]。这就显示出农村义务教育需求向小规模方向发展的新特点。而沿着原有供给制度的惯性，如果仍然偏向于供给大而全的乡村学校，既浪费紧张的财政资源，又会因规模大摊薄财政资金，降低供给质量。

三是农业剩余劳动力迫于生计转移到城镇就业，但如果子女无法随迁

---

① 根据《中国教育统计年鉴（2016）》提供的数据测算。教育部教育规划司：《中国教育统计年鉴（2016）》，中国统计出版社2017年版。

到城镇就读,则会产生大量的农村留守儿童。据测算,从 2012—2016 年,农村小学留守儿童人数占在读小学生总人数的比例每年均在 41% 以上;农村初中留守儿童人数占在读初中生总人数的比例更高,每年均在 77% 以上,最高的 2015 年,甚至达到 90% 以上为留守儿童(见表 6-17)。留守儿童大多和年迈的爷爷奶奶共同生活,他们一般具有饮食起居尚需照顾、心智尚未成熟、缺少父母关爱等特点。这些特点引致农村义务教育需求的新变化,不仅对于寄宿制学校的需求增大,而且在师资配备上产生新的需求。不但要求配备传统的专任教师传授知识,配备生活老师辅助照顾生活起居,更需要配备专业心理教师给予心理辅导和关爱。而现有的农村义务教育主要注重专任教师的配备,对于专业心理教师和生活老师的配备较为薄弱,难以适应农村义务教育需求的新变化。以农村小学教职工为例,2016 年农村共有小学教师 1941070 人,其中专任教师有 1829322 人,而包括教辅人员、工勤人员在内的其他教职工仅有 111748 人,占比不足 6%[①]。

表 6-17　　　　2012—2016 年农村小学留守儿童情况　　　　单位:人、%

年度	小学			初中		
	学生数	留守儿童数	留守儿童占比	学生数	留守儿童数	留守儿童占比
2012	36524886	15178772	41.56	9740993	7531887	77.32
2013	32170406	14404725	44.78	8145335	6862774	84.25
2014	30498612	14095310	46.22	7484587	6658856	88.97
2015	29658985	13836634	46.65	7024964	6355741	90.47
2016	28917345	11900723	41.15	6670387	5362151	80.39

资料来源:表中数据根据《中国教育统计年鉴》(2013—2017)整理计算。

二　农村医疗卫生面临供给困境

(一)收入差异导致城乡居民医疗保障潜在的逆向分配问题

2016 年国家启动对城乡居民基本医疗保险制度的整合后,按照"六个统一"的要求和保基本、救大病、托底线的原则,初步建立起"基本医

[①] 根据《中国教育统计年鉴(2016)》提供的数据测算。教育部教育规划司:《中国教育统计年鉴(2016)》,中国统计出版社 2017 年版。

保+大病保险+医疗救助"为核心内容的多层次城乡医疗保障体系,城乡居民基本医疗保障实现制度一体化。但是,受城乡居民收入差距悬殊的影响,制度均等化的实施效果大打折扣。在新型农村合作医疗制度的推动下,2010年以来,农村居民人均医疗保健支出增长较快,农村医疗保健支出占消费性支出的比重持续超过城镇的比重,表明新型农村合作医疗制度有助于提高农村居民医疗卫生消费和医疗救治水平。但是,由于城乡居民收入差距悬殊,导致城乡人均医疗保健支出差距逐步扩大。

从2010—2016年,城乡人均医疗保健支出分别从871.8元和326.0元增长到1630.8元和929.2元。相应地,两者差额由545.8元上升到701.6元(见表6-18)。在城乡居民医疗保险费用补偿自付比例较高的情况下,农村居民较低的收入水平就会限制其对医疗卫生服务的消费能力。而由于城乡居民医疗保险采用统一的筹资标准和报销补偿标准,农村居民因其医疗卫生消费能力不足在整体上只能获得较低的费用补偿金额,从而引发逆向再分配问题,由收入较低的农村居民补偿收入水平较高的城镇居民。因此,在城乡收入差距悬殊的情况下,根本问题首先在于解决收入差距问题,以制度统一片面追求城乡医疗卫生服务的均等化,其实施效果可能会背道而驰。在财政大量转移支付的情况下,由于农村居民医疗卫生消费能力的不足,就会制约财政支出效应的发挥,使财政调节城乡居民收入差距的再分配功能面临失效风险。

表6-18　　　　　2000—2016年城乡居民医疗保健支出

地区 年份	城镇居民				农村居民			
	城镇居民人均可支配收入(元)	人均年现金消费支出(元)	人均医疗保健支出(元)	医疗保健支出占消费性支出比例(%)	农村居民人均可支配收入(元)*	人均年消费支出(元)	人均医疗保健支出(元)	医疗保健支出占消费性支出比例(%)
2000	6280.0	4998.0	318.1	6.4	2253.4	1670.1	87.6	5.2
2005	10493.0	7942.9	600.9	7.6	3254.9	2555.4	168.1	6.6
2010	19109.4	13471.5	871.8	6.5	5919.0	4381.8	326.0	7.4
2011	21809.8	15160.9	969.0	6.4	6977.3	5221.1	436.8	8.4
2012	24564.7	16674.3	1063.7	6.4	7916.6	5908.0	513.8	8.7
2013	26467.0	18487.5	1136.1	6.1	9429.6	7485.1	668.2	8.9
2014	28843.9	19968.1	1305.6	6.5	10488.9	8382.6	753.9	9.0

续表

地区 年份	城镇居民				农村居民			
	城镇居民人均可支配收入（元）	人均年现金消费支出（元）	人均医疗保健支出（元）	医疗保健支出占消费性支出比例（%）	农村居民人均可支配收入（元）*	人均年消费支出（元）	人均医疗保健支出（元）	医疗保健支出占消费性支出比例（%）
2015	31194.8	21392.4	1443.4	6.7	11421.7	9222.6	846.0	9.2
2016	33616.2	23078.9	1630.8	7.1	12363.4	10129.8	929.2	9.2

注：*表示2013年以前农村居民人均可支配收入用农村居民人均纯收入代替。

资料来源：表中数据根据《中国统计年鉴2017》《中国卫生和计划生育统计年鉴2017》整理。

（二）城乡医疗服务水平差异影响城乡居民医疗保障均等化效果

城乡居民基本医疗保障实现制度一体化，意味着城乡居民在享受医疗卫生服务时面对城乡统一的保障待遇、统一的医保目录和统一定点医疗机构。但是，由于城乡医疗卫生服务的区域布局和供给水平存在差异，受地理条件、就医习惯、非医疗成本等因素的影响，农村居民在医疗机构的选择上处于不利地位。低质量意味着低成本，农村居民可便利获得的基本医疗卫生服务主要局限于农村区域，使其在享受医疗费用补偿时面临不公，从而影响城乡居民医疗保障均等化。

新型农村合作医疗制度实施以来，农村医疗卫生服务水平取得了巨大进步，农村居民在医疗卫生方面的消费支出也显著上升，2000—2016年，农村居民人均医疗保健支出由87.6元上升到929.2元，增长了将近10倍（见表6-18）。但是，毫无疑问，农村医疗卫生服务水平显著低于城镇区域。根据《2017年中国卫生健康事业发展统计公报》，到2017年，乡镇卫生院床位数达到每千农村人口1.35张，乡镇卫生院人员数达到每千农村人口1.42人，平均每个村的村卫生室有医护人员2.30人[1]。同期，全国医疗卫生机构床位数为每千人口5.72张，执业医师（含助理医师）人数为每千人口2.44人，全科医生人数为每万人口1.82人，注册护士人数为每千人口2.74人，公共卫生人员数为每万人口6.28人。可见，不管从医疗卫生服务的可及性还

---

[1] 国家卫健委：《2017年中国卫生健康事业发展统计公报》，http://www.nhc.gov.cn/guihuaxxs/s10743/201806/44e3cdfe11fa4c7f928c879d435b6a18.shtml。

是从医疗卫生人员的素质看，农村都明显低于全国平均水平。况且，以服务人口数量作为医疗卫生人员的配置标准进行城乡比较，没有考虑农村区域由于自然村布局分散，人口聚集程度远低于城镇。因此，若从获取医疗卫生服务的半径考虑，农村基本医疗卫生服务的可及性会更差。调研中发现，随着城乡居民医疗保险制度的一体化和保障水平的提高，农村患者寻求医疗服务向上流动的趋势增强，加剧了城镇区域的医疗拥挤，引发如何平衡患者就医选择和分级诊疗的担忧。实质上，这与其说是一个医疗保险管理问题，倒不如说是一个城乡医疗资源配置问题，反映了农村医疗卫生服务供给水平低触发了农民"用脚投票"。

（三）城乡医疗保障供给不均等制约农业剩余劳动力转移

城乡医疗保障供给不均等主要表现为两种情形：一是农民工市民化滞后，无法纳入更高水平的城镇职工医疗保险；二是农业转移人口在异地就医不能平等地享有医疗保险费用补偿待遇。

对于第一种情形，已经脱离农业生产经营活动又有意愿到城镇生活的农民工，本应纳入城镇职工医疗保障体系，但受城乡二元户籍制度以及附着于其上的二元公共品供给体制的惯性影响，农民工市民化进程缓慢。到2016年，在全国2.82亿农民工中仅有17%的农民工被纳入城镇职工医疗保障体系。按2016年的水平，全国城镇职工医疗保险住院花费的平均补偿水平为72.2%，城乡居民医疗保险的平均补偿水平为56.3%，两者相差将近16%[①]。这既损害了农民工的医疗保障权益，又阻碍了农民工市民化进程，不利于农业剩余劳动力顺利实现转移。

对于第二种情形，已经在户籍地加入城乡居民医疗保险的农业转移人口，随着国家和各省级异地联网结算系统的开通，逐步实现了省内异地就医联网结算和跨省异地就医联网结算。但仍存在诸多障碍和不平等的政策安排，降低了参保农民异地就医的获得感，不利于农业剩余劳动力转移。具体表现为：一是跨省异地就医住院费用联网直接结算系统在全国刚刚全面开通，但政策宣传尚不到位，很多在外务工的农业转移人员尚不清晰政策内容和办理流程，无法享受联网直接结算的好处；二是省内异地和跨省

---

① 《仅17%农民工有城镇医保》的警示》，http://www.xinhuanet.com/comments/2017-11/29/c_1122026863.htm。

异地就医联网结算仅限住院费用，对门诊费用尚未纳入异地结算补偿范围；三是纳入省内异地和跨省异地就医联网结算的医疗机构仍较少，截至2018年年底，全国纳入的定点医疗机构数量仅为15411家，二级及以下定点医疗机构12803家，有些区县尚无定点医疗机构纳入，给流动人口就医带来不便；四是有异地就医需求的患者需到参保地咨询和备案，且异地直接结算政策出发点主要针对的是异地安置的退休人员、异地居住人员、异地工作人员和转诊转院人员四类，没有考虑农民工流动性强的特点，给有异地就医需求的农民工提前备案带来一定的困扰。截至2018年年底，包含全部参保人员（含城镇职工医疗保险、城乡居民医疗保险）在内在国家平台备案总人数仅为354万人，而同期全国外出农民工总量为17266万人，差距悬殊[①]。

（四）提升城乡居民医疗保障水平面临筹资和管理双重困境

2016年，国家开始对城乡居民基本医疗保险制度进行整合之后，逐步提高了医疗保险住院费用的补偿比例和补偿限额，加之大病医疗保险制度和特大疾病医疗救助制度的补充，城乡居民医疗保障水平得到较大提升。从实施结果看，城乡居民医疗保险住院费用的实际补偿比例由2011年的58.9%上升到62.8%，增长了3.9%。但是，按照章程（2018）综合国内外经验研究和国际卫生组织指导标准得出的结论，城乡居民医疗保险住院费用的实际补偿比例应以75%为宜，而名义补偿比例则应控制在87%—98%范围内。显然，现有的补偿标准与之相比，还有相当大的距离，远远不能满足城乡居民的基本医疗需求。而且，随着城乡一体化的推进和现代农业发展的需要，农民职业化趋势日益明显。职业农民具有较高的人力资本水平，必然要求获得更高的医疗保险待遇，以补偿其职业活动中可能遇到的疾病风险，从而进一步增强提升农村居民医疗保障水平的压力。要提升城乡居民医疗保障水平，主要路径不外乎两条：一是提高筹资标准，在壮大医疗保障基金实力的基础上提升医疗保障的补偿水平；二是精细化管理，通过精细化的制度设计防范道德危机，避免过度医疗和医患合谋骗保。但是，由于农村居民收入水平偏低和城乡居民医疗保险管理碎片化，两条路径都面临困境。

---

① 蒋勇：《国家医保局：跨省异地就医住院费用直接结算 让患者不再来回跑》，http://finance.cnr.cn/txcj/20190206/t20190206_524504458.shtml。

从筹资角度看，城乡居民医疗保险采用个人自愿缴费和政府资助相结合的筹资方式。作为城乡居民医疗保险的前身，新农合制度刚开始实施的时候，农民参保缴费标准仅为每人每年 10 元，其余由财政补助，农民个人缴费压力较轻。之后，政府财政逐步加大补贴力度，个人缴费标准也逐年提高。到 2018 年，财政对城乡居民医保人均补助标准每人每年不低于 490 元，人均个人缴费水平每人每年不低于 220 元。城镇居民收入水平较高，压力较小，但农村居民收入水平较低，参保压力加大。以 2018 年为例，全国城镇居民人均可支配收入为 39251 元，当年个人医保缴费占比仅为 0.56%，而农村居民人均可支配收入为 14617 元，当年个人医保缴费占比 1.51%，给农村居民带来较大的缴费压力[1]。

从管理角度看，医疗保险制度的设计应该在既定的筹资水平上，选择医疗费用补偿的适当支付方式，使之既能有效控制医疗费用，又能保证医疗服务质量，从而提高医疗费用补偿支出的资金效益，以便在筹资额度既定的条件下为提升医疗费用补偿比例拓展资金空间。城乡居民医疗保障制度整合后，对基本医疗保险按照分级诊疗的办法依据首诊医院从低到高不同等级对应设定从高到低的补偿比例，并配合设置起付线和止付额，实现引导医疗服务供需，控制医疗费用的目的。在此基础上，又建立大病医疗保险和特大疾病医疗救助制度作为补充，提高参保的大病患者实际补偿比例。但是，城乡居民基本医疗保险在整合前以县级统筹为主，整合后市级（设区市）统筹的增加，但仍保持县级统筹为主的局面，管理碎片化现象尚未整体改观。统筹层级低制约了城乡居民基本医疗保险管理水平的提升，只能采用按项目比例补偿、划定起付线和止付额等简单的医疗费用控制办法。这种简单的管理方式，实际补偿比例高容易催生医药合谋、医患合谋等道德危机，实际补偿比例低又使患者得不到有效治疗，尤其对农村低收入群体形成实质性的制度阻断，迫使患者由于无法支付自付部分而放弃治疗。虽然在改革探索中，国家提倡按人头付费、按病种付费、总额预付等方式支付费用补偿的办法，但以县级为统筹主体，在管理人员素质和管理水平上都难以适应需求[2]。为提高对大病患者的实际补偿水平，虽然建立了

---

[1] 国家统计局：《统计局：2018 年全国居民人均可支配收入 28228 元》，http://www.xinhuanet.com//fortune/2019-01/21/c_1210043114.htm。

[2] 中共中央 国务院：《关于深化医药卫生体制改革的意见》（中发〔2009〕6 号）。

大病医疗保险制度作为补充，但涉及病种范围过小难以满足需求，范围大又担心过度治疗。因此，目前大病保险制度的设计事实上就是城乡居民医疗保险在整体保障水平有限、按病种管理水平又较低情况下的一种权宜之计，从另一个侧面反映了提高城乡居民医疗保险管理水平的紧迫性。

三 农村社会保障面临供给困境

（一）城乡居民养老保障低水平均等化影响农民职业化

"新农保"在试点之初就提出"保基本、广覆盖、有弹性、可持续"的原则。2014年，城乡居民养老保险实现一体化后，继续坚持了"保基本"的原则。但是，如何定性"保基本"？按照国际劳工组织的建议基本养老金替代率水平应达到40%—70%才能满足基本生活需要。从中国城乡居民基本养老保险待遇发放的实际情况，距离国际劳工组织的建议水平还有非常大的距离。截至2017年年末，全国城乡居民基本养老实际领取待遇人数为15598万人，月人均待遇125元，其中基础养老金113元[①]。统计显示，2017年农村居民人均可支配收入13432元，人均消费支出10955元，全国农民工人均月收入达到3485元[②]。若参照全国农村居民人均可支配收入，城乡居民基本养老金替代率还不到11.17%。城乡居民基本养老金占人均消费支出的比重也不到13.7%，不能满足农村居民老年生活需求。因此，现有的城乡居民基本养老保险虽然实现了城乡均等化，但是一种低水平的均等化，并不能真正发挥对农村居民养老的"保障"功能，只能算是聊胜于无。诚然，国际劳工组织给出的建议水平针对的是就业劳工，而城乡居民养老保险参保对象并无就业要求，似乎没有参照性。随着现代农业的加速推进，农民职业化趋势凸显，农民不再是一种社会身份的象征，而是一种职业。因此，亟待建立适应农民职业化需求的社会养老保障制度，提高养老待遇替代率，让具有农业职业技能和创新创业意识的现代农业经营管理人才免除养老的后顾之忧，安心扎根农业。

---

① 吴为：《城乡居民基础养老金将逐步上调 当前月人均125元》，http://www.xinhuanet.com/health/2018-03/30/c_1122612810.htm。

② 国家统计局：《中华人民共和国2017年国民经济和社会发展统计公报》，http://www.stats.gov.cn/tjsj/zxfb/201802/t20180228_1585631.html。

（二）农村养老服务体系建设滞后制约农业剩余劳动力转移

在城乡一体化进程中，农村经营性收入在农村支配收入中的占比持续降低，而工资性收入则持续提高。据统计，从 2013—2017 年，农村居民工资性收入占可支配收入的比重由 38.7% 持续提高到 40.9%，占比达到最高，而经营净收入则由 41.7% 持续下降为 37.4%，退居其次（见表 6-19）。在更高收入的吸引下，众多农业剩余劳动力尤其是青壮年劳动力流向城镇和非农产业，外出务工已经成为农民养家糊口的首要选择。从 2008—2018 年，全国农民工总量由 22542 万人上升到 28836 万人，其中外出农民工由 14041 万人上升到 17266 万人，外出农民工在农民工总量中占比始终保持 60% 左右（见表 6-20）。

表 6-19　　　　　2013—2017 年农村居民可支配收入构成　　　　　单位：%

指标＼年份	2013	2014	2015	2016	2017
可支配收入（元/人）	9429.6	10488.9	11421.7	12363.4	13432.4
一、工资性收入	38.7	39.6	40.3	40.6	40.9
二、经营净收入	41.7	40.4	39.4	38.3	37.4
三、财产净收入	2.1	2.1	2.2	2.2	2.3
四、转移净收入	17.5	17.9	18.1	18.8	19.4

资料来源：http://data.cnki.net/Trade/yearbook/single/N2018110025?z=Z025。

表 6-20　　　　　2008—2018 年全国农民工构成情况

年份	农民工总量（万人）	外出农民工（万人）	外出农民工占比（%）	本地农民工（万人）	本地农民工占比（%）
2008	22542	14041	62.29	8501	37.71
2009	22978	14533	63.25	8445	36.75
2010	24223	15335	63.31	8888	36.69
2011	25278	15863	62.75	9415	37.25
2012	26261	16336	62.21	9925	37.79
2013	26894	16610	61.76	10284	38.24
2014	27395	16821	61.40	10574	38.60
2015	27747	16884	60.85	10863	39.15

续表

年份	农民工总量（万人）	外出农民工（万人）	外出农民工占比（%）	本地农民工（万人）	本地农民工占比（%）
2016	28171	16934	60.11	11237	39.89
2017	28652	17185	59.98	11467	40.02
2018	28836	17266	59.88	11570	40.12

资料来源：国家统计局：《农民工监测调查报告》（2008—2018），http://www.stats.gov.cn/。

由于子女外出务工，农村存在大量空巢、留守老人。据统计，截至2015年年底，全国农村老年人口1.24亿，占全国老年人口的56%。其中，空巢、留守老年人口约为5000万，失能、半失能老年人口约为2240万[1]。这就使传统的以家庭养老为主、农村五保老人财政供养为补充的农村养老形式难以适应现实需要，催生了农村老年人口对养老服务的巨大需求。但是，农村养老设施利用率并不高，甚至出现大量的养老床位闲置[2]。究其原因来说，农村设施养老条件差的老人不愿意住，条件好的农民又负担不起，更主要的原因在于农村人的养老传统是子女照料、居家养老，把父母送到养老院对子女来说是很不光彩的事情，老人怕给子女丢脸往往不愿意接受农村设施养老提供的养老服务。可见，农村养老服务在供给侧出现了问题，没能提供适合居家养老和农民收入水平的养老服务。这就使农村老年人口陷入尴尬境地，子女在家照顾由于收入太低会陷入贫困，子女外出务工收入较高但又使老人老无所依。为适应城镇化、工业化和农业现代化同步推进的需要，政府有必要通过财政手段引导农村养老服务供给侧改革，改变农村养老服务体系建设滞后的局面，以促进农业剩余劳动力顺利实现转移。

（三）社会保障参与困境阻碍农民工市民化

改革开放后，农业剩余劳动力逐步向城镇转移从事工商服务业。但是，由于中国城乡二元户籍制度及附着于户籍之上的公共品供给制度，使农村

---

[1] 邵海鹏：《空巢、留守老人5000万，"老有所养"着力点转向农村》，https://www.yicai.com/news/5377693.html。
[2] 《养老机构一面"入住难"一面近半空置》，http://www.zjmz.gov.cn/il.htm?a=si&key=main/16&id=8aaf80154ec289bf014ed3d43c0c014b。

转移人口市民化遇到障碍，形成户籍及依附于户籍的社会公共品供给主要在农村，而就业和主要生活空间在城镇的"农民工"群体[①]。作为人身依附性最强的一种社会性公共品，农民工能否平等地以城镇职工身份享有就业地职工社会保障待遇，是农民工摆脱"农民"这一身份标识、成功实现市民化的重要标志。但是，从实际情况看，巨量的农民工群体参与城镇职工社会保障的参与率并不高。以2017年为例，当年全国农民工总量28652万人，参加城镇职工基本养老保险、医疗保险、工伤保险、失业保险的人数分别为6202万人、6225万人、7807万人、4897万人（见表6-21）。参与率最高的工伤保险为27.25%，这主要是许多从事危险、繁重体力劳动的农民工被强制要求购买工伤保险，相对拉高了工伤保险的参与率。但从整体上看，农民工工伤保险参与率仍较低，与农民工大多从事体力劳动、容易受到工伤损害的特点不相适应。参与率最低的失业保险为17.09%，这应与实践中长期存在的一种错误认知有关，即将农民只是作为一种社会身份的象征，而非一种职业，农业好像吸附失业的万能"海绵"，将一切隐性失业都隐藏在这海绵之中。因此，农民工出现失业，就会回归农业，从而将事实上存在的失业风险掩盖起来，不被政府、企业乃至农民工个人重视。农民工参与城镇职工基本医疗保险的参与率为21.73%，这主要原因是非正规就业的农民工比例较大，很多农民工没有与就业单位签订劳动合同，而签订劳动合同是购买职工医疗保险的必要前提；有些即使已经签订劳动合同的农民工，由于农民工参保政策的刚性约束不强，企业出于用工成本考虑且农民工参保重视不够，也不办理职工医疗保险；当然，城乡居民基本医疗保险（整合前为新型农村合作医疗保险）在一定程度上缓解了农民工的医疗保障压力，也降低了农民工参加城镇职工基本医疗保险的紧迫性。

---

① 这里也包含了就地转移的本地农民工。一般认为，本地农民工离土不离家，似乎生活空间仍在农村。但事实上，这正是小城镇建设滞后、农民工市民化进程不畅的一种表现。因为如果内生于农村的小城镇能够正常发展，则就地转移的农民工基于公共品享有的便利性更倾向于聚集于小城镇生活。因此，农民工市民化的障碍表现为外出务工农民工融入务工地城镇和就地转移农民工集聚到本地小城镇两种形式的障碍。

表 6-21　　　　　　2017 年农民工参与城镇职工社会保障情况

项目	农民工总量	城镇职工基本养老保险	城镇职工基本医疗保险	城镇职工工伤保险	城镇职工失业保险
人数（万人）	28652	6202	6225	7807	4897
占比（％）	—	21.65	21.73	27.25	17.09

资料来源：表中数据根据《人力资源社会保障部对政协十三届全国委员会第一次会议第 3091 号（社会管理类 260 号）提案的答复》整理计算，http://www.mohrss.gov.cn/gkml/zhgl/jytabl/tadf/201812/t20181205_306338.html。

作为社会保障核心内容的城镇职工基本养老保险，2017 年农民工参与率为 21.65%。即使参照农村居民人均可支配收入，当年城乡居民养老保险 11.17% 的替代率都已经非常低，若参照城镇居民人均可支配收入，则替代率仅约为 4.12%，完全不能满足城镇居民正常生活需要。因此，对于有意愿融入城镇生活的农民工，参与城镇职工基本养老保险具有很大的必要性和紧迫性。而农民工实际参与率较低，究其原因来说，主要包括：一是由用工单位负担、纳入城镇职工基本养老保险统筹账户管理的资金缴存比例较高，增加了用工单位成本，在农民工参保政策刚性约束不强的情况下，许多企业选择逃避缴纳义务，或者在农民工参保意愿不强的情况下，选择与农民工"合谋"，通过不对等地提高农民工收入抵消参保缴款义务。二是有大量农民工属于非正规就业，没有与用工单位签订正式的劳动合同，更谈不上缴纳城镇职工基本养老保险资金。三是农民工就业不稳定，而现有的城镇职工基本养老保险有累计 15 年的最低缴费期限，使农民工面临很大的不确定性。由于我国许多省份尚未完全实现城镇职工基本养老保险省级统筹，全国统筹更是只处于研讨阶段。若农民工在不同省份之间就业且流动比较频繁，就需要进行转续衔接，耗时费力。而且，在由城镇职工基本养老保险向城乡居民养老保险转移时，只能转移个人账户积累的部分，而社会统筹部分的养老金缴款项则由农民工输入地占有，形成对农民工的不公正待遇。因此，基于对未来预期的不确定性，许多农民工选择不参加城镇职工基本养老保险。

总体来看，在各种因素的叠加影响下，农民工参与城镇职工基本养老保险、医疗保险、工伤保险、失业保险的比例都较低。这一方面不利于稳定农民工对未来的预期，从而不再把农业视为风险的"避风港"，促使农民工真正脱离农业，加速土地集约化经营和农业现代化；另一方面也不利于农民工真正融入城镇，从实质意义上完成农民工市民化的进程，从而推动高质量的城镇化和稳定城乡关系的形成。

（四）农村社会救助体系不完备影响兜底保障功能

社会救助体系是社会保障的最后一道防线。稳固的农村社会救助体系为确保全体农民分享小康社会建设成果提供最后的兜底保障，是稳定农民未来生活预期，加快城乡要素流动和农业现代化转型的基础。2007年以后，随着农村最低生活保障制度的建立，初步形成了以最低生活保障制度为核心，以医疗、教育、住房、就业等专项救助和临时应急救助为补充的社会救助体系，但现行农村社会救助体系仍不完善，影响农村社会救助兜底保障功能的发挥。

首先，农村低保低标准，削弱兜底保障效力。农村最低生活保障是确保农村贫困居民最基本生活需要的"最后一道安全网"，因此，从理论上说，农村低保标准应低于农村贫困标准。但是，在实践中，到2015年全国农村低保平均标准达到3177.6元/人·年，自2009年后首次超过当年扶贫标准2855元/人·年，到2017年，全国农村低保平均标准达到当年扶贫标准的1.42倍（见表6-22）。为何出现这种背离？农村最低生活保障是要由兜底政策向泛福利化政策转变吗？事实上，之所以出现这种变化，是党和国家从共享全面小康社会建设成果和扶贫攻坚现实需要出发，对长期过低的农村低保标准进行的一种主动修正。若低保标准设定过低，不能满足贫困居民最基本的生活需要，则有"线"而无"防"，所谓的最低生活保障线并不能发挥"最后一道防线"的作用。而在扶贫攻坚大背景下，发挥开放式扶贫和救助式扶贫的政策合力，关键就是要发挥农村低保的兜底保障作用。因此，主动修正过低的农村低保标准，一方面反映了农村贫困的深度和扶贫攻坚任务的艰巨性，另一方面也反映了过低的农村低保标准难以切实发挥兜底保障作用。

表 6-22　　　　2007—2017 年全国农村低保标准与扶贫标准比较

年份	农村低保标准 （元/人·年）	全国扶贫标准 （元/人·年）	农村低保标准占全国 扶贫标准比例（%）
2007	840	1067	78.73
2008	987.6	1196	82.58
2009	1209.6	1196	101.14
2010	1404	2300	61.04
2011	1718.4	2536	67.76
2012	2067.8	2625	78.77
2013	2433.9	2736	88.96
2014	2776.6	2800	99.16
2015	3177.6	2855	111.30
2016	3744	2952	126.83
2017	4300.7	3028	142.03

资料来源：表中数据根据《中国民政统计年鉴》（2008—2017）、《中国扶贫开发年鉴》（2008—2017）、民政部《2017 年社会服务发展统计公报》整理计算。

农村低保的低标准还反映在城乡低保标准的对比上，自 2007 年实施农村最低生活保障制度以来，两者一直存在差距，虽然到 2015 年以后，两者差距逐年收窄，但城市低保标准仍然是农村低保标准的 1.5 倍以上（见表 6-23）。当然，从城乡可支配收入日趋扩大的态势看，城乡低保标准存在差距有其合理性。但从城乡一体化的发展目标以及城乡居民养老保障、医疗保障均等化的客观实际看，城乡低保标准差距扩大，不利于扭转农民将土地视为最终保障的观念，并最终会阻碍农村土地要素集聚和适度规模经营，延缓农业现代化的进程。

表 6-23　　　2010—2017 年全国城乡低保标准比较　　　　单位：元/人·年

年份	农村低保标准	城市低保标准	城乡低保标准差额
2010	1404	3014.4	1610.4
2011	1718.4	3451.2	1732.8
2012	2067.8	3961.2	1893.4
2013	2433.9	4476	2042.1
2014	2776.6	4932	2155.4
2015	3177.6	5413.2	2235.6

续表

年份	农村低保标准	城市低保标准	城乡低保标准差额
2016	3744	5935.2	2191.2
2017	4300.7	6487.2	2186.5

资料来源：表中数据根据《中国民政统计年鉴》（2011—2017）及民政部《2017年社会服务发展统计公报》整理。

其次，失业救助功能虚化，低保兜底功能承压。正是由于农村家庭联产承包责任制这一农村基本经营制度，从政府到社会公众乃至农民自身，都认为农民没有失业之虞。甚至，对于外出务工经商的农民工，遇到经济不景气、用工需求减少的情况，还有最后的"避风港"，回到自己承包的土地上从事农业经营。实践中，农民工失业保险参与率在养老、医疗、工伤、失业等社会保险险种中最低，在一定程度上就反映了这种认知。更是鲜有针对农民工的失业救助，而且即使偶有存在，条件也非常苛刻，农民工失业救助基本处于虚化状态。

农民工在失业上难以获得市民化待遇，其弊端体现为两个方面：一是从农民的收入构成看，2015年以后，工资性收入在农村居民中占有最大比例，农民工一旦失业，虽能返回农业，但由于农业效益更低，容易陷入贫困状态（见表6-23）。二是农民基于对未来失业的担心，会加大对土地的依赖，将农业经营视作最后的"安全港"，不利于农村土地集聚和农业现代化，从而在整体上影响农业生产效率的提高和农民增收。另外，在农民职业化趋势日益加强的情况下，职业农民也可能面临失业风险，失业保险和失业救助就成为缓解失业压力的重要保障。因此，没有失业保险和失业救助的挡板作用，会使农民在失业的情况下更容易陷入贫困，从而加大最低生活保障兜底保障的压力。

最后，救助需求识别瞄准手段单调，增大救助资源错配风险。农村社会救助水平的提高，有利于存在救助需求的农民获得合意的救助。但是，由于信息不对称，从救助资金分配、救助对象识别、需求目标瞄准，到最终救助措施落实都存在潜在的信息难题，极易诱发道德危机，增大救助资源错配的风险，使有限的救助资源不能发挥最大救助效果，影响农村社会救助体系兜底保障功能的发挥。一是信息不对称引发应保尽保与配额制的冲突。在农村社会救助中，应保尽保是救助的核心追求。但是，在实践中，由于无法提前识别救助对象，在既定预算约束下，面对不特定多数的需求竞争，配额制才是合理配置财政资源的有效手段。采用配额制，意味着不是以需定支，而是按照既定的预算额度确定低保标准和低保名额，从而使预算分配结果与实际需求之间存在偏差就具有了很大的或然性。二是熟人社会道德风险防范与刚性标准识别困难的冲突。由于救助对象的真实需求难以有效甄别，在配额制的分配过程中，为节省对象识别成本，一般需要依赖农村熟人社会的信息优势对潜在的救助对象进行识别，在此过程中，要规避"关系人"基于利益内部化动机产生的道德风险，又必须借助刚性标准加以甄别。但是，由于尚未建立与银行、户籍、产权登记部门等联网的信息排查系统，仅靠入户调查、群众举报等既费时费力，又刚性不足，使甄别刚性标准遭遇信息困境，无法有效排除道德风险。三是目标瞄准偏差导致社会救助体系兜底保障安全边际下降。由于对救助对象的真实需求识别不准，政府在实施救助不能有效衔接搭配最低生活保障、各类专项救助抑或临时救助措施，从而产生目标瞄准偏差，导致救助行为过犹不及的现象发生，使社会救助兜底保障的安全边际下降。

第七章
中国城乡一体化进程中优化农村公共品供给的对策

党的十六大以来，在历次中央一号文件的指引下，政府贯彻对农村"多予、少取、放活"的方针，逐步改变了传统上以乡村两级自筹资金为主、政府财政适当补助的农村公共品供给模式，将农村公共品供给纳入制度化轨道，由政府承担绝大部分农村公共品供给责任。农村公共品供给体制改革取得了巨大成效，对推进城乡一体化，促进农村农业发展，改善农民生活发挥了重要作用。但是，受城乡二元结构和二元体制的制约，城乡要素自由流动和平等交换受阻，主要表现为：受"土地财政"支配，地方政府通过土地出让汲取的大量财政收入又投入到城镇基础设施之中，使城乡生产（生活）性公共品供给差距扩大，从而降低农业资本集聚能力，这种机制的循环往复，导致资本由农村向城镇单向流动，城乡资本配置呈现明显的"马太效应"；农业剩余劳动力向城镇转移过程中又受户籍制约，难以平等享受基本公共品，产生农业转移人口的半市民化问题，农业剩余劳动力转移受阻；城乡资本、劳动两种要素流动趋势的叠加效应又阻碍农业资本密度的提升，不利于农业生产效率和农业经营收入的提高，进一步降低农业对生产要素的集聚能力，从而延缓了农业现代化进程。综观之，城乡二元体制下生产要素流动的扭曲状态与城乡公共品的错配具有不可分割的关系：相较于农村，城镇过度配置生产（生活）性公共品，农村（业）资本比较收益下降，降低了农业的要素集聚能力，制约农村产业发展；与此同时，农业转移劳动力难以同等享受城镇居民（职工）享有的社会性公共品，阻碍农业剩余劳动力转移和农业劳动生产率提高，农业现代化进程缓慢；加之农村公共品供给水平本就偏低，随着农村居民收入水平的提高，对公共品供给质量提出更高要求，从而使城乡公共品面临错配与失衡并存的复杂局面。

习近平同志在党的十九大报告中指出，农业农村农民问题是关系国计民生的根本性问题，必须始终把解决好"三农"问题作为全党工作重中之重，实施乡村振兴战略。2018年中央一号文件聚焦乡村振兴，对乡村振兴战略进行了全面部署。实施乡村振兴，推进城乡一体化，必须以完善产权制度和要素市场化配置为重点，发挥市场的决定性作用，激活城乡要素市场，实现城乡要素自由流动和平等交换。而在城乡关系失衡，城乡要素市场化配置机制不完善的情况下，要重塑城乡关系，又需要将财政作为城乡关系治理的基础和重要支柱，改变城乡公共品现有的错配与失衡状态，引导和促进城乡要素自由流动和平等交换。概括地说，就是要加快制度性公共品供给，消除以城乡二元户籍制度和城乡二元土地制度为核心的城乡二元体制对市场机制的制约，奠定城乡要素流动的制度基础；进而加强对农村生产性公共品的配置，均衡农村社会性公共品供给、优化农村生活性公共品供给，以减弱城乡二元结构对市场机制的干扰作用，为城乡要素自由流动和平等交换提供支持。

第一节 | 改革农村土地管理制度，促进土地要素合理流转

破除城乡二元土地制度，使农村土地和城镇土地具有相同的市场准入权和受益物权，形成农村土地价格市场调节机制。政府通过征收财产税获取税收收益，村集体和农民个人分别凭借所拥有的所有权、承包权（资格权）、经营权（使用权）等物权权利，通过转让、出租、抵押、入股等多种途径获取物权收益，从而将"土地财政"的制度基础彻底清除，改变"土地财政"下农村资本向城镇单边流动的格局。当然，这是一种长期目标，由于城镇房地产市场的复杂性以及城乡二元土地制度长期分割下财产税制统一立法的困难性，很难在短期内达成。因此，短期内较为可行的路径是严格土地用途管控的情形下，分类实施，通过多种途径完善城乡土地收益分配机制，确保农民通过土地流转充分分享工业化、城镇化的成果，改变"土地财政"下农村资本向城镇单边流动的格局，为乡村振兴提供资金积累，提高乡村内涵发展的能力。

一 改革农村建设用地制度，完善土地收益分配机制

农村建设用地直接入市或者农业用地被政府征用，都会产生大量的土地收益。完善土地收益分配机制，均衡城乡利益，能有效遏制"土地财政"下农村资本向城镇单边流动的趋势。一是准许包括农村宅基地在内的农村建设性用地直接入市。赋予农村建设用地完全的物权属性，放开物权交易市场主体准入限制，使农民和村集体分别凭借所拥有的农村建设用地所有权、资格权、使用权等物权权利通过转让、出租、抵押、入股等获取物权收益，增强农村土地资本集聚能力。二是提高农村农民分享城镇国有土地出让收入的比重。建立全国及省市县乡（镇）各层级的耕地占补平衡机制，对各区域用地指标余缺状况实施市场化调节，并根据用地指标交易结果进行跨区域财政转移支付，平衡经济先发和落后区域财力，提高落后地区农村公共品供给能力；通过提高农村土地征地补偿标准，让农村农民更多地分享城镇国有土地出让收入；建立国有土地出让收入统筹基金，从国有土地出让收入中提取一定比例专门用于支持新农村建设和内生于乡村的特色小镇建设，落实以城带乡的长效机制。三是丰富农村建设用地入市形式和收益分配方式，鼓励农村建设用地通过出租、入股等形式入市，使村集体和农民可以通过获取租金、长期股权收益等方式获取农村建设用地入市收益，或者直接以置换的方式以宅基地资格权和使用权置换城镇土地使用权。

二 加快农地三权分置改革，完善承包土地流转机制

要促进农业适度规模经营，提高农业经营效益，加快实现农业现代化，必须完善农民承包土地流转机制，让农业用地规范有效地流转起来以增强土地要素规模集聚。一是要加快推进农村土地所有权、承包权（资格权）、经营权（使用权）三权分置改革，完成农民承包土地的确权工作，明确界定农村土地的权属关系，明晰农村土地流转双方的权利边界和土地流转权益，使农村土地真正流转起来成为可能。二是增强农民承包土地的物权属性，鼓励通过土地流转实现用益物权。使拥有土地承包权、经营权乃至以集体的形式拥有所有权，只是一种用益物权，而不是"农民"身份的标签，从而强化农民通过土地获取收益的财产属性，逐步使"农民"这一称谓回归本意，成为直接从事农业生产经营者的职业身份而非社会身

份。鼓励农民采用转让经营权、抵押、出租、入股等多种形式实现承包土地流转收益，探索农民土地承包资格权的退出机制，增加农民通过土地流转获取财产性收入的渠道。三是建立农村承包土地流转平台，取消农民承包土地流转受让方的资格限制，只有如此，才能让作为农业用地流转市场主体的受让方多起来，真正实现农民承包土地流转价格的市场发现机制。当然，为避免同一主体过多集中农业用地，可通过规定单一主体最高受让承包土地的规模标准加以限制，在完成农民承包土地确权的情况下这一措施完全可行。

三 加强农村土地用途管控，遏制农业用地非农化

由于农业用地规模尤其是耕地规模是承载国家粮食安全的基础，在鼓励农村土地流转的背景下，必须加强土地用途管制，防止各利益主体对农业用地尤其是耕地的侵蚀。一是规范农业用地征收。非公益性建设需要，政府不得征收农业用地用于城镇化建设，而且要严格征收土地总量控制，在先行耕地占补平衡的基础上方可征收。二是防止农村建设用地挤占农业用地。严防农民废弃或转让宅基地的情况下另行到农业用地建房；禁止在基本农田建房。即使为增加农村居民居住集中度，通过集中规划和置换方式在农村内部流转宅基地和经营性建设用地，也必须对待置换的建设用地完成复耕的情况下，才能在规划建设的许可范围内取得建设用地使用权。三是防止假道农业设施用地挤占耕地。对于农业设施用地要实行严格的审批手续和用途控制，坚决纠正假道农业设施用地挤占耕地的行为。四是实施严格的耕地占补平衡政策，增大对复耕土地的补贴力度，积极引导对"空心村"、空置宅基地和荒废地进行集中整治、复耕，补充农业用地。

第二节 增强生产性公共品供给，加快推进农业现代化

城乡居民收入水平基本一致是城乡一体化的基本目标。振兴农村产业，促进农民增收，逐步缩小城乡之间的收入差距，实现共同富裕，是乡村振兴的首要任务，也是实现城乡一体化的根本要求。要振兴乡村产业，核心在于发挥市场在资源配置中的决定作用，在城乡之间形成公平竞争、有效

运转的体制机制，促进城乡要素自由流动和平等交换。但是，由于城乡二元结构形成的市场扭曲和农业特质性造成的市场缺陷，以及城乡二元体制的滞后影响，农业经营效益低下，城乡差距扩大，单纯依靠市场机制难以有效实现城乡要素自由流动和平等交换，需要政府增加农村公共品供给加以弥补和纠正。而且，作为人口大国，保障国家粮食安全也是政府义不容辞的责任。因此，加大农村生产性公共品供给规模，提高供给质量，既是夯实农业基础地位、保障国家粮食安全的现实需要，也是提高农民收入水平、促进城乡经济社会协调发展的客观要求。

一 加强农业物质条件建设，引导农业部门资本集聚

在城乡一体化进程中，随着农业剩余劳动力的转移，加强农业生产的物质条件建设，增加农业部门资本密度，能够提高农业劳动生产率和农业经营效益。因此，农业部门具有增加物质投入、提高资本密度的现实需求。但是受城乡二元结构影响，农业部门资本集聚能力下降，因此，需要加大财政投入，加强农业物质条件建设，提高农业经营效益。而农业经营效益的提高，又反过来引导资本向农业部门集聚，从而使农业部门资本密度不断提高。当然，在工业化、城镇化、信息化和农业现代化同步推进的条件下，农业资本积累和农业技术进步是相互伴生的过程，农业资本积累是在创新驱动下实现的。表现在农业物质条件建设过程中，就是以绿色高效为导向，通过财政投融资和财政补贴的形式，支持在农田水利、高标准农田、生态保护等农业基础设施项目建设中融入科技要素，充分利用工业化、信息化的科技成果，增强农业基础设施供给规模和供给质量，为现代农业发展夯实生产能力基础；优化农机设备财政补贴，促进我国农机装备产业转型升级，发展高端农机装备制造，不断提高农业机械化水平。

二 优化财政支农支出结构，加快传统农业转型升级

传统农业依靠农村家庭分散经营，主要任务是提高农产品产量，增加农民收入，为解决全民温饱提供粮食安全保障。而现代农业是在农业科技的推动下，以优质高效为主要特征的社会化农业。财政支农支出支持现代农业提质增效，能够提高适销对路的农产品价格和农业经营收入，增加农民对农业投入的内生动力，从而促进现代农业良性发展。因此，优化财政

支农支出结构，引导传统农业向优质高效的现代农业转型升级，是补齐农业现代化短板，实现城镇化、工业化、信息化和农业现代化同步推进的关键。第一，加大农业科技投入。增加财政对农业基础科技的投入，引导农业应用科技发展，提升基因技术、育种、施肥、病虫害防治等领域的自主创新能力。完善农业科技服务，促进农业科技成果转化和推广应用，发挥农业科技对农业绿色化、优质化、特色化和品牌化的引领和支持作用，实施质量兴农。第二，增加财政投入，加快新型农业经营主体和职业农民培育。发挥新型农业经营主体对小农户的支持带动作用，引导小农户进入现代农业发展轨道；优化农业从业者结构，培养知识型、技能型、创新型的职业农民，提升农业从业者人力资本水平。第三，完善现代农业社会化服务体系建设。通过财政补贴的引导和支持，从供给侧加大改革力度，以公益性现代农业社会化服务为重点，以经营性现代农业社会化服务为补充，完善现代农业社会化服务体系，适应农业转型升级对现代农业社会化服务体系建设的需要。第四，利用财政补贴，引导开发农业多种功能，丰富农业新业态，延长农业产业链，形成以农业种养为主体，涉农加工、商贸、服务业为支撑，农村第一、第二、第三产业融合发展的现代农业经营体系。

三　发挥财政补贴杠杆作用，引导社会资本流入农业

随着农业剩余劳动力的转移，现代农业客观上具有增加资本密度的需求。但是，由于二元经济结构和"土地财政"强大的资本集聚效应，形成资本要素由农村向城镇的单向流动，引发农村地区的"金融抑制"现象。同时，农村土地制度改革滞后，农业用地物权属性没有得到发挥，无法利用土地经营权作为合格抵押品借贷资金，而农民收入水平又较低，个人信用贷款能力欠缺，这就导致现代农业发展面临资本饥渴，迫切要求利用财政补贴的杠杆作用，引导社会资本向农业流动，为现代农业发展提供资金动力：第一，发挥政策金融的作用，利用财政贴息引导银行等贷款机构向以新型农业经营主体为代表的农业经营者贷款。第二，发挥财政投融资的功能，利用国家信用的方式引导社会资本投向现代农业基础设施建设。第三，以财政为主体设立现代农业投资担保基金，为投入现代农业的信贷资金提供利息和部分本金担保；以财政为主体设立现代农业风险投资保险基

金，引导保险机构等社会资本为农业信贷资金的本金回收提供保险，降低现代农业信贷资金风险，促进金融部门为新型农业经营主体提供信贷支持。第四，以财政补贴为引导，加快农业保险供给侧改革，创新农业保险产品，为降低现代农业自然灾害风险和市场价格风险提供保险服务。

第三节 均衡社会性公共品供给，适应农村人口转移需要

城乡一体化进程中，随着城镇化、工业化的不断推进，客观上要求剩余劳动力从农业部门转移到城镇，被工商业部门吸纳。社会性公共品具有较强的人身依附性，伴随着农业剩余劳动力的转移，转出地农村社会性公共品的需求规模将会下降，而转入地为满足农业转移人口市民化的需要，则要求提供更多的社会性公共品，从而使农业剩余劳动力对社会性公共品的需求在转出地与转入地之间此消彼长。同时，随着农业剩余劳动力的转移，农业劳动生产率提高，农民收入水平相应增加，要求更高质量的农村社会性公共品供给。因此，城乡一体化进程中，为适应农业剩余劳动力转移的需要，农村社会性公共品的供给重点应是满足农业转移人口市民化所要求的无差异享有就业地社会性公共品供给和农村留守人员日益提高的社会性公共品供给质量需求，在两种需求的共同作用下，最终将推动城乡社会性公共品均等化供给。

一 改革城乡二元户籍制度，完成农业转移人口市民化

在农业剩余劳动力向城镇转移过程中，地方政府受城乡二元体制的影响，在"土地财政"的利益驱使下，更偏好供给基础设施等生产性公共品，而不愿供给社会性公共品。为此，地方政府延续传统的户籍管理制度，将户籍与社会性公共品相关联，并设置户籍准入门槛，从而出现户籍人口与常住人口的背离。转移到城镇就业的农业剩余劳动力因户籍限制无法享受流入地的社会性公共品，而劳动力流出地则因户籍关系承担着社会性公共品供给责任，从而又使劳动力流入地和流出地之间在社会性公共品供给上产生背离，阻碍了农业剩余劳动力的转移。

因此，必须深化户籍制度改革，统筹考虑城镇综合承载能力，分类施

策，全面放开放宽农业转移人口落户政策，促进农业剩余劳动力转移，完成农业转移人口市民化，实现工业化、城镇化和农业现代化同步推进。通过户籍制度改革，完善农业转移人口落户配套政策，建立健全财政转移支付、城镇建设用地与吸纳农业转移人口挂钩的联动机制，鼓励各地吸纳农业转移人口到城镇落户，加快推进以人为核心的新型城镇化；完善以居住证为载体的常住人口管理制度，建立户籍管理与常住人口管理的无缝对接机制，逐步缩小户籍人口和常住人口城镇化率的差距，提高人口城镇化质量；完善财政分配制度，建立健全农业转移人口市民化成本分担机制，按常住人口规模配置公共资源，保障农业转移人口同等享有城镇基本公共服务。在户籍制度改革的推动下，让有意愿离开农村到城镇就业的农民免除后顾之忧，并从财产收益属性而非保障属性看待农村的土地，真正消除"土地"对农民的羁绊，为农村土地适度规模经营和现代农业发展提供制度支持。

二 推进供给侧结构性改革，提高农村社会性公共品供给质量

随着农业剩余劳动力转移，农村人口分布出现显著变化，主要表现为农村常住人口减少，大部分青壮年劳动力外出务工，"空巢老人""留守儿童""留守妇女"现象普遍。社会性公共品是具有很强人身依附性的公共品，随着人口分布的变动，必然产生新的需求。而且，经过政府多年的努力，城乡基本公共服务均等化有了明显进展，在城乡义务教育公用经费供给、城乡居民医疗保险、城乡居民养老保险等方面都取得了制度一体化。因此，农村社会性公共品供给的主要矛盾不再是缺失问题。而且随着农业剩余劳动力转移，农村社会性公共品基于人口规模的总量供给应相应地下降，农村社会性公共品供给主要矛盾演化为人口变动条件下的供给水平和供给质量问题。故而要根据农业剩余劳动力转移衍生的农村人口布局变化以及农村生活水平提升的现实要求，加快供给侧结构性改革，提高农村社会性公共品供给质量，更好地满足农民需求。

（一）农村义务教育供给的优化路径

伴随着农业剩余劳动力的转移，农村义务教育呈现生源流失严重、留守儿童占比高等特点，虽然实现了城乡义务教育经费保障一体化，但仍难

以有效遏制农村义务教育供给质量的严重下滑。因此，适应农村义务教育需求的变化，加快义务教育供给侧结构性改革，迫在眉睫。主要路径如下：首先，合理布局农村义务教育学校。引导农村人口向内生于乡村的小城镇、中心村集中，发挥小城镇、中心村义务教育集中供给优势。针对农村义务教育生源流失严重，留守儿童占比高的特点，加大小规模、寄宿制义务教育学校的供给，将办学经费向这类学校适当倾斜，把小规模、寄宿制义务教育学校办成小而强的精品学校。对偏远贫困地区农村义务教育学校实施财政专项投入计划，改善办学条件，尤其是要消灭农村义务教育学校存在的危房。其次，提高农村义务教育教学质量。农村义务教育教学质量下滑除生源流失这一客观原因外，关键在于农村义务教育师资力量薄弱。加强农村义务教育师资队伍建设，刻不容缓。一是提高农村义务教育教师工资待遇，并按照学校所处位置的偏远程度设计逐级提高的工资调整系数；二是向农村义务教育教师提供更好的职业发展前景，在职称评聘、职业培训等方面向农村义务教育教师倾斜；三是通过特岗教师、农村支教、定向培养等多种方式，充实农村义务教育师资队伍；四是针对留守儿童多的特点，为寄宿制学校增设生活老师和心理教师。最后，适应农业转移劳动力市民化的需要，规定迁入地政府负有为随迁子女提供均衡化义务教育服务的义务。要求地方政府在城镇住宅建设过程中，必须按照居住密度和居住半径设立义务教育学校，为接纳生源做好准备。实施钱随人走的机制，根据义务教育学校接纳生源的数量，供给生均义务教育经费，鼓励城镇学校接纳更多的农民工随迁子女。

（二）农村医疗卫生供给的优化路径

虽然城乡居民医疗保障实现了制度一体化，但由于农村人口居住分散、城乡医疗资源配置不均衡以及城乡收入水平差异大等诸多原因，农民接受医疗卫生服务面临不利境遇，要求根据农业剩余劳动力转移的趋势和农民收入实际，优化农村医疗卫生供给。第一，优化农村医疗卫生机构布局。引导农村人口向内生于乡村的小城镇和中心村迁移，升级乡镇卫生院和村医疗室服务水平。在服务半径覆盖人口较多的小城镇设立乡镇中心卫生院；鼓励县级以上医疗机构依托乡镇卫生院设立巡回医院；在中心村设立村级医疗中心，加强医疗设备和全科医生配置，提高农村医疗卫生服务质量。第二，加强乡村医生队伍建设。由政府财政出资，在乡镇卫生院、村级医疗中心配置全科医生和医护人员，提高乡村医生生活补助水平，不断壮大乡村医疗卫生队伍。扎实推进大学生"村医计划"，选聘医疗、护理专业学生到乡镇卫生院和村级医疗机构服务；鼓励乡镇卫生院和村卫生室返聘退休医生，充实乡村医疗卫生队伍。第三，增加财政对城乡居民医疗保险的补助力度，提高城乡居民医疗保障门诊和住院费用报销比例和报销限额，对符合条件的低收入群体在乡村医疗机构就医应实行免费治疗，抑制现行城乡居民医疗保障因城乡收入差距较大而存在的逆向补贴问题。第四，提高城乡居民医疗保险统筹层次和管理水平，加快实现农业剩余劳动力异地住院费用直接联网结算，适时将农业剩余劳动力异地门诊费用纳入报销范围。第五，将正规就业的农民工强制纳入城镇职工医疗保险范围，鼓励灵活就业农民工自愿加入城镇职工医疗保险，提高农民工医疗保障水平。

（三）农村社会保障体系的优化路径

建立多层次的农村社会保障体系，增强社会保障对农民生活的安全防护网功能，对于免除农民后顾之忧，加快农业剩余劳动力转移具有重要促进作用。而且，农村社会保障是人身依附性最强的一种社会性公共品，能够随着农业剩余劳动力转移而转移，没有公共基础设施配置不当造成损失之虞。因此，应加大配置力度，完善农村社会保障体系。第一，提高农村社会养老保障水平。一是提高对城乡居民养老保险高缴费档次和超长期限缴费的财政补贴力度，鼓励农民多缴费长缴费；二是根据城乡居民收入水平变化，加大财政补贴，逐步提高城乡居民基础养老金待遇和养老保险替代率[1]。第二，通过财政手段引导农村养老服务供给侧改革，建立适应农村居民收入水平和生活习惯的社会化养老服务体系，重点推进农村幸福院等互助型养老服务，满足农村老人尤其是"空巢老人"的养老需求，减少其子女外出务工经商的阻力。第三，将正规就业农民工强制纳入城镇职工养老保险，为灵活就业农民工加入城镇职工养老保险提供便利，完善城镇职工和城乡居民之间以及城镇职工跨区域养老保险承转衔接制度，免除农民

---

[1] 李伟、姜东升：《影响农村社会养老保险参保决策的主要因素研究——基于陕西省农村的调查与分析》，《统计与信息论坛》2015年第8期。

工的后顾之忧，促进农民工真正实现由农村向城镇的转移。第四，加大财政补贴力度，鼓励职业农民加入城镇职工养老保险体系，加快职业农民队伍培育。第五，完善农村社会救助体系，将农民工和职业农民纳入失业保险和失业救助范围，提高农村最低生活保障标准，加强农村最低生活保障潜在对象的精准识别，发挥以最低生活保障制度为核心的社会救助体系兜底保障功能，为农业剩余劳动力转移和现代农业发展提供支持。

第四节 优化生活性公共品供给，引导城乡要素合理流动

随着农业剩余劳动力的转移，农村常住人口大量减少，并且乡村建设规划滞后，村庄总体分布自然无序，增加了农村生活性基础设施供给的成本压力，不利于提高农村生活性公共品供给效率。在城乡一体化进程中，如何优化农村生活性公共品供给，建设美丽宜居乡村，让有意愿继续留在农村生活的居民安居乐业，对于增强农村对生产要素的吸引力，发展现代农业，振兴乡村产业，无疑具有重要意义。

一　加强城乡规划引导约束，发挥公共品供给规模优势

为发挥乡村振兴和新型城镇化对城乡一体化的双轮驱动优势，统筹城乡国土空间利用格局，需要加强城乡空间规划的引导约束，形成各具特色、交相辉映的城乡发展形态。首先，按照乡村、小城镇与大中小城市之间的网格化布局制订乡村空间规划，突出内生于乡村的特色小城镇在城乡网格空间的重要节点作用，加强对特色小城镇的公共基础设施配置，引导就地转移的农业剩余劳动力向小城镇集聚，将小城镇打造成承载涉农加工、商贸和农业社会化服务等产业组织的重要基地，发挥特色小城镇对周边农村的辐射和带动作用。其次，系统考虑村庄演变规律、集聚特点和现状分布，根据农民生产生活半径，采取集聚提升、融入城镇、特色保护、搬迁撤并的分类推进思路，合理确定村庄布局和规模，形成规模较大的中心村和其他仍将存续的一般村庄相互映衬的村庄格局。最后，严格划定城乡规划的空间管控边界，加强规划的刚性约束，整合农村建设用地，将公

共基础设施配置向内生于乡村的特色小城镇和中心村倾斜，引导农民向特色小城镇和中心村集聚，遏制农业转移人口从乡村过度向大城市集中的趋势。在城乡规划引导下，发挥公共品供给的规模优势，重点围绕特色小城镇和中心村打造便捷的生活圈、完善的服务圈、繁荣的商业圈、健康的生态圈，形成宜居宜业的乡村生产生活空间。

二 分类供给生活性公共品，普遍服务兼顾公平与效率

农业剩余劳动力转移带来城乡人口变动，使与地域紧密联系的农村生活性公共基础设施供给既面临普遍服务的需求，又存在提质增效的压力。因此，根据农业剩余劳动力转移特点和各类公共基础设施的配置方式不同，科学预测城乡人口变动趋势，加强规划引导，对于兼顾公平与效率，合理配置农村生活性公共品具有重要意义。首先，对于由政府财政承担完全供给责任的乡村道路，为提质增效，应依据乡村布局规划，制订乡村道路专项规划，在村道、乡道中增设更高标准的通乡通村主干道。按照人口聚集程度，将连接中心村、小城镇的主干道按更高标准建设，并沿通乡通村主干道开通农村客运服务，加强各类乡村公路的管护服务，推进乡村道路的提质增效，引导农民向中心村、小城镇集聚。其次，对于主要由政府负责供给的社区公共设施，严格按照人口集聚程度划分不同的供给标准，提高中心村和小城镇社区公共设施的供给水平，增强人口集聚的能力。最后，对于供水供电、邮电通信等收费型公共基础设施供给，应在确保普遍服务的基础上，以市场为原则，以财政补贴为引导，在兼顾公平与效率的基础上实现提质增效。为强化市场机制，政府应利用乡村布局规划，引导农村人口适度集聚，提高收费型公共基础设施的供给效率。最后，要加强农村人口流动趋向预判，防止建成的收费型公共基础设施因覆盖人口过少，运营不经济导致无法实现运营，从而造成公共资源浪费。

三 综合整治农村人居环境，加快美丽宜居乡村建设

良好的人居环境是增强农村吸引力、聚集劳动要素的基础条件。随着农村生活水平的提高，人们对美好生活环境的需求愈加强烈。但农村生产生活的点源、面源污染交叉重叠，而农村环境治理体系建设又起步较晚，给农村人居环境治理带来巨大挑战。因此，迫切要求对农村人居环境实施

综合整治，加快美丽宜居乡村建设，为形成宜居宜业的美好生活空间奠定基础。第一，要以绿色生态为导向，加快推进农业生产方式转变，减少农业面源污染对农村生态环境的破坏。第二，严格奉行"金山银山不如绿水青山"的发展理念，积极防范以城镇落后淘汰的高污染、高耗能、高耗水"三高"企业为主体的低端产业向农村转移，降低工业污染对农村生态环境的威胁。第三，以美丽乡村建设为主导，以农村垃圾处理、污水治理和村容村貌提升为着力点，结合农村实际，以多种方式开展农村居住环境综合治理，全面改善农村居住环境质量。进而，加强乡村规划引导，在农村居民集聚程度较高的中心村，规划建设农村排污管网、垃圾处理、卫生厕所等排污治污设施，提高农村人居环境整治效率。第四，建立健全农村环境治理法律体系和行政管理体系，加快农村环境治理基础设施建设，不断完善农村环境治理体系，为有效开展农村环境治理奠定基础。

参考文献

柏培文：《中国劳动要素配置扭曲程度的测量》，《中国工业经济》2012年第10期。

蔡昉、杨涛：《城乡收入差距的政治经济学》，《中国社会科学》2000年第4期。

陈钊：《城市化、城市倾向的经济政策与城乡收入差距》，《经济研究》2004年第6期。

陈丹、张越：《乡村振兴战略下城乡融合的逻辑、关键与路径》，《宏观经济管理》2019年第1期。

蔡昉、王美艳：《农村劳动力剩余及其相关事实的重新考察——一个反设事实法的应用》，《中国农村经济》2007年第10期。

蔡昉：《劳动力市场变化趋势与农民工培训的迫切性》，《中国职业技术教育》2005年第32期。

蔡秀玲、陈贵珍：《乡村振兴与城镇化进程中城乡要素双向配置》，《社会科学研究》2018年第6期。

陈聪、庄晋财、尹金承：《以合作理念提升村庄公共品供给效率》，《财政研究》2018年第2期。

陈斌开、林毅夫：《重工业优先发展战略、城市化和城乡工资差距》，《南开经济研究》2010年第1期。

崔传义：《农业富余劳动力转移与城乡居民收入差距变动——基于中国改革以来的情况分析》，《农村经济》2010年第9期。

杨荣南：《城乡一体化及其评价指标体系初探》，《城市研究》1997年第4期。

陈晨、方辰昊、陈旭：《从城乡统筹到城乡发展一体化——先发地区实践探索》，中国建筑工业出版社2018年版。

陈俊红、吴敬学、周连第：《北京市新农村建设与公共产品投资需求分析》，《农业经济问题》2006年第7期。

陈宗胜、钟茂初、周云波：《中国二元经济结构与农村经济增长和发展》，经济科学出版社2008年版。

陈小梅：《论农村公共产品供给的现状与改革》，《南方农村》2004年第2期。

陈耀邦：《努力增加投入提高农业综合生产能力》，《求是》1995年第11期。

党国英、吴文媛：《城乡一体化要义》，浙江大学出版社2016年版。

邓小平：《邓小平文选》（第三卷），人民出版社1993年版。

傅晨、王辉：《农业转移人口市民化背景下农村土地制度创新的机理——一个分析框架》，《经济学家》2014年第3期。

郭树清：《促进实现城乡生产要素双向自由流动》，《社会科学报》2012年1月19日第2版。

高春香：《我国土地城镇化过程中问题与解决对策研究》，硕士学位论文，河北师范大学，2015年。

顾益康、邵峰：《全面推进城乡一体化改革——新时期解决"三农"问题的根本出路》，《中国农村经济》2003年第1期。

辜胜阻、刘江日：《城镇化要从"要素驱动"走向"创新驱动"》，《人口研究》2012年第11期。

郭瑞萍：《我国农村公共产品供给制度研究》，中国社会科学出版社2008年版。

环境保护部环境与经济政策研究中心：《农村环境保护与生态文明建设》，中国环境出版社2017年版。

胡洪曙：《农村公共产品供给体制的历史演变及对比研究》，《中南财经政法大学学报》2007年第2期。

侯国栋：《农村金融二元体制惯性及其资本抑制机理研究》，《经济社会体制比较》2017年第1期。

何平均、李明贤：《小型农田水利建设财政支持的长效机制研究》，《财务与金融》2012年第3期。

居福田：《论城乡一体化》，《学海》1990年第6期。

姜长云、李乾、芦千文：《引导农业产业化组织推动农村产业融合的现状、问题和对策建议》，《经济研究参考》2017年第66期。

林毅夫、蔡昉、李周：《中国的奇迹：发展战略与经济改革（修订版）》上海三联书店1999年版。

吕萍：《马克思主义城乡关系理论对新时代的启示》，《黑龙江日报》2018年6月19日第6版。

李锐、朱喜：《农户金融抑制及其福利损失的计量分析》，《经济研究》2007年第2期。

李庆海、李锐、汪三贵：《农户信贷配给及其福利损失——基于面板数据的分析》，《数量经济技术经济研究》2012年第8期。

刘明辉、卢飞：《城乡要素错配与城乡融合发展——基于中国省级面板数据的实证研究》，《农业技术经济》2019年第2期。

李燕凌、刘远风：《城乡差距的内生机制：基于公共服务资本化的一个分析框架》，《农业经济问题》2013年第4期。

廖显浪：《我国农村劳动力流动与城乡收入差距研究》，《人口与经济》2012年第6期。

李实：《中国个人收入分配研究回顾与展望》，《经济学（季刊）》2003年第2卷第2期（总第6期）。

刘晓宇、张林秀：《农村土地产权稳定性与劳动力转移关系分析》，《中国农村经济》2008年第2期。

龙启蒙、傅鸿源、廖艳：《城乡一体化的资本困境与突破路径——基于西方马克思主义资本三循环理论的思考》，《中国农村经济》2016年第9期。

李宾、马九杰：《劳动力流动对城乡收入差距的影响：基于生命周期视角》，《中国人口·资源与环境》2013年第11期。

李晶：《基于新公共服务理论的纳税服务体系创新》，《财政研究》2009年第10期。

罗宏斌、佘定华：《论城乡一体化导向的农村公共品供给》，《财政研究》2006年第7期。

陆铭：《人口集聚可以缩小收入差距，不信大城市化那就坐等被选择》，https://wallstreetcn.com/articles/3495250。

刘瑞强：《城乡一体化的动力机制构建与发展策略研究》，《生产力研究》2018年第1期。

刘爱莲、吴晓强：《江苏城乡公共服务与管理一体化影响因素分析》，《山东理工大学学报》（社会科学版）2010年第11期。

刘燕妮、任保平、高鹏：《包容性增长中人的全面发展的评价》，《中国人口·资源与环境》2012年第8期。

林万龙：《乡村社区公共产品的制度外筹资：历史、现状及改革》，《中国农村经济》2002年第7期。

李启宇、何凡、李玉妮：《农地流转中的金融抑制与金融创新》，《四川理工学院学报》（社会科学版）2016年第6期。

吕冰洋：《中国资本积累：路径、效率和制度供给》，中国人民大学出版社2007年版。

李迅雷：《货币超发导致房价暴涨吗？别忘了房子也在创造货币》，http://finance.qq.com/original/caijingzhiku/lixunlei.html。

刘寒波：《要素流动下的地方公共服务供给空间分析》，博士学位论文，湖南农业大学，2007年。

吕云涛、纪光欣：《中国农村公共产品供给体制的变迁与走向》，《中共贵州省委党校学报》2007年第1期。

李勇刚、高波、任保全：《分税制改革、土地财政与公共品供给——来自中国35个大中城市的经验证据》，《山西财经大学学报》2013年第11期。

李斌、金秋宇、卢娟：《土地财政、新型城镇化对公共服务的影响》，《首都经济贸易大学学报》2018年第4期。

刘颖：《发达国家的农业科技创新模式及对我国的启示——美、英、法、德四国的比较分析》，《改革与战略》2017年第5期。

刘晋祎：《乡村传统价值失序与现代价值体系构建》，《当代中国价值观研究》2018年第5期。

《马克思恩格斯选集》（第4卷），人民出版社1976年版。

《马克思恩格斯全集》（第4卷），人民出版社1972年版。

马瑞：《环境与人生：张其昀的生态环境思想》，《南京林业大学学报》（人文社会科学版）2018年第4期。

马雪彬、王昊：《我国农村公共品供给制度变迁及路径选择》,《甘肃农业》2005 年第 5 期。

马国栋：《农村面源污染的社会机制及治理研究》,《学习与探索》2018 年第 7 期。

曲延春：《变迁与重构：中国农村公共产品供给体制研究》,人民出版社 2012 年版。

齐小兵：《我国回流农民工研究综述》,《西部论坛》2013 年第 2 期。

盛辉：《马克思恩格斯城乡融合思想及其时代意蕴》,《改革与战略》2018 年第 1 期。

宋迎昌：《城乡融合发展的路径选择与政策思路——基于文献研究的视角》,《杭州师范大学学报》(社会科学版) 2019 年第 1 期。

宋琪、汤玉刚：《基于公共品资本化的地方财政激励制度研究——土地财政如何影响公共品提供》,《经济理论与经济管理》2016 年第 1 期。

苏振锋：《构建现代农业经营体系须处理好八大关系》,《经济纵横》2017 年第 7 期。

苏时鹏：《福建城镇化进程中的农田水利设施建设与管理分析》,《福建农林大学学报》(哲学社会科学版) 2011 年第 5 期。

吴业苗：《居村农民市民化：何以可能？——基于城乡一体化进路的理论与实证分析》,《社会科学》2010 年第 7 期。

王颂吉、白永秀：《城乡要素错配与中国二元经济结构转化滞后：理论与实证研究》,《中国工业经济》2013 年第 7 期。

万晓萌：《农村劳动力转移对城乡收入差距影响的空间计量研究》,《山西财经大学学报》2016 年第 3 期。

魏后凯：《新常态下中国城乡一体化格局及推进战略》,《中国经济时报》2016 年 6 月 17 日第 10 版。

吴要武、陈梦玫：《当经济下行碰头就业压力——对中国城乡劳动力市场状况的分析》,《劳动经济研究》2018 年第 3 期。

王烜、张扬：《财政支农和社会保障支出对城乡居民收入差距影响的实证检验》,《统计与决策》2019 年第 6 期。

王谦、李超：《基于三阶段 DEA 模型的我国财政支农支出效率评价》,《财政研究》2016 年第 8 期。

温涛、董文杰、何茜:《财政支农政策促进城乡经济一体化发展的效率评价与路径探析》,《当代经济研究》2018年第2期。

吴根平:《我国城乡一体化发展中基本公共服务均等化的困境与出路》,《农业现代化研究》2014年第1期。

武兆瑞:《中国农村经济重大问题观点荟萃》,中国农业科技出版社1994年版。

王国华、李克强:《农村公共产品供给与农民收入问题研究》,《财政研究》2003年第1期。

温涛、董文杰:《财政支农政策促进了城乡经济一体化发展吗?》,《经济科学》2017年第12期。

吴丰华、白永秀:《城乡发展一体化:战略特征、战略内容、战略目标》,《学术月刊》2013年第4期。

王小宁:《农村公共物品供给制度变迁的路径依赖与创新》,《中国行政管理》2005年第7期。

王仕忠:《新时代农业科技投入的国际潮流与启示》,《世界知识》2018年第20期。

王延中、王俊霞、单大圣、龙玉其、宁亚芳、王宇和:《改革开放40年与社会保障中国模式》,《学术界》2018年第8期。

谢冬水、周灵灵:《农地转让权权能与城乡居民收入差距——基于劳动力转移中介机制的经验研究》,《上海经济研究》2016年第6期。

解垩:《财政分权、公共品供给与城乡收入差距》,《经济经纬》2007年第1期。

徐志文、王礼力、谢方:《农村公共投资促进城乡经济一体化的效率及其影响因素》,《农林经济管理学报》2015年第3期。

熊巍:《我国农村公共产品供给分析与模式选择》,《中国农村经济》2002年第7期。

谢冬水:《土地供给的城乡收入分配效应——基于城市化不平衡发展的视角》,《南开经济研究》2017年第2期。

谢冬水:《农地转让权不完全与农村劳动力非永久迁移》,《财贸研究》2014年第1期。

辛霁虹、王大庆:《农业科技发展比较分析》,《农场经济管理》2018

年第 8 期。

袁志刚、解栋栋：《统筹城乡发展：人力资本与土地资本的协调再配置(英文)》，《中国特色社会主义研究》2011 年第 S2 期。

姚枝仲、周素芳：《劳动力流动与地区差距》，《世界经济》2003 年第 4 期。

杨骞、张义凤：《中国地方财政支出无效率的来源》，《统计研究》2015 年第 4 期。

乐为、钟意：《农民负担率与农村公共物品供给效率失衡研究》，《农业经济问题》2014 年第 10 期。

余斌、罗静：《城市化与城乡发展：世界不同类型国家的比较与启示》，《地域研究与开发》2005 年第 5 期。

应雄：《城乡一体化趋势前瞻》，《浙江经济》2002 年第 13 期。

袁莉、李明生：《论生态文明建设背景下的城乡一体化》，《农村经济》2010 年第 9 期。

严伟涛：《城乡一体化发展的机制研究——以重庆市为例》，西南交通大学出版社 2015 年版。

叶兴庆：《论农村公共产品供给体制的改革》，《经济研究》1997 年第 6 期。

杨静：《统筹城乡中农村公共产品供给：理论与实证分析》，经济科学出版社 2008 年版。

杨骐骝、周绍杰、胡鞍钢：《中国式扶贫：实践、成就、经验与展望》，《国家行政学院学报》2018 年第 6 期。

严思齐、彭建超、吴群：《土地财政对地方公共物品供给水平的影响——基于中国省级面板数据的分析》，《城市问题》2017 年第 8 期。

张晖：《马克思恩格斯城乡融合理论与我国城乡关系的演进路径》，《学术交流》2018 年第 12 期。

张国献：《利益协调视域下城乡生产要素双向自由流动机制研究》，《当代经济科学》2012 年第 5 期。

周月书、王悦雯：《二元经济结构转换与城乡资本配置效率关系实证分析》，《中国农村经济》2015 年第 3 期。

张传勇：《资源要素流动配置与城乡一体化发展——基于我国省际面

板数据的实证分析》,《财经论丛》2011 年第 6 期。

赵宇、姜海臣:《基于农民视角的主要农村公共品供给情况——以山东省 11 个县 (市) 的 32 个行政村为例》,《中国农村经济》2007 年第 5 期。

张雨林:《论城乡一体化》,《社会学研究》1988 年第 10 期。

周加来:《城市化·城镇化·乡村城市化·城乡一体化——城市化概念辨析》,《中国农村经济》2001 年第 3 期。

赵立新、关善勇:《特色产业集群与城乡一体化》,《当代经济研究》2006 年第 11 期。

张强:《中国城乡一体化发展的研究与探索》,《中国农村经济》2013 年第 1 期。

曾庆学:《实现城乡一体化发展的机制体制研究》,《商业时代》2011 年第 8 期。

张军、何寒熙:《中国农村的公共产品供给:改革后的变迁》,《改革》1996 年第 5 期。

赵燕菁:《土地财政与货币假说(下)》,《北京规划建设》2017 年第 1 期。

赵燕菁:《国家信用与土地财政——面临转型的中国城市化》,《城市发展研究》2016 年第 12 期。

职嘉男:《我国城镇化进程中的城市建设用地分析》,《中国经贸导刊》2018 年第 1 期。

朱勇、吴易风:《技术进步与经济的内生增长——新增长理论发展述评》,《中国社会科学》1999 年第 1 期。

张忠法、苏明、李文、张岩松、蒋协新、杨德瑞、杨鹏云:《农业保护:现状、依据和政策建议》,《农业经济问题》1996 年第 2 期。

张珺:《中共农村公共产品供给》,社会科学文献出版社 2008 年版。

赵启、肖竞:《新农村建设中公共产品供给主体的变迁》,《理论导刊》2006 年第 7 期。

中国社会科学院农村发展研究所:《中国农村发展研究报告(No.3)》,社会科学文献出版社 2002 年版。

郑小鸣:《打通"融资难"梗阻 助推农村脱贫致富》,《湖南日报》2017 年 5 月 25 日第 8 版。

张合成：《我国农业科技发展40年回顾与展望》，《中国农村科技》2018年第12期。

张怡、高志韩、林昱雯、马璐瑶：《美国农业保险的财政补贴制度研究》，《中国市场》2018年第21期。

中国传统农业向现代农业转变的研究课题组：《中国传统农业向现代农业转变的研究》，《当代中国史研究》1998年第1期。

周冲、黎红梅：《新型农业经营主体参与小微型农田水利设施建设的投融资问题研究》，《南方金融》2018年第10期。

朱玉春、王蕾：《不同收入水平农户对农田水利设施的需求意愿分析——基于陕西、河南调查数据的验证》，《中国农村经济》2014年第1期。

章程：《城乡居民基本医疗保险制度福利效应研究——从整体消费行为视角出发》，《社会科学辑刊》2018年第6期。

［美］文森特·奥斯特罗姆、埃莉诺·奥斯特罗姆：《公益物品与公共选择》，上海三联书店2000年版。

［美］乔治·恩德勒：《面向行动的经济伦理学》，上海社会科学院出版社2002年版。

［英］安东尼·B.阿特金森、［美］约瑟夫·E.斯蒂格利茨：《公共经济学》，上海三联书店1992年版。

Alfaro.Laura,Andrew Charlton and Fabio Kanczuk,"Plant-Size Distribution and Cross-country Income Differences", NBER Working Paper,2008.

Banerjee, A.V. and Duflo.E., "Growth Theory through the Lens of Development Economics", Aghion P. and Durlauf S.N., "Handbook of Economic Growth", *North-Holland*: 2005(1):473-552.

Bartelsman.Eric, John Haltiwange,and Stefano Scarpetta,"Cross-Country Differences in Productivity:The Role of Allocative Efficiency", Mimeo,2008.

Buera.Francisco J.,Joseph Kaboski and Yongseok Shin,"Finance and Development:A Tale of Two Sectors", *American Economic Review*, 2011,101(5):116-153.

Buchanan, J.M., "An Economic Theory of Clubs", *Economics*, 1965,32(1):1-14.

Buchanan,J.M.,*Public Finance in Democratic Process:Fiscal Institutions and Individual Choice*, Chapel Hill:The University of North Carolina Press, 1967.

Caselli F.,"Accounting for Cross-country Income Differences", Aghion P. and Durlauf S.N."Handbook of Economic Growth", *North-Holland*, 2005(1): 679-741.

Caballero, R.J., and Jaffé,A.B.,"How High Are the Giant's Shoulders:An Empirical Assessment of Knowledge Spillovers and Creative Destruction in a Model of Economic Growth", *NBER Macroeconomics Annual*, 1993(8): 15-74.

Charles M. Tiebout.,"A Pure Theory of Local Expenditures", *Journal of Political Economy*, 1956,64 (5): 416-424.

Dales, J.H.,"Land, Water and Ownership", *Canadian Journal of Economics*, 1968, 4(1):791-804.

Echevarria,C.," Changes in Sectoral Composition Associated with Economic Growth", *International Economic Review*,1997,38(2):237-288.

Fei,J. C. H.,and Ranis .G. A," Theory of Economic Development", *The American Economist*, 1961,51(4):533-565.

Foellmi,Reto.and Zweimüller Josef.,"Structural Change,Engel's Consumption Cycles and Kaldor's Facts of Economic Growth", *Journal of Monetary Economics*,2008,55(7):65-99.

G.Myrdal, *Economic Theory and Underdeveloped Regions*, London: Gerald Duckworth and Co., 1957.

Goldstein,G.S.and T.J.Gronberg, "Economics of scope and economics of agglomeration", *Journal of Urban Economies*,1984,16(1):91-104.

Jeong.Hyeok and Robert M. Townsend.,"Sources of TFP Growth: Occupational Choice and Financial Deepening", *Economic Theory*, 2007,32(1):116-193.

John Whalley and Shuming Zhang.,"Inequality Change in China and Labor Mobility Restrictions ",NBER Working Paper, No.10683,2004.

Kuznets S.," Economic Growth and Income Inequality", *American Economic Review*,1955,45(1): 1-28.

Kongsamut.P.S.Rebelo and D.Xie.,"Beyond Balanced Growth", *Review of*

Economic Studies, 2001,68(4):166-183.

Kaul,I.,R.U.,*Providing Global Public Goods*, New York:Oxford University Press,2003.

Lipton,M.,"UrbanBias:Consequences, Class and Causality", *Journal of Development Studies*, 1993, 29 (4):229-257.

Liang and TokunagaT.J.,"Regional Inequality and Labor Transfers in China", *Economic Development and Cultural Change*,2010,52(3):358-376.

Musgrave, R.A.,*The Theory of Public Finance*, NewYork: McCraw-Hill, 1959.

Maddison,A.,*Economic Progress and Policy in Developing Countries*, London: Allen & Unwin,1970.

Mcguire,M., " Group segregation and optimal jurisdictions", *Journal of Political Economy*, 1974,82(1):112-132.

Nadiri, M. I., " Some Approaches to the Theory and Measurement of Total Factor Productivity: A Survey", *Journal of Economic Literature*,1970, 8(4):1117-1177.

Odedokun.M. O., " Alternative Econometric Approaches for Analysing the Role of the Financial Sector in Economic Growth: Time-Series Evidence From LDCs", *Journal of Development Economics*, 1996, 50(1): 119-141.

Potter.R.B,Binns.T.,Elliott.J and Smith.D.W., *Geographies of Development*, Harlow:Pearson/Prentice Hall,2004.

Phana.J.H and Coxhead.R.B., "Policy Distortions and Aggregate Productivity with Heterogeneous Plants", *Review of Economic Dynamics*,2008,11(4):115-136.

Restuccia D and Richard R., "Policy Distortions and Aggregate Productivity with Heterogeneous Plants", *Review of Economic Dynamics*,2008,11(4):707-720.

Sumon,L., "The Political Economy of Rural Property Rights and the Persistence of the Dual Economy", *Journal of Development Economics*, 2004,103(2):67-181.

Samuelson,P.A.," The Pure Theory of Public Expenditure", *The Review of Economics and Statistics*,1954,36(4):387-389.

Temple J., "Dual Economy Models:A Primer for Growth Economists", *The*

Manchester School,2005,73(4):17-53.

Temple,J.R.W.,"Aggregate Production Functions and Growth Economics", *International Review of Applied Economics*,2006,20(3):1129-1201.

W. A. Lewis, "Economic Development with Unlimited Supplies of Labour", *The Manchester School* , 1954, 22(2):139.